Mayr

Schmackhaft kochen für chronisch Kranke

Schmackhaft kochen für chronisch Kranke

Ihr therapeutisches Kochbuch

Von

Dipl. Diät-Küchenmeister Peter Mayr

HAUG

Karl F. Haug Verlag · Heidelberg

Die Deutsche Bibliothek – CIP-Einheitsaufnahme

Mayr, Peter:

Schmackhaft kochen für chronisch Kranke: Ihr therapeutisches Kochbuch / von Peter Mayr. – Heidelberg: Haug, 1997
(Ernährung und Diätetik)
ISBN 3-7760-1563-2

Titel-Nr. 2563 · ISBN 3-7760-1563-2

Umschlaggestaltung: Inside Out, 69118 Heidelberg

Satz: Filmsatz Unger & Sommer GmbH, 69469 Weinheim

Druck und Verarbeitung: Druckerei Laub, 74834 Elztal-Dallau

Inhalt

Grundsätzliches ... 9
Geleitwort ... 13
Diabetes mellitus (Zuckerkrankheit) ... 15
Einführung ... 15
Kohlenhydrat-Austauschtabelle für Typ I ... 20

Fettstoffwechselstörungen ... 27
Diätetische Therapie bei Übergewicht ... 31
Merksätze zur Eßkultur nach F. X. Mayr ... 36
Die leichte Vollkost bei Diabetes mellitus ... 37
Frühstücksvorschläge für Diabetiker ... 40
Zwischenmahlzeiten für Diabetiker ... 48
Gemüsebouillon oder Basenbrühe ... 53
1. Tagesplan ... 55
2. Tagesplan ... 59
3. Tagesplan ... 64
4. Tagesplan ... 69
5. Tagesplan ... 74
6. Tagesplan ... 79
7. Tagesplan ... 84

Menü-Vorschläge für Diabetiker ... 89
Diabetes-Menü 1 ... 92
Diabetes-Menü 2 ... 95
Diabetes-Menü 3 ... 99
Diabetes-Menü 4 ... 103
Diabetes-Menü 5 ... 106
Diabetes-Menü 6 ... 109
Diabetes-Menü 7 ... 112
Diabetes-Menü 8 ... 115
Diabetes-Menü 9 ... 118
Diabetes-Menü 10 ... 121
Diabetes-Menü 11 ... 124
Diabetes-Menü 12 ... 127
Diabetes-Menü 13 ... 131
Diabetes-Menü 14 ... 134

Diabetes-Menü 15 137
Diabetes-Menü 16 140
Diabetes-Menü 17 143
Diabetes-Menü 18 146
Diabetes-Menü 19 148
Diabetes-Menü 20 151
Diabetes-Menü 21 155
Diabetes-Menü 22 158
Diabetes-Menü 23 161
Diabetes-Menü 24 164
Diabetes-Menü 25 167
Diabetes-Menü 26 170
Diabetes-Menü 27 173

Kuchenrezepte für Diabetiker 176
Abendessenvorschläge für Diabetiker (oder Normalkost) 182
Erkrankungen des Verdauungstraktes 197
Einführung 197
Die F. X. Mayr-Kur 202
Die leichte Vollkost bei Erkrankungen des Verdauungstraktes 203
Gastroenterologische Diäten 207
Ballaststoffreiche Kost 210
Grundregeln der leichten Vollkost 214

Die leichte Vollkost bei Erkrankungen des Verdauungstraktes 217
1. Tagesplan 219
2. Tagesplan 225
3. Tagesplan 231
4. Tagesplan 237
5. Tagesplan 243
6. Tagesplan 248
7. Tagesplan 254
8. Tagesplan 258

Menü-Vorschläge bei Erkrankungen des Verdauungstraktes .. 265
Menü 1 267
Menü 2 270
Menü 3 273
Menü 4 275
Menü 5 278

Menü 6 281
Menü 7 283
Menü 8 285
Menü 9 287
Menü 10 289
Menü 11 291
Menü 12 293
Menü 13 295
Menü 14 297
Menü 15 299
Menü 16 302
Menü 17 305
Menü 18 308
Menü 19 311

Herz- und Gefäßkrankheiten 313
Einführung 313
Ernährung bei Herz- und Gefäßkrankheiten 318

Das Wichtigste über den Säure-Basen-Haushalt 319
Ernährung und Säure-Basen-Haushalt 319
Grundsätzliches über den Säure-Basen-Haushalt 321
Ursachen der Übersäuerung 322
Säure-Basen-Tabelle der Nahrungsmittel 324
Konsequenzen und Ergänzungen 327

Die leichte Vollkost bei Herz- und Kreislauferkrankungen 329
1. Tagesplan 332
2. Tagesplan 337
3. Tagesplan 343

Menü-Vorschläge (salzlos) für Herz-Kreislauf-Kranke 349
Menü 1 350
Menü 2 352
Menü 3 354
Menü 4 356
Menü 5 358
Menü 6 360
Menü 7 362
Menü 8 364

Menü 9 366
Menü 10 368
Menü 11 370
Menü 12 372
Menü 13 374

Zeitgemäße Küchentechnik 377
Tips für Einkauf und Lagerung von Lebensmitteln 377
Küchentechnik 377
Verderb von Lebensmitteln 383
Einkauf, Lagerung, Zubereitung von Gemüse und Obst 385

Nährwerttabelle 389

Literatur 403

Rezeptregister 404

Grundsätzliches

Üblicherweise gibt es für jede Diätform eigene, spezielle Kochbücher. Mein Bestreben ist es, mit dem vorliegenden Rezeptbuch eine *Basisdiät* anzubieten, mit der einige verschiedene, ineinandergreifende Stoffwechselstörungen beeinflußt werden können.

Ohne Zweifel besteht die wirkungsvollste Behandlung vieler chronischer Erkrankungsformen in kurzfristigen Fasten- oder anderen intensiv-diätetischen Kurformen, wobei die Entschlackungs- und Stoffwechsel-Regenerationskuren nach Dr. *F. X. Mayr* eine herausragende Bedeutung besitzen. Dazu zählen auch die Milden Ableitungs-Kuren, deren Diätetik im Buch „Milde Ableitungsdiät" beschrieben ist.

Im Anschluß an solche Kuren empfiehlt es sich, in eine besonders leicht verträgliche Vollkost überzugehen, wie sie anschließend beschrieben ist. Allerdings gilt auch hier, daß die beste Kost unzureichend gekaut, hastig gegessen und in zu großer Menge verzehrt, den Stoffwechsel belastet. Wichtig ist nicht nur *was* man ißt und *wie* es zubereitet ist, sondern auch *wie* und *wieviel* man jeweils davon verzehrt. Bei den Rezepturen wird auf die jeweils geeignetsten Nahrungsmittel und die bestmögliche Zubereitung hingewiesen.

In diesem Buch geht es vor allem um den meist übergewichtigen und stoffwechselgestörten Patienten, die vor allem mit Diabetes, Störungen des Fett- und Purinstoffwechsels, mit Bluthochdruck, Kreislauferkrankungen und Erkrankungen der Verdauungsorgane zu tun haben. Sie benötigen alle eine Diät, die weithin nach gemeinsamen Prinzipien ausgestattet ist.

Begünstigt durch richtige Ernährung und bessere Menüplanung werden auch schlechte Abwehrlage, rheumatische Erkrankungen, Lebensmittelallergien und -unverträglichkeiten.

Durch die – mit besonderer Sorgfalt – zusammengestellte *leicht bekömmliche Basiskost* ist es möglich, für obengenannte Stoffwechselstörungen grundsätzlich das gleiche zu kochen. Bei den Rezepturen werden lediglich ein paar Zutaten mehr oder weniger benötigt. Dieses Plus oder Minus einzelner Nahrungsmittel wird bei den jeweiligen Diätformen berücksichtigt.

So kann der Typ-I-Diabetiker seine Kost problemlos anhand der zahlreichen Menüvorschläge aufwerten – je nach erforderlichen Kalorien oder BE-Einteilungen – und die Speisen untereinander x-beliebig austauschen. Beide Diabetes-Typen – I und II – können den Rezeptteil für Verdauungs- und Herz-Kreislauf-Erkrankungen genauso verwenden, weil alle Menüvorschläge dementsprechend berechnet sind. In diesem Fall können die Rezepte der leichten Vollkost zusätzlich aufgewertet werden, wenn Lauch, Zwiebel, Knoblauch, Salat oder Hülsenfrüchte eingebaut werden. Somit stehen dem Diabetiker alle in diesem Buch enthaltenen Rezepte zur Wahl.

Jene Menschen, die eine leichte Vollkost für ihre Verdauungsorgane einhalten müssen (Leber-Magen-Galle-Pancreas-Herz-Kreislauf), können untereinander ebenso alle Speisen nach Belieben austauschen, weil alle Rezepte so zusammengestellt sind, daß sie einer leichten Vollkost (reizarm–fettarm–leicht bekömmlich) entsprechen. Beim Diabetes-Rezeptteil – in Abwandlung zur leichten Vollkost – sollte aber vorerst auf Zwiebel, Knoblauch, Kohlgemüse, Rohkost und Hülsenfrüchte verzichtet werden.

Bei sämtlichen Menü- und Rezeptvorschlägen wurde auf eine kalorienbewußte, cholesterin- und fettarme Zusammensetzung geachtet. Die Küchentechnik ist maßgebend mit:

1. Bester Auswahl von möglichst unveränderten Lebensmitteln
2. Berücksichtigung des Säuren-Basen-Gleichgewichtes bei der Zusammenstellung der Menüs
3. Schonende und zeitgerechte Garungsmethoden
4. Fettreduktion durch entsprechende Gemüsebindungen
5. Verdauungserleichternd durch Frischkräuter

Die Qualität der Lebensmittel aus biologischem Anbau und artgerechter Tierhaltung stehen im Vordergrund der entsprechenden Zubereitung. Grundsätzlich werden dabei verwendet:

1. Weniger Eier
2. Seltener Fleisch in Portionsgrößen zu 100 g
3. Kleinere Fischportionen zu 100 g
4. Bei Diabetikern Süßstoff oder Fruchtzucker, sonst Honig statt Zucker
5. Leicht bekömmliches Vollwertgebäck statt Weißmehlprodukte
6. Wenig Butter oder ungehärtete Vollöl-Pflanzenmargarine
7. Frisch und sehr fein gemahlene Vollwertmehle
8. Vermehrt fleischlose Gerichte bei geänderter Küchentechnik
9. Viel Gemüse und frische Kräuter

Da alle Nährstoffe in einem ausgewogenen Verhältnis zueinander stehen, ist das vorliegende Buch natürlich auch jedem gesundheitsbewußten Menschen zu empfehlen, der leichter und vor allem gesünder essen will. Eine leicht bekömmliche biologische Küche ist heutzutage vor allem für den empfindlichen und älteren Menschen wichtig, weil diese den Verdauungstrakt nicht belastet und damit zu mehr *Wohlbefinden* beiträgt.

Dieses *Wohlbefinden* nach dem Essen kann zum Großteil durch eine vernünftige Zusammenstellung (Auswahl), zeitgemäße Zubereitung (Küchentechnik), aber vor allem durch gründliches Kauen und Einspeicheln – wie es bei der *F. X. Mayr-Kur* systematisch anerzogen wird – erreicht werden.

Um das Kochen interessanter zu machen, sind alle Rezepte sowohl für eine wie auch für vier Personen angegeben. Alle Rezepturen sind nährwertmäßig für eine Person ausgerechnet und haben genaue Kalorien- und BE-Angaben (1 Broteinheit BE = 12 g Kohlenhydrate KH). Die Vielfalt der kulinarischen Genüsse läßt nicht erkennen, daß es sich bei den Rezepten um eine eingeschränkte Kostauswahl handelt.

Alle in diesem Buch enthaltenen Rezepte wurden vielfach nachgekocht und sind sehr einfach und praxisnahe gestaltet. Es wurden nur solche Speisen ausgesucht, die sich erfahrungsgemäß am besten bewährt haben. So soll damit eine Verbesserung der Stoffwechsellage und vorbeugende Gesunderhaltung erreicht werden. Oberstes Gebot dabei war und ist: Eine gesunde Küche muß gut schmecken!

Peter Mayr
Gesundheitszentrum
Golfhotel am Wörthersee

Geleitwort

Die ständige Zunahme chronischer Erkrankungsformen in den wohlhabenden Industrieländern der Erde läßt sich auf mehrere durchaus verschiedene Ursachen zurückführen. Eine Hauptursache aber – und darüber besteht kein Zweifel – liegt in einer *fehlerhaften Ernährung.* Eine ausschließliche Pharmaka-Therapie, wie sie, heute noch immer, vielfach auch bei ernährungsbedingten Leiden üblich ist, wird daher oft eine gute symptom-unterdrückende Wirkung erzielen lassen, wohl aber kaum eine grundlegende Gesundung.

Ob es sich nun um Verdauungskrankheiten, Übergewicht, Herzkreislaufstörungen, Hochdruck, Diabetes, Gicht, rheumatische Prozesse oder andere sog. Zivilisationsleiden handelt, immer liegt ihnen – an zentraler Stelle – ein überlasteter oder sonstwie gestörter Stoffwechsel zugrunde. Und bei jedem „Wechsel der Stoffe" kommt zwei Faktoren eine entscheidende Rolle zu:

1. dem *Ausgangsmaterial,* nämlich der Nahrung, ihrer Menge und ihrer Zubereitung; und
2. dem *Umsetzungspotential,* d. h. der Fähigkeit der Verdauungs-Stoffwechselorgane, die eingenommene Nahrung richtig aufzuschließen, in Kraft und Energie umzuwandeln und die Abfälle rechtzeitig und vollständig auszuscheiden.

Beide Faktoren beeinflussen sich gegenseitig. Sie bestimmen die Qualität des Ernährungszustandes, des Stoffwechsels und damit maßgeblich auch die Qualität der Grundgesundheit des Menschen. Es ist daher kein Wunder, daß die *grundlegende Behandlung der meisten Ernährungs-Stoffwechselleiden in einer naturgemäßen Intensivdiätetik liegt.* Dazu haben sich bestimmte Fasten- und diätetische Behandlungsformen besonders bewährt, wie sie vor allem der österreichische Forscherarzt Dr. Franz Xaver Mayr entwickelt hat. Sie sind heute als Darmreinigungs-Entschlackungs- und Stoffwechselkuren nach F. X. Mayr (Mayr-Kuren) schon im In- und Ausland weit bekannt. Diese intensiven Therapieformen stellen den wirkungsvollsten *Einstieg* in eine gesunde *Neuordnung des gesamten Stoffwechselgeschehens* des Organismus dar. Und sie fördern auch eine *Neuorientierung der gesamten Ernährungsweise,* begonnen von der Vermeidung der von Mayr so bezeichneten *Kardinalfehler* der beim Zivilisationsmenschen meist staunenswert *un*zivilisierten und *un*kultivierten Essensformen. Dazu gehören das übliche:

- viel zu schnelles Essen
- viel zu vieles Essen

- viel zu oftmaliges Essen
- viel zu schweres Essen
- und oft auch zu spätes Essen.

Besonders wichtig für die Langzeitbehandlung sind außerdem sehr klare Richtlinien für die geeignete *Nahrungsauswahl* und deren bestmögliche stoffwechselentlastende Zubereitungsart (Küchentechnik!). In der vorliegenden Arbeit sind sie in reicher Auswahl aufzufinden.

Ich bin überzeugt, daß die nun beschriebenen Vorschläge und Kochrezepte großen Anklang finden werden. Sie folgen auch den bereits bewährten erfolgreichen Grundrichtlinien, die Peter Mayr schon in früheren Veröffentlichungen dokumentiert hat. Ebenso erfreuen sich die in der gemeinsam mit ihm veröffentlichten „Milde Ableitungs-Diät" beschriebenen Rezepte großer Beliebtheit, und, was für Arzt und Patienten besonders wichtig ist, auch echter therapeutischer Effizienz.

Auch in dem vorliegenden Buch dienen als Grundlage aller Darstellungen die Erfahrungswerte, die Peter Mayr als Küchenchef eines großen streng-diätetisch ausgerichteten Gesundheitszentrums im Laufe von 20 Jahren anhand vieler tausender verköstigter Patienten gewinnen konnte. Dazu kommt noch eine enge ärztlich-küchendiätetische Zusammenarbeit, als deren Resultat schließlich die vorliegende Fülle an bewährten, therapiewirksamen, vielseitigen und praxisnahen Kochrezepten entwickelt werden konnte. Dem Konsumenten kann aber an dieser Stelle schon verraten werden, daß die beschriebenen Gerichte auf Grund ihrer Schmackhaftigkeit auch von sehr verwöhnten Gaumen gerne willkommen geheißen werden.

Ich wünsche allen Lesern dieses Buches gutes Gelingen!

Maria Wörth-Dellach, Februar 1996

Medizinalrat Dr. Erich Rauch
ehemaliger Chefarzt des Gesundheitszentrums am Wörthersee

Diabetes mellitus (Zuckerkrankheit)

Einführung

von Dr. Peter Kitzler, Facharzt, Klagenfurt

Die Diabetes-Diät stellt eine wesentliche Form der Diabetesbehandlung dar. Jede Zeit hatte, bezogen auf den momentanen Stand des Diabeteswissens, seine Diabetes-Kost.

Die bekanntlich ersten diätetischen Hinweise zur Beseitigung des Harnflusses stammen aus der Niederschrift *„Papyros Ebers"*. Es wurden Wacholderbeeren, Süßbier, Weizenkörner und unter anderem Haferbrei empfohlen. Auch heute noch wird oft Haferbrei zur Behandlung der *Ketoacidose* verwendet.

Die Diabetesreduktionskost geht auf J. Rollo (1755–1809) zurück, der vor allem Fleisch und Fett empfahl.

Im deutschsprachigen Raum wurde die Diabetesdiätetik von *C. F. Noorden* geprägt. Er war der Begründer der Gemüse-Eierkost, einer gestuften Fleisch-Fettdiät und weitgehendem Kohlenhydratentzug, sowie die Haferkur (1902).

Mit dem wachsendem Wissen über die Ursachen des Diabetes und mit der Entdeckung des Insulins veränderten sich erneut die Diätempfehlungen.
Katsch und *Bertram* (1936/47) waren die Vertreter der kohlenhydratreichen Diabetes-Diät, speziell für jugendliche Diabetiker, die absolut insulinbedüftig sind (Typ-I-Diabetes).

Für die meist übergewichtigen älteren Diabetiker (Typ-II-Diabetes) sind natürlich gewichtreduzierende Diätempfehlungen in Verwendung, wobei keine Einigung besteht, ob man nur über die Kalorien- oder BE-Berechnung den Zugang zum Patienten finden soll. Dementsprechend werden die Schulungsunterlagen verwendet.

Besonders die in den letzten Jahren auftauchenden Hinweise, daß es sich beim Typ-II-Diabetes um ein sehr komplexes Geschehen handelt, haben die Diskussionen um Diabetes-Diäten erneut belebt.

Nehmen wir doch heute als Ursache einen genetischen Defekt in Kombination mit Fehlernährung und Übergewicht an, häufig begleitet von Bluthochdruck, Störungen des Fettstoffwechsels, und Zuckerstoffwechsels oft in Verbindung mit einer Überproduktion an Insulin, sowie einem Insulinrezeptordefekt und sprechen jetzt vom *Metabolischen Syndrom* oder *Metabolem-Syndrom.*

Wie wichtig eine gute Diätverordnung ist, sieht man gerade hier, da bei einer entsprechenden Gewichtsreduktion eine Teilnormalisierung des Fettstoffwechsels und Zuckerstoffwechsels erreicht werden kann und so natürlich die gefürchteten Spätschäden vermieden oder zumindest verzögert werden können.

Egal, um welche Form der Diabetes es sich handelt (Typ I oder Typ II), so bleiben Empfehlungen zur Ernährung beim Diabetes am Schulungsplan der Diabetes-Berater und Diabetes-Assistentinnen ein wichtiger Bestandteil.

Genau genommen handelt es sich bei der Diabetes-Diät um eine normale, vollwertige und im Nährstoffgehalt optimierte Ernährung, welche zuckerreduziert und kalorienberechnet ist. Eigentlich eine Ernährung für jedermann, und man sollte besser nur von „*Diabeteskost*" sprechen. Die wichtigste therapeutische Maßnahme bei Krankheitsbeginn ist, falls eine Adipositas besteht, die Normalisierung des Körpergewichts.

Die Diätempfehlungen müssen aber anschaulich und für den Diabetiker leicht verständlich sein, damit die Umsetzung im Alltag möglich ist.

Gerade das hier vorliegende Kochbuch berücksichtigt diese Aspekte. Es ist möglich, sich Speisen nach den Gesichtspunkten Kalorien – Broteinheiten (BE) – Cholesterin und last but not least nach dem Geschmack des einzelnen auszusuchen.

Daß diese Rezepte erprobt und die Speisen wohlschmeckend sind, steht außer Zweifel. Seit über 15 Jahren ist Herr Peter Mayr neben seiner Tätigkeit als Küchenchef im Gesundheitszentrum Golfhotel auch Ausbildungsleiter im Wirtschaftsförderungsinstitut der Handelskammer Klagenfurt und bildet gemeinsam mit Diätassistentin und Ärzten „diätetisch geschulte Köche" aus. So glaube ich, daß dieses Buch eine Bereicherung für Diabetiker, Diabetes-Berater, Diätassistenten/innen und den betreuenden Arzt darstellt.

Vorbemerkungen zum Verständnis der Erkrankung *

Das Blut transportiert Tag und Nacht Traubenzucker (Glucose) als Treibstoff für lebenswichtige Organe. Insbesondere das Gehirn ist in seiner Versorgung fast ausschließlich auf Glucose angewiesen.

Am Tag stammt sie aus der Nahrung (Kohlenhydrate), nachts kommt sie aus der Leber. Die jeweils im Blut vorhandene Menge, der „Blutzuckerspiegel“, wird genau reguliert.

Gegen ein zu hohes Ansteigen des Blutzuckerspiegels wirkt Insulin, ein Hormon der Bauchspeicheldrüse.

Insulin fördert die Bildung von Glykogen (Kohlenhydrat-Speicher) in der Leber. Insulin hemmt aber auch den Abbau von Glykogen zu Traubenzucker und dessen Abgabe an das Blut.

Insulin wird bei steigendem Blutzuckerspiegel vermehrt aus der Bauchspeicheldrüse ins Blut abgegeben, und wirkt somit blutzuckersenkend.

Der Diabetiker ist gekennzeichnet durch einen Mangel an Insulin oder durch blockierte Insulinwirkung bei vermehrtem Fettgewebe.

Folgen

Bei Insulinmangel kann der Traubenzucker nicht aus dem Blut in die Leber, in Muskulatur und Fettgewebe aufgenommen werden. Es tritt daher eine Erhöhung des Blutzuckerspiegels auf. Der Körper versucht, den Überschuß abzubauen und scheidet ab einer bestimmten Blutzuckerhöhe den Zucker über die Niere im Harn aus.

Diese kritische Grenze wird Nierenschwelle genannt. Da der Zucker aber nur gelöst ausgeschieden werden kann, reißt er viel Wasser mit sich und erzeugt dadurch Durst.

Andererseits tritt in vielen Körperzellen ein Mangel an Glucose ein, daher fehlt es diesen an Energie und es kommt zu Müdigkeit, Abgeschlagenheit und Leistungsabfall.

Auch Sehstörungen und Anfälligkeit für Infektionen können sich durch einen hohen Blutzuckerspiegel einstellen. Die schwerste Komplikation ist das „Koma“, ein Zustand tiefer Bewußtlosigkeit und eine Überladung des Blutes mit halbverbrannten Fettsäuren (Ketonen). Abgesehen davon kommt es auf lange Sicht auch zu Schädigungen der Blutgefäße und zwar sowohl durch den gestörten Zuckerstoffwechsel selbst, als auch durch den veränderten Fettstoffwechsel.

---

* WIFI Ausbildungsmanuskript für den diätetisch geschulten Koch, Klagenfurt/Wien.

Ziel der Diabetestherapie

Die Leistungsfähigkeit und das Wohbefinden des Zuckerkranken wiederherzustellen und zu erhalten, zugleich aber die Stoffwechselstörungen auszugleichen, ist das erstrebenswerte Ziel jeder Diabetesbehandlung. Hierbei steht die Ernährung an erster Stelle, die sich von der üblichen Ernährung stoffwechselgesunder Menschen nicht allzu sehr unterscheiden sollte.

Nur durch eine abwechslungsreiche und schmackhaft zusammengesetzte Kost gewinnt der Zuckerkranke wieder Freude am Essen und kann auf diese Weise von der Vorstellung befreit werden, ständig eine Krankendiät verzehren zu müssen.

Grundlagen

- Die Nahrungszufuhr soll dem Energiebedarf entsprechen, also „kaloriengerecht“ sein.
  Normalgewichtige: normokalorische Diät
  Untergewichtige: überkalorische Diät
  Übergewichtige: Reduktionskost
- Sie soll keinen Zucker vom Glucose-Typ enthalten (das sind rasch resorbierbare Zucker, wie Traubenzucker = Glucose, Malzzucker = Maltose, Kochzucker = Saccharose).
- Zum Süßen stehen dem Diabetiker kalorienfreie (anrechnungsfreie) Süßstoffe (Zyklamat, Saccharin, Aspartam) sowie kalorienhaltige Zuckeraustauschstoffe (Fruktose, Sorbit, Xylit), die nach Broteinheiten (BE) berechnet werden müssen, zur Verfügung.
- Zur Vermeidung von Blutzuckerspitzen und Verminderung des Hungergefühls sollten die Mahlzeiten in mehreren kleinen Portionen (5–6) über den Tag verteilt eingenommen werden.

Zusammensetzung der Kost

- **Eiweiß:** ca. 15% der Gesamtenergiezufuhr bzw. 0,9 g/kg Sollgewicht/Tag. Bei 2000 kcal/Tag **70–75 g**.
  Der EW-Bedarf sollte zu 1/3 aus tierischem EW (Fleisch, Fisch, Eier, Milch und Milchprodukte) und zu 2/3 aus pflanzlichem EW (Getreide, Getreideprodukte, Kartoffel, Hülsenfrüchte, Nüsse) gedeckt werden.

– **Fett:** ca. 30% der Gesamtenergiezufuhr, das entspricht bei einer Kost von 2000 kcal einer Gesamtfettmenge von ca. **60–70 g/Tag.**
  Die Nahrungsfette stammen von Tieren (Milchfett, Butter, Schweineschmalz) und Pflanzen (z. B. Olivenöl, Sonnenblumenöl, Margarine).
  Tierische Fette kommen auch in „versteckter Form" in Nahrungsmitteln wie Fleisch, Fisch, Wurst und Käse vor und machen meist den größten Anteil der täglichen Fettzufuhr aus.

Fette unterscheiden sich in ihrem Anteil an:

- **gesättigten Fettsäuren** (überwiegend in allen tierischen Fetten und Kokosfett)
- **einfach ungesättigten Fettsäuren** (Olivenöl)
- **mehrfach ungesättigten Fettsäuren** (Sonnenblumenöl, Maiskeimöl, Leinöl, Distelöl, Kürbiskernöl, Margarine).

Fette mit einem hohen Anteil an mehrfach ungesättigten Fettsäuren sind weich oder flüssig (Öl). Da die hochungesättigten Fettsäuren bei der Normalisierung des Cholesterinstoffwechsels eine wichtige Rolle spielen und eine Art Schutzfunktion gegen die Entstehung der Arteriosklerose ausüben, sollte der Gehalt des Nahrungsfettes an mehrfach ungesättigten Fettsäuren relativ hoch sein. Die gesamte Fettmenge sollte etwa folgendermaßen aufgeteilt werden:
$^1/_3$ Kochfett, $^1/_3$ Streichfett, $^1/_3$ verstecktes Fett.

– **Kohlenhydrate:** ca. 50–55% der Gesamtenergiezufuhr.
  Kohlenhydrate (KH) sind in erster Linie Betriebsstoffe. Sie liefern für die Arbeitsleistung notwendige Energie und werden bei der Verdauung in ihre kleinsten Bausteine (z. B. Traubenzucker) gespalten. KH kommen hauptsächlich in Obst, Getreideprodukten, Gemüse sowie in der Milch vor. Reine KH sind Traubenzucker (Glucose), Fruchtzucker (Fruktose), Milchzucker (Laktose), Malzzucker (Maltose), Koch- oder Haushaltszucker (Saccharose) und Stärke.

Die KH werden unterschiedlich rasch aus dem Darm in das Blut aufgenommen und haben daher unterschiedliche Auswirkungen auf den Anstieg des Blutzuckers.

Vollkornprodukte, ungeschälter Reis, Hülsenfrüchte und Obst werden langsam aufgeschlossen und ins Blut aufgenommen, als ausgemahlene Mehle, Weißbrot, Kartoffel, Milch oder Obstsäfte.

Andere KH, wie z. B. Zellulose im Gemüse und Pektin im Obst sind zwar unverdaulich, aber nützliche Ballaststoffe (Füllstoffe). Ballaststoffe in Vollkornprodukten, Salaten, Gemüse und Obst sind verdauungsfördernd, vermitteln eine anhaltende Sättigung und können Blutzuckerspitzen glätten.

KH müssen berechnet werden, weil sie maßgeblich die Höhe des Blutzuckers beeinflussen.
Einer Broteinheit (BE) entspricht jene Menge eines kohlenhydrathaltigen Nahrungsmittels, das 12 Gramm reine Kohlenhydrate enthält.
1 BE entspricht 12 g Kohlenhydrate

Die KH-Austauschtabelle ermöglicht es, die verschiedenen Nahrungsmittel entsprechend ihrem KH-Gehalt auszutauschen. Aus der Tabelle ist zu ersehen, wieviel Gramm eines Nahrungsmittels einer BE entsprechen, d.h. in welcher Nahrungsmittelmenge jeweils 12 g reine KH enthalten sind.

Kohlenhydrat-Austauschtabelle für Typ I

In den folgenden Tabellen ist jeweils jene Menge eines Nahrungsmittels angegeben, die 12 g reine Kohlenhydrate enthält, d.h. der Broteinheit (= BE) entspricht. Danach lassen sich die einzelnen Nahrungsmittel untereinander austauschen.

I. Getreide und Getreideprodukte

	1 BE entsprechen:	ungefähres Haushaltsmaß:
1. Brot und Backwaren:		
Grahambrot	25 g	½ Scheibe, 1 cm dick
Knäckebrot	15 g	ca. 1½ Scheiben (s. Verp.)
Leinsamenbrot	25 g	½ Scheibe, 1 cm dick
Mischbrot, Schwarzbrot	25 g	½ Scheibe, 1 cm dick
Pumpernickel	30 g	⅔ Scheibe
Simonsbrot	30 g	⅔ Scheibe
Steinmetzbrot	30 g	½ Scheibe, 1 cm dick
Vollkornbrot	30 g	½ Scheibe, 1 cm dick
Weißbrot, Toastbrot	25 g	1 Scheibe
Zwieback, ungezuckert	15 g	2 Stück
Mohn-, Kümmelweckerl, Salzstangen	20 g	½ Stück
Schusterlaibchen, Wachauer	25 g	½ kleines Stück
Semmel	20 g	½ Stück
Semmelbrösel	15 g	2 gestrichene Eßlöffel
Knödelbrot, Semmelwürfel	15 g	3 Eßlöffel

	1 BE entsprechen:	ungefähres Haushaltsmaß:	
Blätterteig*, Plunderteig, roh	35 g		wiegen
Strudelteig*, roh	20 g		wiegen
Fischli, Kräcker, ungezuckert	15 g		wiegen
Soletti (Salzstangen)	15 g	17	Stangen
2. Getreide, Mehle und sonstige Mahlprodukte:			
Buchweizen, geschält	15 g	1 1/2	gehäufte Eßlöffel
Buchweizenvollmehl	15 g	2	gehäufte Eßlöffel
Buchweizengrütze	15 g	1 1/2	gestrichene Eßlöffel
Corn flakes	15 g	4	gehäufte Eßlöffel
Gerste, ganzes Korn	15 g	1 1/2	gestrichene Eßlöffel
Gerstengraupen	15 g	1 1/2	gehäufte Eßlöffel
Gerstengrütze	15 g	1 1/2	gestrichene Eßlöffel
Grünkern, ganzes Korn	15 g	1 1/2	gestrichene Eßlöffel
Hafer, ganzes Korn	20 g	2	gestrichene Eßlöffel
Haferflocken	20 g	3	gehäufte Eßlöffel
Hirse	15 g	1 1/2	gestrichene Eßlöffel
Mais, ganzes Korn	15 g	2	gehäufte Eßlöffel
Maismehl	15 g	2	gestrichene Eßlöffel
Maisgrieß, Polenta	15 g	1	gehäufter Eßlöffel
Popcorn, fertig zubereitet	15 g	10	gehäufte Eßlöffel
Reis, roh, poliert und unpoliert	15 g	1	gestrichener Eßlöffel
Reis, gekocht, poliert und unpoliert	50 g	2	gehäufte Eßlöffel
Roggen, ganzes Korn	20 g	2	gestrichene Eßlöffel
Roggenmehl	15 g	1	gehäufter Eßlöffel
Sojamehl, halbfett	35 g		wiegen
Sojamehl, vollfett	45 g	4	gehäufte Eßlöffel
Sonnenblumenkernmehl	35 g		wiegen
Weizen, ganzes Korn	20 g	2	gestrichene Eßlöffel
Weizenmehl	15 g	1	gehäufter Eßlöffel
Weizenvollkornmehl	20 g	3	gestrichene Eßlöffel
Weizengrieß	15 g	1	gehäufter Eßlöffel
Weizenkeime	25 g	3	gehäufte Eßlöffel
Weizenkleie	50 g	12	gehäufte Eßlöffel
3. Stärke:			
Kartoffelstärke	15 g		
Maisstärke	15 g		
Puddingpulver, ungezuckert	15 g	je 1	gehäufter Eßlöffel
Tapiokastärke	15 g		
Weizenstärke	15 g		
4. Beilagen:			
Teigwaren, roh	15 g	2	gestrichene Eßlöffel
Teigwaren, gekocht	50 g	3	gehäufte Eßlöffel

* Firmenangabe

	1 BE entsprechen:	ungefähres Haushaltsmaß:
Vollkornteigwaren, roh	20 g	3 gestrichene Eßlöffel
Vollkornteigwaren, gekocht	60 g	4 gehäufte Eßlöffel
Semmelknödel, gekocht	50 g	ca. ½ kleiner Knödel
Spätzle, Nockerl, gekocht	50 g	wiegen

II. Kartoffeln und Kartoffelprodukte:

Kartoffel, geschält	75 g	1 hühnereigroßes Stück
Kartoffelpüree	90 g	2 gehäufte Eßlöffel
Kartoffelpüreepulver	15 g	1 gehäufter Eßlöffel
Pommes frites*, roh, tiefgekühlt	65 g	20 Stück
Pommes frites*, eßfertig	35 g	20 Stück
Backofenfrites*, roh, tiefgekühlt	40 g	21 Stück
Kartoffelkroketten*, roh, tiefgekühlt	45 g	wiegen
Kartoffelpuffer, roh, tiefgekühlt	50 g	wiegen
Rösti*, roh, tiegekühlt	60 g	6 Eßlöffel
Kartoffelchips	25 g	1 Schüssel
Süßkartoffel, Batate	55 g	wiegen

III. Gemüse:

1. Ohne Anrechnung auf Broteinheiten (BE) dürfen verzehrt werden
(Gemüsesorten mit einem Kohlenhydratgehalt von <6 g pro 100 g Rohgewicht):

Auberginen	Gurken	Rettich
Avokados (fettreich)	Kopfsalat	Rhabarber
Bambussprossen	Kohl	Rot- und Weißkraut
Blumenkohl	Kohlrabi	Sauerkraut
Broccoli	Kürbis	Spargel
Champignons	Lauch	Spinat
Chicoree	Morcheln	Steinpilze
Chinakohl	Oliven	Tomaten
Eierschwammerl (Pfifferlinge)	Paprikafrüchte	Zucchini
	Radicchio	
Endiviensalat	Radischen	

2. In üblichen Portionen (bis 200 g) dürfen ohne BE-Anrechnung gegessen werden
(Gemüsesorten zwischen 6 und 12 g Kohlenhydrate pro 100 g Rohgewicht):

Artischocken	Karotten	Sellerie
Fenchel	Kohlsprossen	Zwiebel
Grüne Bohnen	Rote Rüben	

3. Auf Broteinheiten (BE) müssen angerechnet werden
(Gemüsesorten mit einem Kohlenhydratgehalt von >12 g pro 100 g Rohgewicht):

Bohnen, getrocknet	20 g	1 gehäufter Eßlöffel
Bohnen, gekocht	50 g	3 gehäufte Eßlöffel

* Firmenangabe

	1 BE entsprechen	ungefähres Haushaltsmaß:	
Erbsen, getrocknet	20 g	1	gehäufter Eßlöffel
Erbsen, grün, frisch	100 g	7	gehäufte Eßlöffel
Erbsen, grün, tiefgekühlt	90 g	6	gehäufte Eßlöffel
Erbsen, grün, Dosenware	130 g	9	gehäufte Eßlöffel
Linsen, getrocknet	20 g	1	gehäufter Eßlöffel
Linsen, gekocht	50 g	3	gehäufte Eßlöffel
Maiskörner, gekocht	60 g	4	gehäufte Eßlöffel
Schwarzwurzeln, roh	70 g		wiegen
Schwarzwurzeln, gekocht	85 g		wiegen
Sojabohnen	45 g	4	Eßlöffel
Topinambur	70 g		wiegen

IV. Nüsse und Samen, Fettreich!

Cashewnüsse	40 g	3	Eßlöffel
Erdnüsse, mit Schale	85 g	ca. 40	Stück
Erdnüsse, ohne Schale	60 g	1/4	Schälchen
Haselnüsse	90 g	3/4	Schälchen
Kokosnuß, frisch	110 g		wiegen
Kokosfett, Kokosraspel	190 g	1 1/2	Schälchenn
Mandeln	60 g	3/4	Schälchen
Paranüsse	110 g	3/4	Schälchen
Pistazien	60 g	1/2	Schälchen
Walnüsse	90 g	6	gehäufte Eßlöffel
Mohn	150 g	3/4	Schälchen
Maroni	25 g	4	Stück

V. Obst:

Apfel	100 g	1	kleiner
Banane, mit Schale	80 g	1/2	mittelgroße
Banane, ohne Schale	50 g	1/2	mittelgroße
Birne	100 g	1/2	mittelgroße
Brombeeren	140 g	1	Schälchen
Dörrobst	20 g		wiegen
Erdbeeren	160 g	1	Schälchen
Feigen, frisch	70 g		wiegen
Grapefruit, mit Schale	150 g	1/2	große
Grapefruit, ohne Schale	120 g	1/2	große
Guave	80 g		wiegen
Hawaiananas	90 g		wiegen
Heidelbeeren	90 g	1/2	Schälchen
Himbeeren	130 g	1	Schälchen
Holunderbeeren	130 g	1	Schälchen
Honigmelone, ohne Schale	240 g		wiegen
Kaki	70 g		wiegen

	1 BE entsprechen:	ungefähres Haushaltsmaß:
Kaktusfeigen	100 g	wiegen
Kirschen, mit Stein	90 g	10 Stück
Kirschen, ohne Stein	70 g	10 Stück
Kiwi	130 g	2 kleine
Litchi	90 g	wiegen
Mandarinen, mit Schale	150 g	2 kleine
Mandarinen, ohne Schale	120 g	2 kleine
Mango	80 g	wiegen
Aprikosen, mit Stein	130 g	2 große
Aprikosen, ohne Stein	100 g	2 große
Mispeln	110 g	wiegen
Moosbeeren	120 g	1 Schälchen
Nektarinen, mit Stein	120 g	1 mittelgroße
Nektarinen, ohne Stein	100 g	1 mittelgroße
Orange, mit Schale	130 g	1 kleine
Orange, ohne Schale	100 g	1 kleine
Passionsfrucht	190 g	wiegen
Papaya	140 g	wiegen
Pfirsich, mit Stein	140 g	1 mittelgroßer
Pfirsich, ohne Stein	120 g	1 mittelgroßer
Preiselbeeren	120 g	1 Schälchen
Johannisbeeren, rot	120 g	1 Schälchen
Johannisbeeren, schwarz	100 g	3/4 Schälchen
Ringlotten	70 g	wiegen
Stachelbeeren	140 g	1 Schälchen
Wassermelone, ohne Schale	210 g	wiegen
Weintrauben	70 g	9 große Weinbeeren
Zwetschken, mit Stein	90 g	3–4 Stück
Zwetschken, ohne Stein	70 g	3–4 Stück

VI. Obst- und Gemüsesäfte naturrein (100% Saftanteil):

Apfelsaft	100 ml	1/10 Liter
Grapefruitsaft	130 ml	ca. 1/8 Liter
Orangensaft	110 ml	ca. 1/8 Liter
Traubensaft	70 ml	ca. 1/16 Liter
Zitronensaft	150 ml	1/2 Seidel
Karottensaft	200 ml	2/10 Liter
Roter Rübensaft	125 ml	1/8 Liter
Tomatensaft	300 ml	3/10 Liter = 1 Seidel

VII. Milch:

Vollmilch	250 ml	1/4 Liter
Magermilch	250 ml	1/4 Liter
Kondensmilch, ungezuckert, 7% Fett	120 ml	ca. 1/8 Liter
Kondensmilch, ungezuckert, 10% Fett	100 ml	1/10 Liter

	1 BE entsprechen:	ungefähres Haushaltsmaß:
Buttermilch	300 ml	3/10 Liter = 1 Seidel
Sauermilch	250 ml	1/4 Liter
Joghurt, 3,6% Fett	250 ml	1/4 Liter = 1 Becher
Joghurt, 1% Fett	250 ml	1/4 Liter = 1 Becher
Kefir	250 ml	1/4 Liter

VIII. Zuckeraustauschstoffe, Diätprodukte für Diabetiker:

Fruchtzucker, Fruktose	12 g	1 gestrichener Eßlöffel
Sorbit	12 g	1 gestrichener Eßlöffel
Diabetikermarmelade	25 g	1 Eßlöffel
Diabetikerhonig	15 g	1 Eßlöffel
Diabetikerschokolade	rd. 30 g	ca. 1/3 Tafel

IX. Alkoholische Getränke:

Nur nach Rücksprache mit dem Arzt!
Hypogefahr nach großem Alkoholkonsum!
Hoher Energiegehalt!

1. Nicht nach Broteinheiten (BE) zu berechnen sind:
trockener, ausgegorener Wein
trockener Sekt
ausgegorener Most
klare Schnäpse
Whisky
Weinbrand
Cognac

2. Nach Broteinheiten (BE) zu berechnen ist:

Lagerbier, hell	300 ml	3/10 Liter = 1 Seidel

Als **Küchenmaße** finden Verwendung:
1 Eßlöffel
1/2 Schälchen: Fassungsraum 125 ccm = ca. 1/8 Liter
1 Schälchen: Fassungsraum 250 ccm = ca. 1/4 Liter

Literatur:
Cremer, Aign, Elmadfa, Muskat, Fritsche: Die große Nährwert-Tabelle (Gräfe und Unzer-Verlag 1995/96. Alle Nährwertberechnungen wurden nach dieser Tabelle vorgenommen.

Patienten, die kein Insulin spritzen brauchen keine BE-Berechnung – Schalttage sind out!
Die Austauscheinheiten BE, KH und KE sind nicht als Berechnungseinheiten, sondern als Schätzeinheiten zur praktischen Orientierung von insulinbehandelten Diabetikern anzusehen. Kohlenhydrat-Austauscheinheiten sind irrelevant für Typ-II-Diabetiker mit Übergewicht, d.h. für mehr als 80% aller Diabetiker.
Die biologische Schwankungsbreite der einzelnen Kohlenhydratträger liegt im Schnitt bei 20–30%, so daß eine starre Festlegung von Kohlenhydrat-Austauscheinheiten auf 10 g bzw. 12 g Kohlenhydrate nicht mehr gerechtfertigt erscheint.

Fettstoffwechselstörungen

Fettstoffwechselstörungen werden auch als Hyperlipidämie bezeichnet.

Definition

Hyperlipidämie ist der Sammelbegriff für eine Gruppe von Stoffwechselstörungen mit überhöhter Konzentration einzelner oder mehrerer Fette (Lipide) im Blut, in erster Linie von Triglyceriden und Cholesterin.

Normale Konzentration von Cholesterin im Blut bis 200 mg/dl.
Normale Konzentration von Triglyceriden im Blut bis 170 mg/dl.

Cholesterin ist eine fettähnliche Substanz, die ausschließlich im Tierreich vorkommt. Pflanzliche Nahrungsmittel enthalten kein Cholesterin.

In Gallensteinen wurden erstmals im 18. Jahrhundert eine fettähnliche Substanz entdeckt. Man nannte sie Cholesterin.

Triglyceride sind Verbindungen zwischen Glycerin und Fettsäuren. Man bezeichnet sie auch als „Neutralfette", sie dienen vor allem als Energiereserven.

Bedeutung des Cholesterins für den Organismus

Aufbau der Zellmembranen. Der menschliche Körper enthält im Durchschnitt 130–150 g Cholesterin.

Bildung von Gallensäure – wichtig für die Fettverdauung
Bildung von Hormonen
Bildung von Vitamin D_3

Vorkommen und Stoffwechsel des Cholesterins

Der menschliche Organismus baut selbst – vor allem in der Leber – körpereigenes Cholesterin in ausreichender Menge auf. Da es an Transportvorgängen im Organismus beteiligt ist, erscheint es auch im Blut als Blutcholesterin.

Daneben nimmt der Mensch mit der Nahrung vom Tier aufgebautes Cholesterin zu sich. Dieses Nahrungscholesterin wird durch die Darmwand in das Blut überführt und in den Stoffwechsel gebracht.

Das Blut vermag nur eine bestimmte Menge Cholesterin aufzunehmen. Durch falsche Ernährung oder aufgrund einer angeborenen Stoffwechselstörung kann es zu einer Überladung des Blutes mit Cholesterin kommen.

Überschüssiges Cholesterin im Körper, sofern es nicht unresorbiert durch Darmbakterien abgebaut und ausgeschieden wird, lagert sich vor allem an den Wänden der Blutgefäße ab. Kommen zu den Cholesterinablagerungen auch noch Kalkablagerungen, bezeichnet man diesen gesamten Prozeß als Arteriosklerose.

Diätetische Therapie bei Hypercholesterinämie

Zur Behandlung der Fettstoffwechselstörungen ist es vor allem notwendig, die derzeit üblichen Ernährungsgewohnheiten zu ändern. Jede Verbesserung führt zu einem verminderten Krankheitsrisiko und ist als Erfolg anzusehen, auch wenn die erstrebten Normalwerte noch nicht erreicht sind.

Folgende Punkte sind zu berücksichtigen

1. Anstreben des Normalgewichtes
2. Reduktion des Fettverzehrs auf 30% der Tagesenergiemenge
3. Vermehrte Verwendung von Nahrungsfetten mit hohem Gehalt an hochungesättigten Fettsäuren
   im Austausch zu Nahrungsfetten mit hohem Gehalt an gesättigten Fettsäuren
4. Anhebung des P/S-Quotienten >1
5. Beschränkung der Cholesterinaufnahme auf unter 300 mg/Tag
6. Vermehrte Zufuhr von Ballaststoffen
7. Verminderung des Alkoholkonsums

Anstreben des Normalgewichtes

In sehr vielen Fällen geht erhöhtes Blutcholesterin und erhöhte Bluttriglyceride mit Übergewicht einher. Durch eine Gewichtsreduktion allein kommt es schon in vielen Fällen zur Senkung der Blutfette.

Reduktion des Fettverzehrs auf 30% der Tagesenergiemenge

Reduktion des Fettverzehrs auf 30% der Gesamtenergie wird fast immer mit einer deutlichen Änderung der Eßgewohnheiten verbunden sein. Laut österreichischer Ernährungsbilanz beträgt der Fettkonsum durchschnittlich 48% der Gesamtenergiezufuhr.

Anhebung des P/S-Quotienten auf 1

Nahrungsfette mit einem hohen Anteil an gesättigten Fettsäuren können den Cholsterinspiegel erhöhen. Nahrungsfette mit einem hohen Anteil an mehrfach ungesättigten Fettsäuren können den Cholesterinspiegel senken.

Der P/S-Quotient gibt das Verhältnis mehrfach ungestättigter Fettsäuren zu gesättigten Fettsäuren an.

Gesättigte Fettsäuren	saturated fatty acids
mehrfach ungesättigte Fettsäuren	poly unsaturated fatty acids
P/S-Quotient	idealerweise 1 oder größer

Beschränkung der Cholesterinaufnahme auf maximal 300 mg/Tag

Die durchschnittliche Cholesterinaufnahme beträgt 600 mg pro Tag (laut Ernährungsbilanz). Bei einer Reduzierung der Cholesterinaufnahme auf 300 mg pro Tag müssen cholesterinreiche Nahrungsmittel gestrichen werden.

Vermehrte Zufuhr von Ballaststoffen

Eine Verminderung des Alkoholkonsums bedeutet auf alle Fälle eine Entlastung der Leber. Alkohol hat einen größeren Einfluß auf den Anstieg der Triglyceride im Blut als auf das Cholesterin.

Erhöhte Cholesterinspiegel entwickeln sich – mit Ausnahme der angeborenen Fettstoffwechselstörungen – über einen längeren Zeitraum. Eine Absenkung der Blutfettwerte durch Ernährungsumstellung ist ebenfalls nur über längere Zeit möglich und auf alle Fälle einer medikamentösen Therapie vorzuziehen.

Sehr cholesterinreiche Nahrungsmittel sind:

Eier, Innereien, Schalen- und Krustentiere

1	Hühnerei	ca. 320 mg Chol.
100 g	Innereien	ca. 300 mg Chol.
100 g	Hirn	2000 mg Chol.
100 g	Fleisch und Fisch	ca. 65 mg Chol.
100 g	Schalen- und Krustentiere	ca. 200 mg Chol.
20 g	Butter	48 mg Chol.

Die Butter wurde lange Zeit zu Unrecht als cholesterinreich hingestellt. Es bleibt aber alles eine Frage der Mengc.

Diätetische Therapie bei Hypertriglyceridämie

1. Anstreben des Normalgewichtes
2. Reduktion des Fettverzehrs auf 30% der Tagesenergiemenge
3. Drastische Alkoholreduktion
4. Reduktion der leicht resorbierbaren Kohlenhydrate wie Zucker, Honig, Marmelade, Torten, Weißbrot, Eis, Pudding, aber auch einige Obstsorten wie Weintrauben, Bananen, Kirschen, Zwetschken oder getrocknete Früchte sowie süße Kompotte und süße Getränke wie Obstsäfte, Limonaden und Dessertweine.

Diätetische Therapie bei Übergewicht

Allgemeine Richtlinien

Auch bei Übergewicht empfiehlt es sich zu Beginn der Diätetik mit einer strengen Fasten- oder Diätkur einzuleiten und anschließend auf die allgemeinen Richtlinien wie folgt einzugehen (siehe dazu Seite 202).

Reduktionskost (Ernährung bei Übergewicht)

Zu einem Übergewicht als Folge vermehrter Depotfettbildung kommt es nur dann, wenn dem Organismus mehr Energie zugeführt wird, als er verbraucht, d. h. die Energiebilanz positiv ist. Das Umgekehrte gilt für die Gewichtsreduktion.

Definition

Unter Fettsucht (Adipositas) versteht man eine krankhafte Vermehrung des Fettgewebes. Beim gesunden Menschen macht das Fettgewebe nicht mehr als 15–20% des Körpergewichtes aus. Übergewicht ist in der Regel auf eine Zunahme des Fettgewebes zurückzuführen*.

Die Ursachen von Übergewicht und Adipositas sind längst nicht alle geklärt. Offene Fragen sind, was individuelle Unterschiede in der Tendenz zu Fettansatz bedingt, weshalb es Menschen gibt, die relativ viel essen und nicht dick werden, wie Energiezufuhr und Energieverbrauch korrelieren und Zwischenhirnzentren Appetit- und Sättigungsgefühl regulieren.

Behandlung von Übergewicht und Adipositas bleibt in erster Linie ein Problem langfristiger Ernährungstherapie. Von Appetitzüglern ist wegen schädlicher Nebenwirkung abzuraten.

Häufigkeit, Ursachen, Begleitsymptome und Folgeerkrankungen

Häufigkeit

Überernährung ist in den Industrienationen die weitaus häufigste Fehlernährung. Man kann davon ausgehen, daß bei uns etwa 20–30% der Männer und 30–40% der Frauen übergewichtig sind.

Die Ursachen sind vielfältig.

Beim Übergewicht handelt es sich nicht um ein kosmetisches, sondern um ein gesundheitliches Problem.

---

* H. Anemüller, Das Grunddiät-System – Leitfaden der Ernährungstherapie mit vollwertiger Grunddiät, Hippokrates Verlag Stuttgart, 4. Auflage 1993.

Ursachen

- Hormonelle Faktoren
- Fehlendes Ernährungsbewußtsein (positive Energiebilanz)
- Genetische Faktoren
  Übergewicht tritt familiär gehäuft auf.
- Psychische Faktoren (Kummerspeck)
- Falsche Erziehungsmaßnahmen im Kindesalter
- Falsche Lebensgewohnheiten
- Falsche Ernährungsgewohnheiten
- Fehlinformationen über Nahrungsmittel (Medien)

Begleitsymptome und Folgekrankheiten

- Arthrose: Das hohe Körpergewicht belastet die Gelenke
- Bluthochdruck und Blutstau belasten Herz und Kreislauf und erhöhen Arterioskleroseneigung und Herzinfarktrisiko.
- Diabetes mellitus: Eine ständig erhöhte Insulinproduktion kann zu einer Beeinträchtigung der Bauchspeicheldrüsenfunktion und damit zur Zuckerkrankheit führen.
- Fettstoffwechselstörungen, Hyperlipidämie: Fette und fettähnliche Stoffe werden im Blut an Eiweiß (Protein) gebunden transportiert (=Lipoproteine). Gelangt vermehrt Fett ins Blut, z. B. wenn zuviel davon mit der Nahrung verzehrt wird, so werden mehr Lipoproteine aufgebaut = Hyperlipidämie oder Hyperlipoproteinämie (= erhöhte Blutfette).
- Gallen- und Nierenerkrankungen
- Gicht (erhöhter Harnsäurespiegel)

Ziele und Grundlagen der Reduktionskost

Ziele

1. Reduktion des Übergewichtes bis zum Normalgewicht (individuell unterschiedlich)
2. Dauerhafte Sicherung des erreichten Normalgewichtes (am Abend so wenig wie möglich essen)

Grundlagen

- Energie bei Fett, Kohlenhydraten und Alkohol einsparen
- Tierisches Eiweiß reduzieren, mehr pflanzliches Eiweiß bevorzugen

- Mineralstoffe und Vitamine als wichtige Regler- bzw. Baustoffe durch sonnengereifte, heimische Früchte, Salate und Gemüse zuführen
- Reichlich Flüssigkeitszufuhr – 2–3 l Wasser oder dünn gebrühte Kräutertees. Um ans Trinken zu denken empfiehlt es sich, einen Krug Wasser vor sich hinzustellen.

Konsequenzen

- Kalorien- bzw. Joulegehalt reduzieren – Normalisierung des Körpergewichtes
- Nährstoffrelationen einhalten (50–55% KH, 15% EW, 30% F)
  Verteilung der Gesamtkalorien beim Diabetiker: Frühstück 35%
  Zwischenmahlzeit 10%
  Mittagessen 25%
  Abendessen 20%

Für alle anderen gilt: Reichliches Frühstück, angemessenes Mittagessen und bescheidenes Abendessen.

- Eiweißbedarf durch weniger tierische und mehr pflanzliche Produkte decken.
- Bei Kohlenhydraten: Vollwertprodukte bevorzugen – Zucker und Süßwarenverbrauch einschränken.
- Fettmenge reduzieren:
  - Durch entsprechende Küchentechnik.
  - Magere Produkte bevorzugen (Fleisch und Fisch).
  - Versteckte Fette beachten (vor allem in Wurstwaren und Knabbergebäck).
  - Bei sichtbaren Fetten kaltgepreßte, nicht raffinierte Öle, sowie ungehärtete Pflanzenfette verwenden.
  - Auf ausreichende Zufuhr von Vitaminen und Mineralstoffen achten – Vorsicht bei zu großen Mengen an Obstsäften (Übersäuerung).
  - Täglich Frischkost zu sich nehmen (Salate, Obst), jedoch nicht am Abend, da blähungsfreudig.
  - Eßkultur nach F. X. Mayr berücksichtigen (siehe Seite 36).
  - Verzicht auf Alkohol und koffeinhaltige Getränke.

Nährwertrelation bei Reduktionskost

Energie kcal (kJ)	1000 (4200)	1500 (6300)
Eiweiß (g)	69	73–89
Eiweiß (%)	28	20–24
Fett (g)	25	43–48
Fett (%)	23	27–30
KH (g)	118	165–183
KH (%)	49	45–50

Kost bei Übergewicht

Allgemeine Richtlinien:
Die Kalorienzufuhr reduzieren durch starke Einschränkung von Fett und fetthaltigen Nahrungsmitteln. Ausschaltung von Zucker und zuckerhaltigen Speisen sowie Süßwaren. Verminderung der Kohlenhydratträger mit geringem Sättigungswert.

Alkohol völlig meiden!

Nahrungsmittel	
günstig	ungünstig
Milch und Milchprodukte: Entrahmte Milch Magerquark Käse bis 30% Fett	Vollmilch Schlagrahm Kondensmilch fette Käsesorten
Fleisch und Fleischwaren: mageres Fleisch fettarme Wurst Geflügelwurst	alle fetten Fleischstücke fette Wurtsorten, fertige Fleisch- und Wurstsalate
Fisch: Magere Fische wie Scholle, Forelle, Hecht, Heilbutt usw.	Hering, Aal, Fischkonserven
Eier: wenig und fettarme Zubereitung	fettreiche Zubereitung, zuviel
Fett: ungehärtete Reform-Margarine, Pflanzenöl mit einem hohen Anteil an mehrfach ungesättigten Fettsäuren, wenig Butter	Schmalz, Speck, Talg, Plattenfette, gehärtete Pflanzenfette und Öle

Nahrungmittel	
günstig	ungünstig
Nährmittel: nur in geringen Mengen, Dinkel, Mais, Hirse Reis bis 30 g (Vollwert)	Weißmehlprodukte/Zucker Fertigmischungen
Brot: Vollwertbrote bevorzugen	Weißbrot, Zwieback, Brötchen, Kekse
Gebäck: Vollwertgebäck zwischendurch	jegliches Gebäck, süß oder salzig
Kartoffeln: etwa 50 bis 60 g in der Schale gegart	in fettreicher Zubereitung
Gemüse: alle Arten erlaubt	Hülsenfrüchte, Rohkost am Abend (Gärungsherd) Gemüsesäfte in zu großer Menge, Obstsäfte (Übersäuerung)
Pilze: Champignons, Pfifferlinge, Austernpilze, Steinpilze	
Obst: alle Arten erlaubt möglichst roh nicht zu viel	Trauben, Datteln, Feigen, Bananen keine Fruchtsäfte am Abend (gärungsfreudig)
Getränke: Getreide-Kaffee, Kräutertee, stille Mineralwasser, kleine Mengen Gemüsesäfte, ungesüßte Obstsäfte stark verdünnt	Limonaden, alkoholische Getränke gesüßte Fruchtsäfte, Cola-Getränke
Zucker: evtl. durch Süßstoff ersetzen	Zucker, Marmelade, Honig, Gelee, Süßspeisen
Sonstiges: Gemüsebrühe ohne Einlage	Fertigsoßen, gebundene Suppen, Mayonnaise, Nüsse, Schokolade, Pralinen

> Grundsätzlich genügt in den meisten Fällen eine langsame Gewichtsabnahme. Übergewicht ist ein lebenslanges Problem und ist letztlich nur durch eine langfristige Änderung der Lebensweise beherrschbar.

Merksätze zur Eßkultur nach F. X. Mayr

1. *Keine Zeit für Essen haben, heißt Gesundheit untergraben!*
   Nimm Dir mindestens 1/2 Stunde Zeit!
2. *Richte die Speisen appetitlich an!*
   Iß am freundlich gedeckten Tisch!
3. *Nimm in Dankbarkeit Dein „täglich Brot" zu Dir!*
   Millionen Menschen leiden bitteren Hunger!
4. *Nimm nur kleine Bissen in den Mund!*
5. *Kaue sorgfältig und speichle jeden Bissen ein!*
   Gut gekaut ist halb verdaut!
6. *Genieße jeden Bissen ausschmeckend!*
7. *Iß in Stille, Behaglichkeit und Muße!*
8. *Konzentriere Dich nur auf das Essen!*
   Betrachte die Aufnahme und Umwandlung von Speise in Körpersubstanz schlicht als Wunder!
9. *Verschiebe große Gespräche, Zeitunglesen, Fernsehen auf später!*
10. *Sorge für ein kaufähiges Gebiß!*
    Ein passendes künstliches Gebiß ist schlechten eigenen Zähnen überlegen.

- Zur vollen Nahrungsverwertung gehört reichlich Bewegung an Frischluft!
- Je weniger Bewegung – desto weniger Essen – desto leichtere Kost!
- Nach jedem Essen soll man sich wohlfühlen!
- Wer nach dem Essen müde wird, Völle, Magendruck oder ähnliches verspürt, hat *zuviel* gegessen!
- Bedränge keinen Menschen zum Mehressen!
- Ärgere weder Dich noch andere vor, während oder nach dem Essen!

(Aus Rauch/Mayr, Milde Ableitungs-Diät, Karl F. Haug Verlag, Heidelberg)

Die leichte Vollkost bei Diabetes mellitus

Frühstücksvorschläge, Seite 40
Zwischenmahlzeiten, Seite 48
Tagespläne, Seite 55
Menüvorschläge, Seite 89
Kuchenrezepte, Seite 176
Abendessen-Vorschläge, Seite 182

Diabetes mellitus (siehe auch Einführung Seite 15)

- Unter Diätkost stellen sich viele Leute ein fad schmeckendes Essen vor.
- Lebenslange Diät – das klingt wie eine Verurteilung. Daß es keine Verurteilung ist, beweisen die Vorschläge mit den vielen schmackhaften Gerichten.
- Die richtige Auswahl und die Begrenzung bzw. die Berechnung der Nahrung ist für den Diabetiker von ausschlaggebender Bedeutung.
- Für den Diabetiker ist die richtige Ernährung eine entscheidende Voraussetzung dafür, daß er seine Krankheit beherrschen kann und auf diese Weise die gefürchteten Spätfolgen der Zuckerkrankheit vermieden werden.
- Fehlernährung ist eine der häufigsten Krankheitsursachen. 30–50% der Bevölkerung wiegen zuviel.
- Dieses Kochbuch ist für den Diabetiker und seine Familie, letztlich also für alle, die sich gesund ernähren wollen.
- Wer wie ein Diabetiker ißt, vermeidet zu viele Kalorien, zuviel Zucker und ungeeignetes Fett. Er ißt ausreichend Eiweiß, Vitamine, Mineralstoffe, Spurenelemente und Ballaststoffe.
- Alle Rezepte enthalten genaue Angaben über den Energiegehalt (Kalorien), den Eiweiß-, Fett- und Kohlenhydratanteil. So kann man entsprechend seinem Bedarf passende Gerichte aussuchen.
- Die Rezeptsammlung ist sowohl für diejenigen, die Insulin spritzen, als auch für solche, die mit blutzuckersenkenden Tabletten oder mit Diät allein behandelt werden. Sie berücksichtigen alles, was für die Ernährung des Diabetikers wichtig ist.
- Jeder Mensch, und natürlich besonders der Diabetiker, sollte darauf achten, daß er gerade soviel ißt, daß er sein normales Gewicht behält oder aber erreicht.
- Die Energiemenge, die der Mensch pro Tag benötigt, hängt von seiner Größe, seinem Gewicht und der körperlichen Bewegung ab.
- Die tägliche Nahrungsenergie, die durch die Nährstoffe Eiweiß, Fett und Kohlenhydrate geliefert wird, mißt man in Kalorien oder Joule. Da die Bezeichnung Kalorien den meisten Menschen geläufiger ist, sind diese für jedes Rezept angegeben.
- Im Sinne der eigenen Gesundheit sollte die tägliche Energiezufuhr so bemessen sein, daß man zeitlebens ein normales Körpergewicht behält.

- Die Joulemenge ist immer das 4fache der Kalorienmenge (genau: Kilokalorien × 4,186 ergibt die Nahrungsmenge in Kilojoule).
- Besteht eine zusätzliche Fettstoffwechselstörung, so sollte die Butter gegen ungehärtete Vollöl-Margarine ausgetauscht werden.
- Zwiebel und Knoblauch in roher Form sorgt für die Herabsetzung erhöhter Gerinnungsaktivität des Blutes. Ätherische Öle wirken günstig auf die Blutgefäße.
- Ballaststoffe aus Vollwertgetreide bewirken eine Verlängerung der Verweildauer der Speisen im Magen (mit erhöhtem Sättigungseffekt), vermehrte Absonderung von Speichel und Verdauungssäften, Verzögerung der Resorption von Glukose, Verlangsamung des Blutzuckeranstiegs, Entlastung der Blutzuckerregulation, Verringerung der Rückresorption von Gallensäuren (mit günstiger Auswirkung auf den Cholesterinstoffwechsel), Verkürzung der Darmpassagezeit, Vergrößerung der Stuhlmenge und erleichterte Ausscheidung des Stuhls.
- Hochungesättigte Fettsäuren (Omega-6- und Omega-3-Typ) bewirken eine günstige Beeinflussung des Fettstoffwechsels. Eine vermehrte Aufnahme begünstigt die Cholesterinausscheidung.
- Eine Begrenzung der Eiweißaufnahme führt zu einer Entlastung der Ausscheidung von Endprodukten des Eiweißstoffwechsels (Purin und Harnsäurestoffwechsel).
- Eine vermehrte Aufnahme basischer Lebensmittel aus Kartoffeln, Gemüse und Obst führt zu einer Erleichterung der Regulation des Säure-Basen-Haushaltes.
- Reichliche Flüssigkeitsaufnahme führt zur Erleichterung der Ausscheidung von Stoffwechselendprodukten.
- Dieser Rezeptteil ist speziell für Diabetiker, die genau berechnete Mahlzeiten einzuhalten haben, die vollwertigen und vor allem leicht bekömmlichen Menüvorschläge sind aber auch für alle gesundheitsbewußten Menschen, die Wert darauf legen, sich nach dem Essen wohlzufühlen.
- Nach Dr. F.X. Mayr sollte bei gesunden Menschen aber auf Zwischenmahlzeiten und Spätmahlzeiten verzichtet werden.

Frühstücksvorschläge für Diabetiker

Bei Diabetes mit zusätzlicher Fettstoffwechselstörung sollte Vollöl-Margarine (mit möglichst 75% nicht raffinierter Öle im Fettanteil) statt Butter verwendet werden. Bei den Nährwertberechnungen wurde immer Butter berechnet.

Vorschlag 1

Kräutertee mit Zitrone und evtl. Süßstoff
60 g Dinkelbrötchen (2 BE)
10 g Butter oder ungehärtete Vollöl-Margarine
25 g Diabetiker-Marmelade (1 BE) oder Fruchtaufstrich
(Rezept s. Seite 41)

EW	F	KH	kcal	BE	Joule	Chol.
5 g	9 g	41 g	261	3	1096	24 mg

EW = Eiweiß; F = Fett; KH = Kohlenhydrate; kcal = Kilokalorien; BE = Broteinheiten; Joule = Joule; Chol. = Cholesterin

Vorschlag 2

Apfelschalentee, evtl. mit Süßstoff
20 g kaltgewalzte Haferflocken (1 BE)
¼ l Milch (1 BE)
50 g Birne (½ BE)
50 g Apfel (½ BE)
60 g Mandarine (½ BE)

Haferflocken mit Milch kochen, Obst raffeln und dazugeben.

EW	F	KH	kcal	BE	Joule	Chol.
11 g	11 g	41 g	313	3½	1314	4 mg

Vorschlag 3

Malzkaffee mit Milch
50 g Vollwert-Grahambrot (2 BE)
10 g Butter oder ungehärtete Vollöl-Margarine
40 g Tomate
100 g Apfel (1 BE)

EW	F	KH	kcal	BE	Joule	Chol.
4 g	9 g	31 g	233	3	978	24 mg

Vorschlag 4

	Kräutertee, evtl. mit Süßstoff und Milch
¼ l	Vollmilch (1 BE)
50 g	Vollwert-Grahambrot (2 BE)
30 g	Quark (mager)
	frische Kräuter
	Salz
10 g	Doppelrahm-Frischkäse

Quark und Doppelrahm-Frischkäse mit Kräutern, etwas Milch und Salz zu einem Aufstrich mischen.

EW	F	KH	kcal	BE	Joule	Chol.
18 g	13 g	34 g	310	3	1302	12 mg

Vorschlag 5

	Kräutertee mit Milch und evtl. Süßstoff
120 g	Mandarinen
30 g	Vollwertbrot (1 BE)
10 g	Butter oder ungehärtete Vollöl-Margarine
12,5 g	Diabetiker-Marmelade (½ BE) oder Fruchtaufstrich*

EW	F	KH	kcal	BE	Joule	Chol.
3 g	9 g	33 g	221	2½	928	24 mg

* **Fruchtaufstrich**
8 Portionen zu je ¼ BE

100 g säuerlicher Apfel (1 BE)
80 g Mango (1 BE)

Früchte schälen, kleinschneiden und in einer Kasserolle weichdünsten. Pürieren und im Kühlschrank aufbewahren, am besten in kleinen Gläsern mit Schraubverschluß!

Tip: Anstatt Mango kann man auch 130 g Himbeeren, 90 g Heidelbeeren, 160 g Erdbeeren, 100 g Marillen oder 120 g Preiselbeeren verwenden.

Vorschlag 6

	Malzkaffee mit Milch und evtl. Süßstoff
50 g	Vollwert-Toastbrot (2 BE)
10 g	Butter oder ungehärtete Vollöl-Margarine
12,5 g	Diabetiker-Marmelade (½ BE) oder Fruchtaufstrich (Rezept s. Seite 41)
1	weiches Ei

EW	F	KH	kcal	BE	Joule	Chol.
10 g	15 g	32 g	303	2½	1277	238 mg

Vorschlag 7

	Fenchel-Kräutertee mit Süßstoff und Sahne
10 g	Haferflocken, kaltgewalzt (½ BE)
30 g	Kiwi (¼ BE)
40 g	Erdbeeren (¼ BE)
125 g	Joghurt mager (½ BE)
50 g	Apfel (½ BE)
30 g	Mandarinen (¼ BE)
25 g	Birne (¼ BE)

Aus den Zutaten ein Müsli zubereiten.

EW	F	KH	kcal	BE	Joule	Chol.
7 g	2 g	28 g	158	2½	663	5 mg

Vorschlag 8

	Malzkaffee mit Milch und evtl. Süßstoff
60 g	Vollwertbrötchen (2 BE)
20 g	Butter oder ungehärtete Vollöl-Margarine
40 g	Geflügelwurst
100 g	Apfel (1 BE)

EW	F	KH	kcal	BE	Joule	Chol.
12 g	20 g	35 g	367	3	1541	72 mg

Vorschlag 9

	Anserinen-Kräutertee mit Süßstoff und Orangensaft
60 g	Vollwertbrot (2 BE)
20 g	Butter oder ungehärtete Vollöl-Margarine
20 g	Schnittkäse, Emmentaler (45% F. i. Tr.)
100 ml	Apfelsaft, mit Wasser verdünnt (1 BE)

EW	F	KH	kcal	BE	Joule	Chol.
10 g	23 g	36 g	394	3	1654	62 mg

Vorschlag 10

	Malzkaffee mit Süßstoff und Milch
60 ml	Rote-Rüben-Saft (½ BE)
20 g	Doppelrahm-Frischkäse 20% F
50 g	Quark (mager)
	Salz
	2–3 EL Milch
½ TL	frisches Kerbelkraut
60 g	Vollwertbrot (2 BE)

Aus den Zutaten einen Aufstrich herstellen.

EW	F	KH	kcal	BE	Joule	Chol.
13 g	6 g	32 g	235	2½	987	16 mg

Tip:

Getreide- oder Malzkaffee wirkt nicht magenreizend und ist deshalb dem Bohnenkaffee vorzuziehen!

Kräutertees sollte man in bester Qualität offen kaufen und in verschließbaren Glasbehältern aufbewahren!

Frühstücksgetränk:

Nach Wahl je 1 Portion guter Kräutertee oder Malzkaffee (evtl. halb Bohnenkaffee – halb Malzkaffee, gemischt) mit Milch und evtl. Süßstoff.

Vorschlag 11

30 g Vollwertbrot (1 BE)
30 g Roggenvollwertbrot (1 BE)
10 g Butter oder ungehärtete Vollöl-Margarine
50 g Tomate
20 g Camembert (45% F. i. Tr.)

EW	F	KH	kcal	BE	Joule	Chol.
10 g	12 g	27 g	250	2	1050	42 mg

Vorschlag 12

70 g Kiwi, 1 St. (1/2 BE)
60 g Vollwert-Grahambrot (2 BE)
10 g Butter oder ungehärtete Vollöl-Margarine
30 g Edamer (30% F. i. Tr.)
30 g Salatgurke
125 g Magerjoghurt (1/2 BE)

EW	F	KH	kcal	BE	Joule	Chol.
18 g	14 g	38 g	350	3	1470	45 mg

Vorschlag 13

50 g Magerquark
Salz, Schnittlauch
60 g Vollwertbrot (2 BE)
10 g Butter oder ungehärtete Vollöl-Margarine
70 ml Tomatensaft (1/4 BE)
25 g Apfel (1/4 BE)

Quark mit wenig Milch, Salz und Schnittlauch vermischen.

EW	F	KH	kcal	BE	Joule	Chol.
13 g	10 g	32 g	255	2 1/2	1071	24 mg

Vorschlag 14

20 g Haferflocken, kaltgewalzt (1 BE)
100 g Apfel (1 BE)
20 ml steifgeschlagene Sahne (30% F. i. Tr.)
125 g Magerjoghurt (½ BE)
50 g Orangenfilets (½ BE)
5 g Walnüsse

Aus den Zutaten ein Müsli zubereiten.

EW	F	KH	kcal	BE	Joule	Chol.
9 g	12 g	33 g	282	3	1184	21 mg

Vorschlag 15

60 g Vollwert-Bauernbrot (2 BE)
10 g Butter oder ungehärtete Vollöl-Margarine
50 g Schnittkäse (Appenzeller 50% F. i. Tr.)
100 g Birne (1 BE) oder Apfel

EW	F	KH	kcal	BE	Joule	Chol.
18 g	25 g	35 g	442	3	1856	59 mg

Vorschlag 16

Melissen-Kräutertee evtl. mit Süßstoff
60 g Vollwertbrot (2 BE)
10 g Butter oder ungehärtete Vollöl-Margarine
25 g Diabetiker-Marmelade (1 BE) oder Fruchtaufstrich (Rezept s. Seite 41)
50 g Apfel (½ BE)

EW	F	KH	kcal	BE	Joule	Chol.
5 g	9 g	45 g	283	3½	1188	24 mg

Vorschlag 17

Getreidekaffee evtl. mit Süßstoff und Milch
100 g Nektarine (1 BE)
60 g Vollwertbrötchen (2 BE)
25 g Putenschinken, mager
25 g Butterkäse (30% F. i. Tr.)

EW	F	KH	kcal	BE	Joule	Chol.
20 g	6 g	37 g	271	3	1138	29 mg

Vorschlag 18

Grüner Tee evtl. mit Süßstoff und Sahne
20 g Haferflocken (1 BE)
oder andere Getreideflocken
125 g Joghurt, 3,6% (1/2 BE)
50 g Apfel (1/2 BE)
80 g frische Erdbeeren (1/2 BE)

Aus den Zutaten ein Müsli zubereiten.

EW	F	KH	kcal	BE	Joule	Chol.
8 g	7 g	26 g	200	2 1/2	840	5 mg

Vorschlag 19

Getreidekaffee evtl. mit Süßstoff und Milch
60 g Vollwertbrot (2 BE)
10 g Butter oder ungehärtete Vollöl-Margarine
1 Ei (weich gekocht) 1–2mal pro Woche
25 g Diabetiker-Marmelade (1 BE) oder
Fruchtaufstrich (Rezept s. Seite 41)

EW	F	KH	kcal	BE	Joule	Chol.
9 g	13 g	40 g	306	3	1285	24 mg

Vorschlag 20

Getreidekaffee mit Milch und evtl. Süßstoff
60 g Vollwertbrot (2 BE)
10 g Butter oder ungehärtete Vollöl-Margarine
12 g Diabetiker-Marmelade (1/2 BE) oder
Fruchtaufstrich (Rezept s. Seite 41)
20 g Camembert-Käse (30% F. i. Tr.)

EW	F	KH	kcal	BE	Joule	Chol.
9 g	12 g	31 g	262	2 1/2	1100	42 mg

Vorschlag 21

Anserinen-Kräutertee mit Milch und evtl. Süßstoff
60 g Vollwertbrot (2 BE)
10 g Butter oder ungehärtete Vollöl-Margarine
12 g Diabetiker-Marmelade (½ BE) oder Fruchtaufstrich (Rezept s. Seite 41)
50 g Apfel (½ BE)

EW	F	KH	kcal	BE	Joule	Chol.
5 g	9 g	38 g	254	3	1066	24 mg

Vorschlag 22

Getreidekaffee mit Milch und Süßstoff
60 g Vollwert-Mischbrot (2 BE)
10 g Butter oder ungehärtete Vollöl-Margarine
30 g Schnittkäse (30% F. i. Tr.)
50 g Tomate

EW	F	KH	kcal	BE	Joule	Chol.
13 g	14 g	26 g	280	2	1176	45 mg

Vorschlag 23

Kräutertee mit etwas Orangensaft und Süßstoff
60 g Vollwert-Dinkelsemmel (2 BE)
10 g Butter oder ungehärtete Vollöl-Margarine
12 g Diabetiker-Marmelade (½ BE) oder Fruchtaufstrich (Rezept s. Seite 41)
125 g Magerjoghurt (½ BE)
50 g Apfel, gerieben (½ BE)

EW	F	KH	kcal	BE	Joule	Chol.
10 g	12 g	52 g	336	3½	1411	29 mg

Vorschlag 24

Getreidekaffee mit Milch und evtl. Süßstoff
60 g Vollwertbrot (2 BE)
10 g Butter oder ungehärtete Vollöl-Margarine
25 g Diabetiker-Marmelade (1 BE) oder Fruchtaufstrich (Rezept s. Seite 41)

EW	F	KH	kcal	BE	Joule	Chol.
5 g	9 g	40 g	256	3	1075	24 mg

Zwischenmahlzeiten für Diabetiker

Als Getränk werden dünn gebrühter Kräutertee oder kohlensäurearmes Mineralwasser empfohlen.

Vorschlag 1

15 g Vollwertbrot (1/2 BE)
50 g Apfel (1/2 BE)

EW	F	KH	kcal	BE	Joule	Chol.
1 g	1 g	11 g	57	1	239	0 mg

Vorschlag 2

1/8 l Milch (1/2 BE)
80 g frische Erdbeeren (1/2 BE)

Alle Zutaten mit dem Pürierstab mixen.

EW	F	KH	kcal	BE	Joule	Chol.
5 g	5 g	10 g	106	1	445	2 mg

Vorschlag 3

30 g Vollwertbrot (1 BE)
20 g Magerquark (10% F. i. Tr.)
20 g Tomate
frische Kräuter
Salz

EW	F	KH	kcal	BE	Joule	Chol.
5 g	–	14 g	80	1	336	0 mg

Vorschlag 4

20 g Karotten geraspelt
20 g Sellerie geraspelt
50 g Apfel geraspelt (1/2 BE)
etwas Zitrone
125 g Magerjoghurt (1/2 BE)

Die Zutaten wie ein Müsli mit Joghurt mischen.

EW	F	KH	kcal	BE	Joule	Chol.
5g	1g	12g	76	1	319	5 mg

Vorschlag 5

45 g Heidelbeeren (½ BE)
50 g Magerquark (10% F. i. Tr.)

EW	F	KH	kcal	BE	Joule	Chol.
7g	0	5g	54	½	226	2 mg

Vorschlag 6

30 g Vollwertbrot (1 BE)
100 g säuerlicher Apfel (1 BE)

EW	F	KH	kcal	BE	Joule	Chol.
3g	1g	23g	112	2	470	0 mg

Vorschlag 7

150 ml Buttermilch (½ BE)
15 g Vollwert-Kräuter-Mischbrot (½ BE)

EW	F	KH	kcal	BE	Joule	Chol.
6g	1g	13g	83	1	348	6 mg

Vorschlag 8

15 g Vollwert-Knäckebrot (1 BE)
30 g Schnittkäse (30% F. i. Tr.)

EW	F	KH	kcal	BE	Joule	Chol.
10g	5g	10g	124	1	520	21 mg

Vorschlag 9

Getreidekaffee, Süßstoff, Milch oder Sahne
30 g Vollwerttoast (1 BE)
5 g Butter oder ungehärtete Vollöl-Margarine
12 g Diabetiker-Marmelade (½ BE) oder Fruchtaufstrich (Rezept s. Seite 41)

EW	F	KH	kcal	BE	Joule	Chol.
2g	5g	19g	126	1½	529	12 mg

Vorschlag 10

30 g Vollwertbrot (1 BE)
20 g Doppelrahm-Frischkäse (40% F. i. Tr.)
50 g sonnengereifte Tomate

EW	F	KH	kcal	BE	Joule	Chol.
4g	6g	14g	126	1	529	17 mg

Vorschlag 11

30 g Vollwertbrot (1 BE)
5 g Butter oder ungehärtete Vollöl-Margarine
60 g sonnengereifte Tomate
frische Kresse

EW	F	KH	kcal	BE	Joule	Chol.
3g	5g	14g	108	1	453	12 mg

Vorschlag 12

30 g Vollwertbrot (1 BE)
40 g Doppelrahm-Frischkäse

EW	F	KH	kcal	BE	Joule	Chol.
4g	12g	14g	174	1	730	32 mg

Vorschlag 13

20 g kaltgewalzte Haferflocken (1 BE)
30 g Karotten, fein geraspelt
30 g Apfel, fein geraspelt (½ BE)
30 g Magerquark (10% F. i. Tr.)
10 ml Sahne (30% F. i. Tr.)
40 ml Milch
5 g Walnüsse
Zitrone

Aus allen Zutaten ein Müsli zubereiten.

EW	F	KH	kcal	BE	Joule	Chol.
9g	10g	20g	194	1½	814	16 mg

Vorschlag 14

60 g Grapefruit ohne Schale (½ BE)
15 g Vollwertbrot mit Sesam (½ BE)
10 g Doppelrahm-Frischkäse

EW	F	KH	kcal	BE	Joule	Chol.
2g	3g	12g	85	1	357	12 mg

Vorschlag 15

30 g Vollwertbrot (1 BE)
5 g Butter oder ungehärtete Vollöl-Margarine
50 g sonnengereifte Tomate

EW	F	KH	kcal	BE	Joule	Chol.
3g	5g	14g	107	1	449	12 mg

Vorschlag 16

50 g Apfel (½ BE)
15 g Vollwertbrot (½ BE)

EW	F	KH	kcal	BE	Joule	Chol.
1g	–	12g	56	1	235	0 mg

Vorschlag 17

Karotten-Apfelsalat
100 g Karotten
50 g Apfel (1/2 BE)
5 Tropfen (1 g) Zitronensaft
125 g Joghurt 3,5% F. i.Tr. (1/2 BE)

Karotten und Apfel fein aufreiben und mit Joghurt mischen

EW	F	KH	kcal	BE	Joule	Chol.
8g	5g	16g	130	1	546	5 mg

Vorschlag 18

Tomatenbrot mit frischer Kresse
30 g Vollwertbrot (1 BE)
10 g Butter oder ungehärtete Vollöl-Margarine
80 g Tomate
3 g Kresse

EW	F	KH	kcal	BE	Joule	Chol.
3g	8g	15g	148	1	621	24 mg

Vorschlag 19

100 g Karottensaft (1/2 BE)
50 ml Apfelsaft (1/2 BE)
5 Tropfen Zitronensaft

Die Zutaten miteinander vermischen (evtl. mit Wasser verdünnen).

EW	F	KH	kcal	BE	Joule	Chol.
1g	–	11g	46	1	193	0 mg

Vorschlag 20

80 g Himbeeren (1/2 BE)
1/8 l Milch (1/2 BE)

Die Zutaten miteinander mixen.

EW	F	KH	kcal	BE	Joule	Chol.
5g	5g	11g	106	1	445	2 mg

Gemüsebouillon oder Basenbrühe

Für viele Gerichte verwenden wir diese Basenbrühe, die keine Kalorien hat.

Für die Herstellung dieser Brühe wird nur einwandfreies, ungespritztes Gemüse verwendet, wobei kräftig schmeckende Sorten zu bevorzugen sind: Karotten, Sellerie, Stangensellerie, Fenchel, Petersilienwurzeln. Auch Kartoffeln (basisch) sind immer günstig. Weniger geeignet sind Zucchini und Auberginen.

Man kann auch die etwas schwerer verdaulichen Kohlgemüsearten, Hülsenfrüchte oder auch Zwiebeln, Blumenkohl (Karfiol), Lauch und Knoblauch versuchen. Die Mischung der Gemüse entscheidet über den guten Geschmack. Man schneidet das Gemüse so klein wie möglich und setzt es einem großen Topf mit kaltem Wasser zu. Dann wird etwas Vitamhefewürze und etwas Stein- oder Meersalz beigefügt und das Ganze ca. 30–40 Minuten mehr ziehen als kochen lassen. Dann evtl. durch ein Tuch (Etamin) oder Haarsieb seihen, nachschmecken und kleinschluckweise einnehmen.

Das ausgelaugte Gemüse kann noch einmal mit kaltem Wasser angesetzt werden. Damit lassen sich Basensuppen oder Basensaucen aufgießen. Sie sind viel wertvoller als bloßes Wasser.

Wer wenig Zeit hat, kann die Gemüsemischung sauber verpackt einfrieren und dann immer frisch zusetzen. Die Brühe einzufrieren ist hingegen nicht empfehlenswert.

Bei guter Verträglichkeit kann man später diese einfache Mischung durch Zugabe weiterer Sorten aufwerten, wie durch Kohlgemüsearten, Spargelstangen, Lauch, Liebstöckel, Zwiebel und Knoblauch. Gut abgeschmeckt mit etwas Sojasauce und kräftig gewürzt gibt dies eine Grundlage für alle klaren Suppen (Gemüsebouillons) ohne Fleisch mit verschiedenen Einlagen auf vegetarischer Basis.

Zutaten:
3 l Wasser
500–700 g Gemüse
(nach Jahreszeit gemischt)
evtl. 1 Knoblauchzehe
ca. 25 g Zwiebel
4 Lorbeerblätter
3–4 Gewürznelken
1 TL Wacholderbeeren
Muskatnuß
Meersalz
evtl. frischen Liebstöckel und Selleriegrün

Zubereitung:
Wurzelgemüse mit Bürste unter fließendem Wasser gut reinigen – evtl. schälen und sehr klein schneiden oder grob faschieren. In den Kochtopf geben.
Mit Wasser aufgießen, Gewürze und Kräuter zugeben und ca. 20 Min. mehr ziehen als kochen lassen. Durch ein Leinentuch oder Sieb seihen und evtl. mit etwas Vitam-Hefewürzeextrakt und frisch geriebener Muskatnuß nachwürzen.
(Kochzeit ca. 30 Min.)

Notfalls kann man bei den Rezepturen auch Wasser mit etwas pflanzlicher Streuwürze nehmen!

Buchhinweis: Rauch/Mayr, Milde Ableitungs-Diät, Karl F. Haug Verlag, Heidelberg.

1. Tagesplan

5 Mahlzeiten – 12½ BE – unter 100 mg Cholesterin – 1290 kcal

Frühstück:
Getreidekaffee mit Milch und evtl. Süßstoff
Vollwertbrot (2 BE)
Butter oder ungehärtete Vollöl-Margarine
Diabetiker-Marmelade (1 BE) oder Fruchtaufstrich (Rezept s. Seite 41)

EW	F	KH	kcal	BE	Joule	Chol.
5 g	1 g	41 g	261	3	1096	24 mg

Zwischenmahlzeit:
Vollwert-Knäckebrot (2 BE)
Kräuterquarkaufstrich

EW	F	KH	kcal	BE	Joule	Chol.
4 g	16 g	14 g	212	1	890	44 mg

Mittag:
Blumenkohlsuppe (1 BE)
30 g Vollwertbrot (1 BE)

Seezungenröllchen mit Gemüsefüllung
Kerbelsauce (½ BE)
Dampfkartoffeln (1½ BE)
Tomaten-Zucchini-Ragout

Orangencreme (½ BE)

EW	F	KH	kcal	BE	Joule	Chol.
30 g	18 g	71 g	552	4½	2318	82 mg

Nachmittag:
Kräutertee evtl. mit Süßstoff
Apfel (1 BE)
30 g Vollwertkuchen

EW	F	KH	kcal	BE	Joule	Chol.
–	1 g	23 g	108	2	444	–

Abend:
Gemüsegulasch im Polentaring (2 BE)

EW	F	KH	kcal	BE	Joule	Chol.
6g	2g	28g	157	2	659	–

Gesamtwerte pro Person						
EW	F	KH	kcal	BE	Joule	Chol.
45g	38g	177g	1290	12½	5407	150mg

Frühstück:
60 g Vollwertbrot
10 g Butter oder ungehärtete Vollöl-Margarine
25 g Diabetiker-Marmelade oder Fruchtaufstrich (Rezept s. Seite 41)

EW	F	KH	kcal	BE	Joule	Chol.
5g	1g	41g	261	3	1096	24 mg

Vormittag:
30 g Vollwertbrot
40 g Doppelrahm-Frischkäse
3 g frische Kräuter (1 TL)
5 g Butter oder ungehärtete Vollöl-Margarine

EW	F	KH	kcal	BE	Joule	Chol.
4g	16g	14g	212	1	890	44mg

Mittag:
Zutaten:

Blumenkohlsuppe
$^3/_8$ l Gemüsebrühe
75 g Kartoffeln
60 g Blumenkohl
10 g Sauerrahm
1 EL Weißwein
30 g Vollwertbrot (1 BE)

Seezungenröllchen mit Gemüsefüllung
100 g Seezungenfilet
30 g Zucchini
30 g Karotten
30 g Sellerie

Kerbelsauce
200 ml Gemüsebrühe
40 g Kartoffeln
3 g frischer Kerbel (1 TL)

Dampfkartoffeln/Tomaten-Zucchini-Ragout
110 g Kartoffeln
10 g Butter
40 g Zucchini
40 g Tomaten

Zubereitung:

Kleingeschnittene Kartoffeln und Blumenkohl in Gemüsebrühe weichkochen und mit Sauerrahm mixen. Mit Salz, Muskatnuß und 1 EL Weißwein abschmecken.

Sehr feine Gemüsestreifen im Kocheinsatz weichdämpfen, in die Seezungenfilets füllen und ca. 3 Min. dämpfen.

Kleingeschnittene Kartoffeln in Gemüsebrühe weichkochen und mit Kerbel und 1 TL Sauerrahm pürieren. Mit Salz und Muskatnuß abschmecken.

Kartoffeln im Kocheinsatz weichdämpfen. Zucchini und Tomaten kurz dämpfen und in Butter mit 2 EL Kerbelsauce schwenken.

EW	F	KH	kcal	BE	Joule	Chol.
26g	12g	63g	432	4	1814	60mg

Orangencreme

Zutaten:
55 ml frisch gepreßter Orangensaft
10 g (1 cl) Weißwein
20 ml (2 cl) Schlagsahne
3 g (2 Bl.) Gelatine
15 g (4 St.) Orangenfilets

Zubereitung:
Orangensaft und Weißwein mit erwärmter Gelatine binden und erkalten lassen. Steif geschlagene Sahne zugeben und in Gläser füllen. Mit Orangenfilets und etwas Sahne garnieren.

EW	F	KH	kcal	BE	Joule	Chol.
4g	6g	8g	120	½	504	22mg

Nachmittag:

Kräutertee evtl. mit Süßstoff
100 g Apfel

EW	F	KH	kcal	BE	Joule	Chol.
–	1g	23g	108	2	444	–

Abend:

Gemüsegulasch im Polentaring

Zutaten:
30 g Polentagrieß
100 ml Wasser oder Gemüsebrühe
1 TL Sauerrahm

50 g rote Paprikaschote
10 g Tomatenmark
120 ml Gemüsebrühe
1 g (½ Zehe) Knoblauch
30 g Zucchini
40 g Aubergine
50 g grüne Paprikaschote
3 g (1 TL) frische Kräuter
20 g geschälte Tomaten
1 TL Olivenöl

Zubereitung:
Polentagrieß in gesalzenem Wasser kochen, mit Hilfe einer kalt ausgespülten Ringform einen Polentaring anrichten und mit Sauerrahm garnieren.

Aubergine und Paprika in kleine Würfel, Zucchini in Scheiben schneiden. Alles in einer großen Pfanne mit Olivenöl anbraten und im eigenen Saft kurz weich dünsten. Mit Tomatenmark, frischen Oreganoblättern, Salz und Knoblauch gut abschmecken. Zum Polentaring servieren.

Tip: Dieses Gemüsegulasch kann mit ⅛ l Kerbelsauce (wie Rezept Seite 57) abgebunden werden.

EW	F	KH	kcal	BE	Joule	Chol.
6g	2g	28g	157	2	659	–

EW	F	KH	kcal	BE	Joule	Chol.
43g	38g	177g	1290	12½	5407	150mg

2. Tagesplan

12 BE – 5 Mahlzeiten – unter 150 mg Cholesterin – 1202 kcal

Frühstück:
Getreidekaffee mit Milch und Süßstoff
60 g Vollwertbrot (2 BE)
Diabetiker-Marmelade (1 BE) oder Fruchtaufstrich (Rezept s. Seite 41)
Butter oder ungehärtete Vollöl-Margarine

EW	F	KH	kcal	BE	Joule	Chol.
5g	9g	41 g	256	3	1075	24mg

Zwischenmahlzeit:
Lindenblütentee evtl. mit Süßstoff
Vollwertbrötchen (1 BE)
Kräuterquark, mager

EW	F	KH	kcal	BE	Joule	Chol.
4g	1g	7g	45	1	239	–

Mittag:
Blattsalatherzen mit Sonnenblumenöl-Dressing

Hühnerbrüstchen im Kräutermantel
Kartoffeln (1 BE) mit Gemüse

Mangocreme (1 BE)
30 g Vollwert-Dinkellöffelbiskuit (1 BE)

EW	F	KH	kcal	BE	Joule	Chol.
30g	11g	51g	474	3	1964	97mg

Nachmittag:
Kaffee
Birnenkuchen mit Blätterteig (2 BE)

EW	F	KH	kcal	BE	Joule	Chol.
2g	9g	24g	186	2	777	–

Abend:
Thymian-Basensuppe (1 BE)
Hirsering mit Gemüseragout und Basensauce (2 BE)

EW	F	KH	kcal	BE	Joule	Chol.
7 g	7 g	36 g	241	3	1013	6 mg

Gesamtwerte pro Person						
EW	F	KH	kcal	BE	Joule	Chol.
48 g	37 g	159 g	1202	12	5068	127 mg

Frühstück:
Getreidekaffee mit Milch und evtl. Süßstoff
60 g Vollwertbrot
25 g Diabetiker-Marmelade oder Fruchtaufstrich (Rezept s. Seite 41)
10 g Butter oder ungehärtete Vollöl-Margarine

EW	F	KH	kcal	BE	Joule	Chol.
5 g	9 g	41 g	256	3	1075	24 mg

Zwischenmahlzeit:
Lindenblütentee evtl. mit Süßstoff
15 g Vollwertbrötchen
20 g Kräuterquark, mager

EW	F	KH	kcal	BE	Joule	Chol.
4 g	1 g	7 g	45	1	239	–

Mittag:
Blattsalatherzen mit Sonnenblumenöl-Dressing

Zutaten:
50 g Blattsalatherzen
1 TL kaltgepreßtes Sonnenblumenöl (3 g)
½ TL naturreiner Apfelessig
½ TL frische Bachkresse

EW	F	KH	kcal	BE	Joule	Chol.
1 g	3 g	1 g	36	–	151	–

Hühnerbrüstchen im Kräutermantel mit Kartoffeln und Gemüse

Zutaten:
100 g ausgebeinte Hühnerbrüstchen
3 g (1 TL) frisches Kerbelkraut
2 g Distelöl
75 g geschälte Kartoffeln
30 g Zwergkarotten
30 g Brokkoli
20 g Petersilienwurzeln
5 g Butter
Rosmarin, Vollsalz

Zubereitung:
Rohe Kartoffelscheiben und Hühnerbrüstchen mit Distelöl, Salz und Rosmarin würzen. In einer Bratpfanne im vorgeheizten Backofen (220 °C) ca. 15–20 Minuten garen. Das Gemüse im Kocheinsatz extra weichdämpfen. Die Kartoffeln mit Gemüse, Butter, Kerbel und dem abgelaufenen Saft gut vermischen. Das Gemüse dazu servieren.

EW	F	KH	kcal	BE	Joule	Chol.
26 g	1 g	14 g	263	1	1108	75 mg

Mangocreme

Zutaten:
80 g frische und gut reife Mangofrucht
20 g Quark (10% F. i. Tr.)
20 ml Sahne (30% F. i. Tr.)

evtl. 1 Blatt Gelatine
2 St. Mangofilets und Zitronenmelisse zum Garnieren
30 g Vollwert-Dinkellöffelbiskuit

Zubereitung:
Mango und Quark in der Moulinette pürieren. Evtl. mit zerlassener Gelatine und geschlagener Sahne vermischen, anrichten und mit Mangofilets, Vollwert-Dinkellöffelbiskuits und Zitronenmelisse garnieren.

EW	F	KH	kcal	BE	Joule	Chol.
3g	7g	35g	182	2	738	22mg

Nachmittag:
Birnenkuchen mit Blätterteig

Zutaten:
Kaffee mit Milch und evtl. Süßstoff
35 g fertiger Blätterteig (TK)
100 g Birne
etwas Ei zum Bestreichen

Zubereitung:
Geschälte, halbierte Birne weichdünsten. In Blätterteig einschlagen, mit Ei bestreichen und im Backrohr etwa 15 Minuten überbacken.

EW	F	KH	kcal	BE	Joule	Chol.
2g	9g	24g	186	2	777	–

Abend:
Thymian-Basensuppe

Zutaten:
3/8 l Gemüsebrühe (Rezept s. Seite 53)
75 g geschälte Kartoffeln
10 g geschälten Sellerie
10 g Lauch
10 g Zwiebel
2 gButter oder ungehärtete Vollöl-Margarine
10 g Sauerrahm
2 g frische Thymianblätter (1 TL)
etwas Salz
frisch geriebene Muskatnuß

Zubereitung:
Lauch, Zwiebel, Gemüse und Kartoffeln kleinschneiden und in Butter anschwitzen. Mit Gemüsebrühe aufgießen, salzen und weichkochen lassen. Mit dem Mixstab pürieren. Mit Sauerrahm, Salz, Muskat und frischen Thymianblättern gut abschmecken.

EW	F	KH	kcal	BE	Joule	Chol.
2g	3g	12g	88	1	370	3mg

Hirsering mit Gemüseragout

Zutaten:
30 g Goldkornhirse
1/8 l Gemüsebrühe

30 g Zucchini
30 g Karotten
30 g Sellerie
20 g geschälte Tomaten
10 g Sauerrahm
2 g Butter
etwas frisches Basilikum oder Oregano, etwas Muskatnuß
Vollsalz

Zubereitung:
Die Hirse ohne Fett im Kochtopf kurz erhitzen, salzen, mit Gemüsebrühe auffüllen, einmal aufkochen und zugedeckt langsam ausdünsten lassen (ca. 15–20 Minuten). Sie muß schön aufbrechen!
Das gefällig geschnittene Gemüse im Kocheinsatz weichdämpfen. Die geschälten Tomaten und Zucchini zuletzt dazugeben. 2–3 EL vom Gemüse mit etwas Wasser pürieren und damit das restliche Gemüse binden. Mit den Gewürzen gut abschmecken und zur Hirse reichen.

EW	F	KH	kcal	BE	Joule	Chol.
5g	4g	25g	146	2	610	3mg

Gesamtwerte pro Person

EW	F	KH	kcal	BE	Joule	Chol.
48g	37g	159g	1202	12	5068	133mg

3. Tagesplan

5 Mahlzeiten – 12 BE – unter 100 mg Cholesterin – 1248 kcal

Frühstück:
Kräutertee mit Süßstoff und Milch
Vollwertbrot (2 BE)
Diabetiker-Marmelade (1 BE) oder Fruchtaufstrich (Rezept s. Seite 41)
Butter

EW	F	KH	kcal	BE	Joule	Chol.
5g	9g	32g	224	2½	937	24 mg

Zwischenmahlzeit:
Magermilch (1 BE)
Tartex-Sojaaufstrich
Vollwertbrot (1 BE)

EW	F	KH	kcal	BE	Joule	Chol.
13g	5g	28g	199	2	836	49mg

Mittag:
Gemüsebouillon mit Gemüsestreifen

Maispizza mit Ratatouille (1½ BE)
Kräutersauce

Pfirsichkompott (1 BE)

EW	F	KH	kcal	BE	Joule	Chol.
11g	13g	44g	437	3	1835	27mg

Nachmittag:
Apfel (1 BE)
Vollwertbrot (1 BE)

EW	F	KH	kcal	BE	Joule	Chol.
2g	1g	21g	104	2	437	–

Abend:
Kartoffel-Spinat-Auflauf mit Sauerrahm (2 1/2 BE)

EW	F	KH	kcal	BE	Joule	Chol.
18 g	12 g	38 g	284	2 1/2	1193	22 mg

Gesamtwerte pro Person						
EW	F	KH	kcal	BE	Joule	Chol.
49 g	40 g	163 g	1248	12	5238	122 mg

Frühstück:
Fenchel-Kräutertee evtl. mit Süßstoff
60 g Vollwertbrot
12 g Diabetiker-Marmelade oder Fruchtaufstrich (Rezept s. Seite 41)
10 g Butter oder ungehärtete Vollöl-Margarine

EW	F	KH	kcal	BE	Joule	Chol.
5 g	9 g	32 g	224	2 1/2	937	24 mg

Zwischenmahlzeit:
1/4 l Magermilch (1,5% Fett)
25 g Tartex-Sojaaufstrich
30 g Vollwertbrot

EW	F	KH	kcal	BE	Joule	Chol.
13 g	5 g	28 g	199	2	836	49 mg

Mittag:
Gemüsebouillon mit Gemüsestreifen

Zutaten:
200 ml Gemüsebrühe, gut abgeschmeckt (Rezept s. Seite 53)
10 g Karotten
10 g Sellerie
10 g Zucchini
10 g Lauch
3 g (1 TL) frische Kresse

Zubereitung:
Gemüse in sehr feine Streifen schneiden, im Kocheinsatz weichdämpfen und als Einlage in die Gemüsebrühe geben. Mit Kresse garnieren.

EW	F	KH	kcal	BE	Joule	Chol.
–	–	2 g	11	–	46	–

Maispizza mit Ratatouille und Kräutersauce

Zutaten:
23 g Maisgrieß
1/8 l Wasser
5 g Butter oder ungehärtete Vollöl-Margarine
5 g Magerquark (10%)
40 g geschälte Tomaten
7,5 g Maiskörner (TK)

Zubereitung:
Maisgrieß mit Butter anschwitzen, salzen und mit Wasser weichdünsten. Danach feine Tomatenwürfel, Quark und Maiskörner untermischen.
Wie einen Teig auf dem Teller flachdrücken (1 cm stark) und mit dem Gemüseratatouille belegen.

15 g Mozzarella
40 g grüne Paprika
10 g Zwiebel
5 g Olivenöl (2 TL)
40 g Zucchini
30 g Auberginen
40 g Tomaten
3 g (1 TL) frische Kräuter (Oregano)
1 g (½ Zehe) Knoblauch
50 ml Gemüsebrühe

Mit Mozzarellascheiben gratinieren. Dazu Kräuter-Gemüsesauce reichen. Aus diesen Zutaten das Gemüse-Ratatouille zubereiten.
Dazu das gefällig geschnittene Gemüse der Reihe nach in einer großen Pfanne mit Olivenöl anbraten und mit Gemüsebrühe weichdünsten. Mit Knoblauch, Oregano, Salz und Muskatnuß gut abschmecken.

30 g Petersilienwurzel
20 g Sellerie
5 g Zwiebel
5 g Butter oder ungehärtete Vollöl-Margarine
3 g (1 TL) frische Kräuter (Oregano)
20 ml Sahne (30% F. i.Tr.)
200 ml Gemüsebrühe

Kräuter-Basensauce herstellen.
Dazu kleingeschnittene Zwiebel und Gemüse in Butter anschwitzen, mit Gemüsebrühe aufgießen, salzen, weichkochen und mit frischen Oreganoblättern und Sahne im Mixglas – oder mit dem Pürierstab – pürieren.

EW	F	KH	kcal	BE	Joule	Chol.
10 g	13 g	31 g	379	1 ½	1991	27 mg

Pfirsichkompott
Zutaten:
120 g Pfirsich, entsteint
Süßstoff, Zitronensaft
Gewürze: Nelke, Zimtrinde
100 g Wasser

Pfirsich in Spalten schneiden, mit Wasser aufgießen, Gewürze zugeben und etwa 10 Minuten zu einem Kompott kochen. Erkalten lassen.

EW	F	KH	kcal	BE	Joule	Chol.
1 g	–	11 g	47	1	197	1 mg

Nachmittag:
100 g Apfel
25 g Vollwertbrot

EW	F	KH	kcal	BE	Joule	Chol.
2 g	1 g	21 g	104	2	437	–

Abend:

Kartoffel-Spinatauflauf mit Sauerrahm

Zutaten:

110 g mehlige Kartoffeln mit Schale
50 g frischen Blattspinat
10 g Sauerrahm
10 g Parmesan
3 g (1 TL) frische Kräuter (Majoran)
1 g (½ Zehe) Knoblauch
Muskat, Salz
15 g Mozzarella (40% F. i. Tr.)

Kartoffeln dämpfen, pellen und in Scheiben schneiden. Mit gedämpftem Blattspinat, Sauerrahm und Gewürzen vermischen. In einer gebutterten Form mit Mozzarella und Parmesan ca. 15 Minuten bei 200 °C im Ofen überbacken.

75 g Kartoffeln
30 g Champignons
5 g Butter oder ungehärtete Vollöl-Margarine
20 g Sauerrahm (1 EL)

Kartoffeln und Champignons kleinschneiden, in Butter anschwitzen, mit Gemüsebrühe auffüllen und weichkochen. Mit Sauerrahm mixen und gut abschmecken.

EW	F	KH	kcal	BE	Joule	Chol.
18 g	12 g	38 g	284	2½	1193	22 mg

Gesamtwerte pro Person

EW	F	KH	kcal	BE	Joule	Chol.
49 g	40 g	163 g	1248	12	5238	122 mg

4. Tagesplan

5 Mahlzeiten – 12 BE – unter 150 mg Cholesterin – 1198 kcal

Frühstück:
Getreidekaffee mit Milch
130 ml frisch gepreßter Saft (1 BE)
60 g Vollwertbrot (2 BE)
5 g Butter, Tomate

EW	F	KH	kcal	BE	Joule	Chol.
7g	6g	48g	253	3	1063	12mg

Zwischenmahlzeit:
Joghurt mit frischen Erdbeeren (1 BE)

EW	F	KH	kcal	BE	Joule	Chol.
5g	–	10g	66	1	277	6mg

Mittag:
Kräuter-Basensuppe (1 BE)

Kalbsteak mit Kerbelsauce (½ BE)
Grilltomate mit Spinat
Karotten und Sellerie
Dampfkartoffeln (1 ½ BE)

Hirsecreme (1 BE)

EW	F	KH	kcal	BE	Joule	Chol.
27g	25g	50g	550	4	2309	110mg

Nachmittag:
Fruchtsalat (1 BE)

EW	F	KH	kcal	BE	Joule	Chol.
3g	–	23g	112	2	470	–

Abend:
Gemüseragout im Reisring mit Sauerrahm-Sojasauce (2 BE)

EW	F	KH	kcal	BE	Joule	Chol.
7 g	8 g	28 g	217	2	911	9 mg

Gesamtwerte pro Person

EW	F	KH	kcal	BE	Joule	Chol.
49 g	39 g	159 g	1198	12	5030	137 mg

Frühstück:

Getreidekaffee
50 ml fettarme Milch
25 g Weizen-Mischbrot
30 g Vollwertbrot
5 g Butter
50 g sonnengereifte Tomate
130 ml frisch gepreßter Grapefruitsaft (mit Wasser verdünnt)

EW	F	KH	kcal	BE	Joule	Chol.
7g	6g	48g	253	3	1063	12mg

Zwischenmahlzeit:

Joghurt mit frischen Erdbeeren

Zutaten:
125 g Joghurt (fettarm, 1,5%)
80 g frische Erdbeeren
evtl. Süßstoff

Zubereitung:
Die Zutaten im Mixglas mixen.

EW	F	KH	kcal	BE	Joule	Chol.
5g	–	10g	66	1	277	6mg

Mittag:

Kräuter-Basensuppe

Zutaten:
3/8 l Gemüsebrühe (Rezept s. Seite 53) oder Wasser
75 g mehlige Kartoffeln
1 g frische Kräuter (1/2 TL)
Salz, Muskatnuß
5 g Sauerrahm (1 TL)
10 g Porree (Lauch)
3 g Sonnenblumenöl (1 TL)

Zubereitung:
Lauch und kleingeschnittene Kartoffeln in Öl anschwitzen, mit Gemüsebrühe auffüllen, weichkochen und mit Sauerrahm und frischen Gartenkräutern pürieren (mixen). Würzen und gut abschmecken.

EW	F	KH	kcal	BE	Joule	Chol.
2g	4g	12g	89	1	374	2mg

Kalbssteak mit Kerbelsauce, Grilltomate mit Spinat, Kartoffeln und Gemüsestiften

Zutaten:
100 g Kalbsrückensteak
2 g Sonnenblumenöl (1 TL)
Salz, Rosmarin,
etwas Pfeffer aus der Mühle

Zubereitung:
Das Kalbsrückensteak würzen und in der Pfanne rosa braten.

38 g Kartoffeln
1 g frischer Kerbel (1/2 TL)
5 g süße Sahne (1 TL)
Salz Muskatnuß

Für die Kerbelsauce kleingeschnittene Kartoffeln in Gemüsebrühe kochen und mit dem Kerbel, Salz, Muskat und Sahne mixen.

10 g Zwiebel
5 g Butter oder ungehärtete Vollöl-Margarine
50 g Tomaten
50 g Spinatblätter
5 g Porree (Lauch)
etwas Knoblauch, Salz, Muskatnuß
1 g grüne Kräuter (1/2 TL)
5 g Sonnenblumenöl

Kleingeschnittene Zwiebel und Porree in Butter anschwitzen, Spinatblätter und Gewürze zugeben. In ausgehöhlte Tomate füllen, mit Öl beträufeln und im Rohr heißmachen.

110 g gedämpfte Kartoffeln
2 g Butter oder ungehärtete Vollöl-Margarine
20 g Karottenstifte
20 g Selleriestifte

Kartoffeln dämpfen. Mit Butter beträufeln. Gemüse mit Butter und wenig Wasser dünsten und damit garnieren.

EW	F	KH	kcal	BE	Joule	Chol.
22g	16g	26g	358	2	1504	94mg

Hirsecreme

Zutaten:
15 g Hirse (Goldkorn)
30 ml Milch
60 ml Wasser
10 ml Sahne
Süßstoff
Minzeblätter, Salz, Zimt

Zubereitung:
Hirse in Wasser und Milch weichkochen, evtl. süßen, abkühlen lassen und steifgeschlagene Sahne unterheben. Anrichten und mit Minzeblättern und Zimt garnieren.

EW	F	KH	kcal	BE	Joule	Chol.
3g	5g	12g	103	1	431	14mg

Nachmittag:
Fruchtsalat

Zutaten:
25 g Apfel (1/4 Apfel)
33 g Himbeeren
25 g Orangen (ohne Schale)
52 g Wassermelone
evtl. Süßstoff
30 g Vollwertkuchen

Zubereitung:
Aus den Zutaten einen Fruchtsalat zubereiten.

EW	F	KH	kcal	BE	Joule	Chol.
3g	–	23g	112	2	470	–

Abend:
Gemüseragout im Reisring mit Sauerrahm-Sojasauce

Zutaten:
30 g Vollwertreis
50 ml Gemüsebrühe oder Wasser
Vollsalz, Muskatnuß

Zubereitung:
Reis mit Gemüsebrühe weichdünsten und mit einem Reisring auf Teller anrichten.

5 g Sauerrahm (1 TL)
50 g sonnengereifte Tomaten
50 g Brokkoli
50 g Blumenkohl
50 g Zucchini
20 g Zwiebel
5 g Butter
Gemüsebrühe (ein Teil des Gemüses wird gemixt und zur Bindung verwendet)
1 g frische Kräuter (1/2 TL)
und etwas Salbei Salz, Muskatnuß, Pfeffer

Das geputzte Gemüse der Reihe nach im Kocheinsatz weichdämpfen. Einen Teil vom Gemüse pürieren und das restliche Gemüse mit dieser Sauce binden. Mit frischen Kräutern, Salz, Muskatnuß, Butterflocken und Sauerrahm abschmecken.

20 g Sauerrahm
1 g frische Kräuter (1/2 TL)
1 EL Sojasauce
Vollsalz

Alle Zutaten gut verrühren und abschmecken.

EW	F	KH	kcal	BE	Joule	Chol.
7g	8g	28g	217	2	911	9mg

Gesamtwerte pro Person

EW	F	KH	kcal	BE	Joule	Chol.
49g	39g	159g	1198	12	5030	137mg

5. Tagesplan

5 Mahlzeiten – 12 BE – unter 250 mg Cholesterin – 1178 kcal

Frühstück:
Getreidekaffee mit Milch
Vollwertbrot (2 BE)
Quarkaufstrich (mager), sonnengereifte Tomate

EW	F	KH	kcal	BE	Joule	Chol.
10 g	3 g	27 g	157	2	657	–

Zwischenmahlzeit:
1 Apfel (1 BE)

EW	F	KH	kcal	BE	Joule	Chol.
–	1 g	10 g	54	1	226	–

Mittag:
Kerbelsuppe (1 BE)

Kartoffelstrudel mit Kräuterfüllung (1 ½ BE)
Sauerrahm und junges Gemüse

Himbeertörtchen (1 BE)

EW	F	KH	kcal	BE	Joule	Chol.
17 g	23 g	51 g	537	4 ½	2255	206 mg

Nachmittag:
Schwarztee, Zitrone
Roggenbrot (1 BE)
Speisequark (mager)

EW	F	KH	kcal	BE	Joule	Chol.
4 g	–	11 g	65	1	273	–

Abend:
Basilikumsuppe (1 BE)

Maisgrießnocken (2 BE)
Kräutersauce, gemischtes Wurzelwerk (½ BE)

EW	F	KH	kcal	BE	Joule	Chol.
8 g	13 g	44 g	365	3 1/2	1533	38 mg

Gesamtwerte pro Person

EW	F	KH	kcal	BE	Joule	Chol.
39 g	40 g	143 g	1178	12	4944	244 mg

Frühstück:
Getreidekaffee oder Kräutertee
60 g Vollwertbrot
30 g Quarkaufstrich (Hüttenkäse)
80 g sonnengereifte Tomaten

EW	F	KH	kcal	BE	Joule	Chol.
10 g	3 g	27 g	157	2	657	–

Zwischenmahlzeit:
100 g Apfel

EW	F	KH	kcal	BE	Joule	Chol.
–	1 g	10 g	54	1	226	–

Mittag:
Kerbelsuppe

Zutaten:
3/8 l Gemüsebrühe (Rezept s. Seite 53) oder Wasser
75 g mehlige Kartoffeln
5 g frischer Kerbel (1 TL)
10 ml Sahne (30% Fett)
5 g Butter, Salz, Muskatnuß

Zubereitung:
Kleingeschnittene Kartoffeln mit Gemüsebrühe weichkochen und mit allen anderen Zutaten mixen. Abschmecken.

Kartoffelstrudel mit Kräuterfüllung

Zutaten:
110 g mehlige Kartoffeln
15 g Vollwertmehl
30 g Vollei (1/2 Ei oder 1 Dotter)
10 g frische Kräuter (1 EL)
5 g Butter oder ungehärtete Vollöl-Margarine
20 g Sauerrahm (10% Fett)
Salz, Muskat

Zubereitung:
Die Kartoffeln mit der Schale weichdämpfen, pellen und durchdrücken. Mit Ei, Butter, frischen Kräutern, Sauerrahm, Vollwertmehl, Salz und Muskatnuß zu einem Teig vermischen. Den Teig in eine nasse Stoffserviette pressen, zubinden und 20 Minuten im Salzwasser kochen. Serviette entfernen und den Strudel in Scheiben schneiden.

20 g Brokkoli
20 g Karotten
20 g Blumenkol
20 g Petersilienwurzel

Für die Gemüsegarnitur das Gemüse im Kocheinsatz weichdämpfen und anrichten.

EW	F	KH	kcal	BE	Joule	Chol.
11 g	13 g	42 g	379	3 ½	1592	202

Himbeertörtchen

Zutaten:
7,5 g fein gemahlenes Hirsemehl
65 g frische Himbeeren
½ Ei
20 ml Sahne (30% Fett)
Zitrone

Zubereitung:
Dieses Dessert wird man für 4 Personen machen, damit eine brauchbare Masse entsteht.
Eiweiß mit Salz steifschlagen. Eigelb mit Süßstoff gut verrühren. Beides mit dem Hirsemehl vermengen. Die Masse 1 cm stark auf ein mit Pergamentpapier belegtes Blech streichen und ca. 5–7 Minuten bei 190 °C backen. Erkalten lassen, rund ausstechen und mit Schlagsahne und Himbeeren füllen.

EW	F	KH	kcal	BE	Joule	Chol.
6 g	10 g	9 g	158	1	663	4 mg

Nachmittag:
Schwarztee mit Zitronensaft
25 g Roggenbrot
20 g Speisequark mager (10% Fett)

EW	F	KH	kcal	BE	Joule	Chol.
4 g	–	11 g	65	1	273	0,2 mg

Abend:
Basilikumsuppe

Zutaten:
⅜ l Gemüsebrühe oder Wasser
75 g mehlige Kartoffeln
3 g frisches Basilikum (1 TL)
5 g Butter oder ungehärtete Vollöl-Margarine
10 g Sauerrahm (10% Fett)
Salz, Muskatnuß

Zubereitung:
Kleingeschnittene Kartoffeln in Butter anschwitzen, mit Gemüsebrühe auffüllen, weichkochen, mit Sauerrahm und Basilikumblättern mixen. Mit Salz und Muskatnuß abschmecken. Mit Streifen von Basilikumblättern garnieren.

Maisgrießnockerln mit Kräutersauce und Gemüse

Zutaten:
- 50 ml Gemüsebrühe, Salz, Muskatnuß
- 40 g Maisgrieß
- 15 g kleingeschnittene Karotten
- 1 g frische Kräuter (1/2 TL)
- 10 g Spinatblätter (eine Hand voll)
- 5 ml Sahne (30% Fett)

Zubereitung:
Maisgrieß salzen, mit Gemüsebrühe, Spinat und Karotten weichdünsten. Mit Sahne vermischen und mit einem Eisportionierer Nockerln anrichten.

- 40 g mehlige Kartoffeln
- 3 g frische Kräuter (1 TL)
- 10 g Sauerrahm (10% Fett)
- 200 ml Gemüsebrühe oder Wasser

Aus den Zutaten eine Kräuter-Basensauce zubereiten.

- 5 g Butter oder ungehärtete Vollöl-Margarine
- 20 g Petersilienwurzel
- 20 g Karotten
- 20 g Sellerie
- 20 g Zucchini
- 20 g Auberginen

Gefällig geschnittenes Gemüse im Kocheinsatz dämpfen und in Butter schwenken. Mit 2 EL Kräutersauce vermischen.

EW	F	KH	kcal	BE	Joule	Chol.
8g	13g	44g	365	3 1/2	1533	38 mg

Gesamtwerte pro Person

EW	F	KH	kcal	BE	Joule	Chol.
39g	40g	143g	1178	12	4944	244mg

6. Tagesplan

5 Mahlzeiten – 12 BE – unter 50 mg Cholesterin – 1191 kcal

Frühstück:
Getreidekaffee mit Milch, evtl. Süßstoff
Vollwertbrot (3 BE)
Butter oder ungehärtete Vollöl-Margarine
magerer Käse (20% F. i.Tr.)

EW	F	KH	kcal	BE	Joule	Chol.
8 g	10 g	36 g	271	3	1135	38 mg

Zwischenmahlzeit:
Milch (1/2 BE)
Apfel (1/2 BE)

EW	F	KH	kcal	BE	Joule	Chol.
4 g	5 g	11 g	107	1	443	14 mg

Mittag:
Sellerie-Basensuppe (1 BE)

Gedünstetes Zanderfilet mit Basilikumsauce, Kartoffeln und Gemüse (2 BE)

Quark-Apfelcreme (1 BE)

EW	F	KH	kcal	BE	Joule	Chol.
24 g	14 g	51 g	480	4	1997	30 mg

Nachmittag:
1 Grapefruit (1 BE)

EW	F	KH	kcal	BE	Joule	Chol.
1 g	–	13 g	56	1	235	–

Abend:
Joghurt mit Zwieback, ungezuckert (1 BE)

Polenta-Nockerln mit Kräutersauce, Tomaten und Gemüsegarnitur (2 BE)

EW	F	KH	kcal	BE	Joule	Chol.
10 g	10 g	37 g	277	3	1188	33 mg

Gesamtwerte pro Person						
EW	F	KH	kcal	BE	Joule	Chol.
46 g	39 g	148 g	1191	12	4998	115 mg

Frühstück:
Kaffee mit Milch, Süßstoff
90 g Vollwertbrot
10 g Butter oder ungehärtete Vollöl-Margarine
20 g mageren Käse (20% F. i. Tr.)

EW	F	KH	kcal	BE	Joule	Chol.
8 g	10 g	36 g	271	3	1135	38 mg

Zwischenmahlzeit:
Zutaten:
1/8 l Milch (1,5% Fett)
50 g Apfel

Zubereitung:
Die Zutaten im Mixglas mixen.

EW	F	KH	kcal	BE	Joule	Chol.
5 g	5 g	11 g	107	1	443	14 mg

Mittag:
Sellerie-Basensuppe

Zutaten:
3/8 l Gemüsebrühe (Rezept s. Seite 53) oder Wasser
75 g mehlige Kartoffeln
50 g Sellerieknolle
5 g Butter oder Reform-Margarine
5 ml Sahne (30% Fett)
1 g frische Kräuter (Kerbel/Selleriegrün) (1/2 TL)
Salz, Muskatnuß frisch gerieben

Zubereitung:
Kleingeschnittene Kartoffeln und Sellerie in Butter anschwitzen, mit Gemüsebrühe auffüllen, salzen und weichkochen. Sahne, Kräuter, Salz und Muskat zugeben und mit dem Mixstab pürieren.

EW	F	KH	kcal	BE	Joule	Chol.
2 g	6 g	13 g	116	1	484	15 mg

Zanderfilet mit Basilikumsauce

Zutaten:
100 g Zanderfilet

Zubereitung:
Zanderfilet mit Basilikumpesto*, Salz und Zitronensaft würzen und im Dampf (Kocheinsatz) auf den Punkt garen.

200 ml Gemüsebrühe (Rezept s. Seite 53) oder Wasser
50 g mehlige Kartoffeln**
1 g Basilikum (1/2 TL)
5 g Butter oder Reform-Margarine
10 g Sauerrahm

Basilikumsauce bereiten (Zubereitung siehe Rezept Seite 96).

100 g geschälte Kartoffeln
20 g Karotten
20 g Zucchini
20 g Brokkoli
2 g Butter oder ungehärtete Vollöl-Margarine

Kartoffeln und gefällig geschnittenes Gemüse im Kocheinsatz dämpfen und mit zerlassener Butter bepinseln.

EW	F	KH	kcal	BE	Joule	Chol.
17g	6g	25g	270	2	1122	13mg

Anmerkung:
* Basilikumpesto = fein gemixtes Basilikum mit Olivenöl und Salz
** 50 g Kartoffel = ca. 1/2 Kartoffel

Apfelcreme

Zutaten:
100 g säuerlicher Apfel, geschält
30 g Magerjoghurt
30 g Magerquark
frische Zitronenmelisse, evtl. Süßstoff

Zubereitung:
Apfel kleinschneiden, dünsten, mit dem Pürierstab mixen und mit Quark und Joghurt vermengen, evtl. mit Süßstoff süßen. Im Glas anrichten und mit einem Blatt Zitronenmelisse garnieren.

EW	F	KH	kcal	BE	Joule	Chol.
5g	2g	13g	94	1	391	2mg

Nachmittag:
120 g Grapefruit (ohne Schale)

EW	F	KH	kcal	BE	Joule	Chol.
–	–	13g	56	1	235	0mg

Abend:
125 g Magerjoghurt
7,5 g Zwieback ungezuckert

EW	F	KH	kcal	BE	Joule	Chol.
5g	1g	10g	84	1	348	19mg

Polenta-Nockerln mit Kräutersauce

Zutaten:
23 g Polentagrieß
2 g Butter oder ungehärtete Vollöl-Margarine
60 ml Gemüsebrühe

Zubereitung:
Polenta mit Butter anschwitzen, mit Gemüsebrühe auffüllen, salzen, aufkochen und zugedeckt ca. 15 Minuten ausdämpfen lassen. Mit dem Eisportionierer Nockerln anrichten.

200 ml Gemüsebrühe oder Wasser
35 g mehlige Kartoffeln
1 g (½ TL) frische Kräuter (Oregano)
5 g Butter oder ungehärtete Vollöl-Margarine
5 ml Sahne (30% Fett)

Aus den Zutaten eine Kräutersauce bereiten (Zubereitung siehe Rezept Seite 110).

40 g sonnengereifte Tomaten, geschält und entkernt
20 g Blumenkohl
20 g Zucchini

Blumenkohl und Zucchini im Kocheinsatz weichdämpfen und mit den Tomatenwürfeln und 2 EL Kräutersauce mischen.

EW	F	KH	kcal	BE	Joule	Chol.
4g	9g	27g	193	2	840	5mg

Gesamtwerte pro Person

EW	F	KH	kcal	BE	Joule	Chol.
46g	39g	148g	1191	12	4998	115mg

7. Tagesplan

5 Mahlzeiten – 12 BE – unter 100 mg Cholesterin – 1165 kcal

Frühstück:
Kräutertee evtl. mit Süßstoff
Haferflockenbrei mit Obst (2 ½ BE)

EW	F	KH	kcal	BE	Joule	Chol.
7g	6g	27g	200	2 ½	840	16mg

Zwischenmahlzeit:
Vollwertbrot mit Putenschinken und Birne (1 ½ BE)

EW	F	KH	kcal	BE	Joule	Chol.
6g	1g	19g	108	1 ½	454	14mg

Mittag:
Kerbel-Basensuppe (1 BE)

Tofu-Kartoffellaibchen (2 BE)
Gemüse mit Spinat

Joghurt-Mangocreme (1 BE)

EW	F	KH	kcal	BE	Joule	Chol.
18g	12g	51g	462	4	1940	32mg

Nachmittag:
Kräutertee mit Süßstoff
Vollwertbrot mit Hüttenkäse und Schnittlauch (1 BE)

EW	F	KH	kcal	BE	Joule	Chol.
9g	4g	14g	127	1	533	13mg

Abend:
Kümmelsuppe (1 BE)

Gefüllte Ofenkartoffel (2 BE)
Sauerrahm, Brokkoli, Tomaten

EW	F	KH	kcal	BE	Joule	Chol.
7g	9g	37g	268	3	1126	24mg

Gesamtwerte pro Person

EW	F	KH	kcal	BE	Joule	Chol.
47g	32g	148	1165	12	4893	99mg

Frühstück:

Zutaten:
Kräutertee, evtl. Süßstoff
20 g Haferflocken
1/8 l Milch
50 g Apfel
50 g Orangen

Zubereitung:

Aus den Zutaten einen Haferflockenbrei zubereiten und mit sehr kleingeschnittenem Obst servieren.

EW	F	KH	kcal	BE	Joule	Chol.
7g	6g	27g	200	2 1/2	840	16mg

Zwischenmahlzeit:

30 g Weizen-Vollwertbrot
20 g Putenschinken (5% Fett)
50 g Birne

EW	F	KH	kcal	BE	Joule	Chol.
6g	1g	19g	108	1 1/2	454	14mg

Mittag:

Kerbel-Basensuppe

Zutaten:
3/8 l Gemüsebrühe (Rezept s. Seite 53) oder Wasser
75 g mehlige Kartoffeln
50 g Petersilienwurzel
10 g Zwiebel
5 g Butter oder ungehärtete Vollöl-Margarine
10 g Sauerrahm
2 g frischer Kerbel (1 TL)
Salz, Muskatnuß

Zubereitung:
Kleingeschnittene Zwiebel, Petersilienwurzel und Kartoffeln in Butter anschwitzen, aufgießen, weichkochen, pürieren, mit Kerbel und Sauerrahm mixen und abschmecken.

EW	F	KH	kcal	BE	Joule	Chol.
4g	6g	15g	127	1	533	13mg

Tofu-Kartoffellaibchen mit Gemüse und Spinat

Zutaten:
- 2 g Olivenöl (1 TL)
- 40 g Tofu (oder Hüttenkäse)
- 150 g mehlige Kartoffeln
- 10 g Sauerrahm
- 1 g frische Kräuter (Oregano) (½ TL)
- Salz, Muskatnuß

Zubereitung:
Kartoffeln im Kocheinsatz weich dämpfen, grob raffeln oder durchdrücken und mit zerdrücktem Tofu, Salz und Muskatnuß mischen. Mit Sauerrahm und Kräutern abschmecken. Laibchen formen und in einer Pfanne mit Olivenöl beidseitig braten.

- 50 g frische Spinatblätter
- 20 g Karotten
- 20 g Zucchini
- 20 g Stangensellerie
- 3 g Butter oder ungehärtete Vollöl-Margarine

Gemüse nicht zu weich dämpfen und in Butter schwenken.

EW	F	KH	kcal	BE	Joule	Chol.
9g	8g	27g	270	2	1134	13mg

Joghurt-Mangocreme

Zutaten:
- 40 g Mango ohne Schale
- 125 g Magerjoghurt (1% Fett)
- 1 Blatt Gelatine
- Süßstoff, Zitronensaft

Zubereitung:
Kleingeschnittene Mango mit Joghurt pürieren, mit eingeweichter und zerlassener Gelatine binden, mit Zitrone und Süßstoff abschmecken und in ein Glas füllen, garnieren.

EW	F	KH	kcal	BE	Joule	Chol.
5g	–	10g	65	1	273	6mg

Nachmittag:
- Kräutertee, evtl. mit Süßstoff
- 30 g Vollwertbrot
- 50 g magerer Hüttenkäse (20% Fett)
- 1 g frischer Schnittlauch (½ TL)

EW	F	KH	kcal	BE	Joule	Chol.
9g	4g	14g	127	1	533	13mg

Abend:

Kümmelsuppe

Zutaten:
75 g mehlige Kartoffeln
3/8 l Gemüsebrühe (Rezept s. Seite 53)
20 g Sauerrahm
1 g frische Kresse ½ TL
Salz, gemahlener Kümmel

Zubereitung:
Kleingeschnittene Kartoffeln in Gemüsebrühe weichkochen und mit Kresse, Sauerrahm, Kümmel und Salz mixen.

EW	F	KH	kcal	BE	Joule	Chol.
2g	2g	12g	76	1	319	7mg

Gefüllte Ofenkartoffel mit Sauerrahm, Brokkoli und Tomaten

Zutaten:
150 g mehlige Kartoffeln mit Schale
20 g Sauerrahm
40 g Brokkoli
40 g Tomaten, geschält und entkernt
5 g Butter
frische Kräuter, wie Basilikum oder Majoran

Zubereitung:
Kartoffeln im Kocheinsatz weich dämpfen, aufbrechen und mit gedämpftem Gemüse und Butterflocken füllen. Mit Sauerrahm und Kräutern garnieren.

EW	F	KH	kcal	BE	Joule	Chol.
5g	5g	24g	192	2	806	17mg

Gesamtwerte pro Person

EW	F	KH	kcal	BE	Joule	Chol.
47g	32g	148g	1165	12	4893	99mg

Menü-Vorschläge für Diabetiker

1. Blattsalat, Klare Gemüsesuppe mit Hirse-Nockerln, Forellenfilet auf Karotten-Fenchelstreifen mit Dillsauce, Kartoffeln, Quark-Fruchtknödel mit Erdbeermark (Rezepte siehe Seite 92–94)
2. Kopfsalat mit Ruccola, Champignonpüreesuppe, Felchenfilet mit Basilikumsauce, Zucchinigemüse und Dampfkartoffeln, Quark-Nockerln mit Himbeermark (Rezepte siehe Seite 95–98)
3. Brokkolirahmsuppe, Gebratenes Seezungenfilet, Kerbelsauce mit Karotten-Zucchinigemüse und tournierte Dampfkartoffeln, Apfeltorte (Rezepte siehe Seite 99–102)
4. Gemischter Salatteller mit Champignons, Klare Gemüsebrühe, Hechtfilet auf Fenchelgemüse mit Safranreis, Maisroulade (Rezepte siehe Seite 103–105)
5. Bunter Salatteller, Klare Suppe mit Gemüsestreifen, Lachsforellenfilet auf Fenchelgemüse mit Safranrisotto, Hirse-Roulade (Rezepte siehe Seite 106–108)
6. Feldsalat mit Distelöl, Gemüsesuppe mit Blattspinat, Kalbsfilet im Gemüsemantel mit Kräutersauce, Spargel, Duchesse-Kartoffeln (Rezepte siehe Seite 109–111)
7. Zupfsalat mit Balsamico, Selleriesuppe, Lammfilet und Minzesauce mit Ofenkartoffeln, Gemüse, Tiramisu (Rezepte siehe Seite 112–114)
8. Dinkelgrießsuppe, Kalbsmedaillons gegrillt, Majoransauce, Brokkoli, Karotten und Dampfkartoffeln, Apfelcreme (Rezepte siehe Seite 115–117)
9. Frischkräuter-Basensuppe, Gekochter Tafelspitz, Cremespinat, Stürzkartoffeln, Hirsecreme (Rezepte siehe Seite 118–120)
10. Eissalat, Gelbe-Rüben-Suppe, Geschnetzeltes Kalbfleisch mit Basensauce, Kartoffel-Champignonlaibchen, Quarkschmarren (Rezepte siehe Seite 121–123)
11. Eichblatt- und Feldsalat, Petersilienwurzelsuppe, Hühnerfrikassee mit Gemüseperlen, Kartoffelpüree, Orangencreme (Rezepte siehe Seite 124–126)
12. Kopfsalat, Karottensuppe, Gefülltes Kalbsschnitzel mit Basensauce, frisch geriebene Gemüseplätzchen, Hirse-Roulade (Rezepte siehe Seite 127–130)

13. Grüner Salat, Brokkoli-Basensuppe, Filetgulasch Stroganoff, Vollwertnudeln, Grapefruitcreme (Rezepte siehe Seite 131–133)

14. Blattsalat, Hirsesuppe mit Gemüseeinlage, Putenschnitzel mit Käse überbacken, Champignonreis, Brokkoli, Kräutersauce, Karottenkuchen (Rezepte siehe Seite 134–136)

15. Eichblattsalat, Basilikumsuppe, Esterhaszy-Rinderschnitzel mit Gemüsestreifen, Kartoffelpüree, Grießflammeri mit Sauerkirschen (Rezepte siehe Seite 137–139)

16. Maissuppe mit Gemüsewürfel und Bärlauch, Gemüse-Lasagne mit Tofu, Bachkressesauce, Basilikumtomaten, Erdbeercreme (Rezepte siehe Seite 140–142)

17. Endiviensalat mit Nüssen, Hirseklößchen in Gemüsebrühe, Gefüllte Vollkornteigrolle auf Tomaten-Basilikumsauce, Brombeerjoghurt (Rezepte siehe Seite 143–145)

18. Brennesselsuppe mit Liebstöckel, Polenta-Schnitten mit Sauerrahmsauce, Blattspinat, Wurzelgemüse, Birnencreme (Rezepte siehe Seite 146–147)

19. Gemüsebouillon mit Dinkelgrieß-Nockerl, Kartoffel-Gemüseauflauf, Oreganosauce, Gemüse, Quarkschmarren mit Fruchtmark (Rezepte siehe Seite 148–150)

20. Portulak-Salat (Kresseart) mit Balsamico, Blumenkohlsuppe, Hirseschnitzel mit Majoransauce, Gemüse-Ratatouille, Joghurtpudding (Rezepte siehe Seite 151–154)

21. Bunter Salatteller, Klare Suppe mit Gemüse-Julienne, Nudelauflauf mit Käse, Heidelbeerquarkcreme (Rezepte siehe Seite 155–157)

22. Kopfsalat, Zucchinisuppe, Griechischer Gemüsereis, Basilikum-Oreganosauce, Melonen-Erdbeersalat (Rezepte siehe Seite 158–160)

23. Kopfsalat, Klare Gemüsesuppe mit Quarknockerln, Naturreis-Risotto mit Parmesan, überbackene Tomate, Grießknödel mit Erdbeeren und Butterbrösel (Rezepte siehe Seite 161–163)

24. Endiviensalat mit Kartoffeln, Karottensuppe, Hirseauflauf, Quarkcreme mit frischen Früchten (Rezepte siehe Seite 164–166)

25. Champignon-Basensuppe, Gefüllte Tomaten mit Gemüse, Thymiansauce, Blattspinat, Gedämpfte Kartoffeln, Reis mit Erdbeermark (Rezepte siehe Seite 167–169)

26. Blattsalat mit Joghurtdressing, Bäuerliche Gemüsesuppe, Buchweizen-Laibchen mit Zwiebelsauce, Brokkoli mit Kartoffeln, Apfelscheiben mit Erdbeersauce (Rezepte siehe Seite 170–172)

27. Brokkolisuppe, Zanderfilet mit Basilikumsauce und Blattspinat, Karotten und Kartoffeln, Apfelkuchen (Rezepte siehe Seite 173–175)

Diabetes-Menü 1

Blattsalat, Klare Gemüsesuppe mit Hirse-Nockerln, Forellenfilet auf Karotten-Fenchelstreifen mit Dillsauce und Kartoffeln, Quark-Fruchtknödel mit Erdbeermark

Blattsalat

1 Pers.	*4 Pers.*	*Zutaten:*
50 g	200 g	Blattsalate (Feldsalat, Lollo-Rosso)
50 g	200 g	Apfel
3 g (1 TL)	12 g	Sonnenblumenöl, kaltgepreßt
3 g (1 TL)	12 g	Balsamico-Essig
1 g (½ TL)	4 g	frische Kresse
		Vollsalz

Zubereitung:
Blattsalate putzen, waschen, mit Essig, Öl und Salz anmachen. Apfel schälen, entkernen, in Streifen schneiden und unter den Salat mischen.

pro Person

EW	F	KH	kcal	BE	Joule	Chol.
1g	3g	6g	64	½	269	–

Klare Gemüsesuppe mit Hirse-Nockerl

1 Pers.	*4 Pers.*	*Zutaten:*
⅜ l	1½ l	Gemüsebrühe, gut gewürzt (Rezept s. Seite 53)
15 g	60 g	Hirse, fein gemahlen
15 g	60 g (1 St.)	Vollei
15 g	60 g	Butter oder ungehärtete Vollöl-Margarine
		Vollsalz, frisch ger. Muskatnuß, etwas gehackter Kerbel

Zubereitung:
Butter schaumig rühren, Eigelb untermischen. Mit Salz und Muskatnuß würzen. Eiweiß mit etwas Salz steif schlagen. Eiweiß und Hirsemehl unterheben. 1 Stunde stehen lassen. Mit Hilfe eines Teelöffels kleine Nockerln formen und ca. 15 Minuten im Salzwasser kochen. In die Suppe geben und mit Kerbel garnieren.

pro Person

EW	F	KH	kcal	BE	Joule	Chol.
3g	14g	11g	187	1	785	135mg

Forellenfilet auf Karotten-Fenchelstreifen

1 Pers.	*4 Pers.*	*Zutaten:*
100 g	400 g	Forellenfilets
80 g	320 g	Karotten
80 g	320 g	Fenchel
75 g	300 g	Kartoffeln
5 g	20 g	Butter oder ungehärtete Vollöl-Margarine
3 g	12 g	Öl
		Vollsalz, frisches Basilikum, Zitronensaft

Zubereitung:
Karotten und Fenchel putzen, waschen, in feine Streifen schneiden und im Kocheinsatz weich dämpfen. Kartoffeln waschen, schälen, zuschneiden (tournieren) und weich dämpfen. Forellenfilets mit Salz, Zitronensaft und Basilikumstreifen würzen, in Öl braten und mit Butter beträufeln. Gemüsestreifen mit 3 EL Dillsauce mischen, auf Teller anrichten und die Forellenfilets daraufsetzen. Restliche Sauce dazu servieren.

pro Person

EW	F	KH	kcal	BE	Joule	Chol.
24 g	10 g	17 g	264	1	1109	67 mg

Wichtig:
Besteht zusätzlich zum Diabetes eine Fettstoffwechselstörung, so ist vorzugsweise ungehärtete Vollöl-Margarine (mit hochungesättigten Fettsäuren) zu verwenden.

Dillsauce

1 Pers.	*4 Pers.*	*Zutaten:*
200 ml	800 ml	Gemüsebrühe (Rezept s. Seite 53) oder Fischfond
2 g (1 TL)	8 g	Dill, frisch
10 g	40 g	Sauerrahm oder süße Sahne
5 g	20 g	Butter oder ungehärtete Vollöl-Margarine
38 g	150 g	mehlige Kartoffeln, geschält
		Vollsalz, Muskatnuß

Zubereitung:
Kleingeschnittene Kartoffeln in Butter anschwitzen, mit Brühe aufgießen, salzen, weich kochen und mit Sauerrahm und Dill, fein geschnitten, mixen. Abschmecken.

pro Person

EW	F	KH	kcal	BE	Joule	Chol.
1 g	5 g	6 g	77	½	323	15 mg

Quark-Fruchtknödel mit Erdbeermark

1 Pers.	*4 Pers.*	*Zutaten:*
20 g	80 g	Vollwertmehl
30 g	120 g	Quark (40% Fett)
10 g (½)	40 g (2)	Eigelb
10 g	40 g	Butter oder ungehärtete Vollöl-Margarine
80 g	320 g	frische Erdbeeren
		Süßstoff, Zitrone, Vollsalz
		Minzeblätter zum Garnieren

Zubereitung:
Butter mit Eigelb schaumig rühren, Quark, Gewürze und Mehl beigeben, 10 Min. ruhen lassen. Mit nassen Händen kleine Knödel formen, evtl. mit einer Erdbeere füllen und im Salzwasser 10 Min. leicht köcheln. Erdbeeren erwärmen, mit Süßstoff und Zitrone im Mixglas pürieren und zu den Knödeln reichen.

pro Person

EW	F	KH	kcal	BE	Joule	Chol.
8 g	16 g	21 g	250	1½	1050	67 mg

Gesamtwerte pro Person

EW	F	KH	kcal	BE	Joule	Chol.
37 g	48 g	61 g	842	4½	3536	284 mg

Diabetes-Menü 2

Kopfsalat mit Ruccola, Champignonpüreesuppe, Felchenfilet mit Basilikumsauce, Zucchinistreifen und Dampfkartoffeln, Quark-Nockerln mit Himbeermark

Kopfsalat mit Ruccola

1 Pers.	*4 Pers.*	*Zutaten:*
40 g	160 g	Kopfsalat, geputzt
10 g	40 g	Ruccola (ital. Schnittsalat), geputzt
3 g (1 TL)	12 g	kaltgepreßtes Öl
3 g (1 TL)	12 g	Balsamico-Essig

Zubereitung:
Salate putzen, waschen und mit Öl, Essig und Vollsalz anmachen.

pro Person

EW	F	KH	kcal	BE	Joule	Chol.
1 g	3 g	1 g	36	–	151	–

Champignonpüreesuppe

1 Pers.	*4 Pers.*	*Zutaten:*
75 g	300 g	mehlige, geschälte Kartoffeln
50 g	200 g	geputzte Champignons
3/8 l	1,5 l	Gemüsebrühe (Rezept s. Seite 53)
10 g	40 g	Lauch
10 g	40 g	Butter oder ungehärtete Vollöl-Margarine
30 g	120 g	Sauerrahm oder 20 g süßer Rahm
1 g (1/2 TL)	4 g	frische Kräuter (Kerbel)
		Vollsalz, Muskatnuß

Zubereitung:
Kartoffeln in kleine Würfel, Lauch in Ringe, Champignons blättrig schneiden. Lauch und Kartoffeln in der Hälfte der Butter anschwitzen, mit Gemüsebrühe aufgießen, salzen und weichkochen. Im Mixglas mit Sauerrahm, frischen Kräutern und Muskatnuß pürieren. Die Champignons in der restlichen Butter anschwitzen und zur gemixten Suppe geben. Abschmecken.

pro Person

EW	F	KH	kcal	BE	Joule	Chol.
4 g	12 g	13 g	174	1	729	34 mg

Felchenfilet

1 Pers.	*4 Pers.*	*Zutaten:*
100 g	400 g	Felchenfilet
5 g	20 g	Butterschmalz
½ TL = 2 g	1 EL	Zitronensaft
1 TL	1 Bund	Basilikum, Salz

Zubereitung:
Frische Felchenfilets (oder Saibling) mit Zitronensaft beträufeln, mit feingeschnittenem Basilikum bestreuen und ziehen lassen. Wenn alles andere fertig ist, die Filets in einer Pfanne mit Butterschmalz bei nicht zu großer Hitze beidseitig etwa 1–2 Minuten braten oder grillen. Auf Zucchinistreifen anrichten, etwas Basilikumsauce auf den Teller geben, den Rest extra dazu servieren.

pro Person

EW	F	KH	kcal	BE	Joule	Chol.
19 g	7 g	–	147	–	617	12 mg

Basilikumsauce

1 Pers.	*4 Pers.*	*Zutaten:*
37 g	150 g	mehlige Kartoffeln
5 g	20 g	Butter oder ungehärtete Vollöl-Margarine
200 ml	800 ml	Gemüsebrühe (Rezept s. Seite 53)
1 g (½ TL)	4 g	frisches Basilikum
20 ml	80 ml	Sauerrahm (36% Fett) oder 10 ml bzw. 40 ml Süßrahm
20 g	80 g	Schalotten, Salz, Muskatnuß

Zubereitung:
Kleingeschnittene Schalotten und Kartoffeln in Butter anschwitzen, mit Gemüsebrühe aufgießen, salzen und weichkochen lassen. Im Mixglas mit Basilikumblättern und Sauerrahm pürieren.

pro Person

EW	F	KH	kcal	BE	Joule	Chol.
2 g	6 g	7 g	98	½	411	37 mg

Zucchinistreifen und Dampfkartoffeln

1 Pers.	*4 Pers.*	*Zutaten:*
112 g	450 g	geschälte Kartoffeln
80 g	320 g	Zucchinistreifen (ohne viel Fleisch)
5 g	20 g	Butter oder ungehärtete Vollöl-Margarine
20 g	80 g	Lauchzwiebeln
		Vollsalz, Knoblauch, Oreganoblätter

Zubereitung:
Nur das äußere Grüne vom Zucchinigemüse und den Lauch in feine Streifen schneiden. Lauch und Zucchinistreifen in einer großen Pfanne mit Butter anbraten und mit etwas frisch gepreßtem Knoblauch, Oregano und Vollsalz abschmecken. Die Streifen sollen knackig weich sein. Kartoffeln im Kocheinsatz weich dämpfen.

pro Person

EW	F	KH	kcal	BE	Joule	Chol.
4 g	5 g	19 g	137	1 ½	574	12 mg

Quark-Nockerln

1 Pers.	*4 Pers.*	*Zutaten:*
30 g	120 g	Magerquark
½	2	Eigelb/Eiweiß
½	2 Blatt	Gelatine
30 ml	120 ml	Sahne (30% Fett)
10 ml	40 ml	Weißwein
6 g	24 g	Fruchtzucker
65 g	260 g	frische Himbeeren
1 Blatt	4 Blätter	Zitronenmelisse

Zubereitung:
Gelatine in kaltem Wasser (ca. 5 Min.) einweichen. Quark mit Fruchtzucker, Eidotter, etwas Salz, Weißwein und Zitronensaft anrühren. Gelatine ausdrücken, über Dampf erwärmen und tropfenweise schnell unterrühren. Sahne und Eiweiß steifschlagen und unter die Masse heben. Die Masse im Kühlschrank 2 Stunden durchkühlen, dann mit einem ovalen Eisportionierer Nockerln ausstechen und auf das Himbeermark setzen. Dazu die Himbeeren im Mixer pürieren. Mit je einer ganzen Himbeere und einem Blatt Zitronenmelisse garnieren.

pro Person

EW	F	KH	kcal	BE	Joule	Chol.
8 g	13 g	12 g	202	1	842	190 mg

Gesamtwerte pro Person

EW	F	KH	kcal	BE	Joule	Chol.
38 g	46 g	52 g	794	4	3324	285 mg

Diabetes-Menü 3

Brokkolirahmsuppe, Gebratenes Seezungenfilet, Kerbelsauce mit Karotten-Zucchinigemüse, tournierte Kartoffeln, Apfeltorte mit Sahne

Brokkolirahmsuppe

1 Pers.	*4 Pers.*	*Zutaten:*
3/8 l	1,5 l	Gemüsebrühe (Rezept s. Seite 53)
50 g	200 g	Brokkoli
75 g	300 g	mehlige Kartoffeln
10 g	40 g	Sauerrahm (10% Fett)
3 g	12 g	Butter oder ungehärtete Vollöl-Margarine
		Vollsalz, Muskat, frisches Liebstöckel
		etwas Weißwein

Zubereitung:
Kartoffeln schälen und in kleine Würfel schneiden. Brokkoli putzen, kleinschneiden und mit den Kartoffeln in Butter anschwitzen. Mit Gemüsebrühe aufgießen und weich kochen. Mit Vollsalz, Muskat, Sauerrahm, Liebstöckel und etwas Weißwein im Mixglas pürieren und anrichten. Evtl. vorher extra gedämpfte Brokkoliröschen als Einlage dazu geben.

pro Person

EW	F	KH	kcal	BE	Joule	Chol.
3 g	4 g	12 g	100	1	415	11 mg

Gebratenes Seezungenfilet mit Kerbelsauce

1 Pers.	*4 Pers.*	*Zutaten:*
100 g	400 g	Seezungenfilet
3 g	12 g	Butter oder ungehärtete Vollöl-Margarine
		Vollsalz, Zitrone, Basilikum

Zubereitung:
Filets mit feingeschnittenem Basilikum und Zitrone würzen, evtl. leicht salzen und in Butter leicht anbraten, wenden und zugedeckt bei geringer Hitze 2 Minuten durchziehen lassen. Auf Kerbelsauce anrichten.

pro Person

EW	F	KH	kcal	BE	Joule	Chol.
18 g	4 g	–	106	–	445	62 mg

Kerbelsauce

1 Pers.	*4 Pers.*	*Zutaten:*
200 ml	800 ml	Gemüsebrühe (Rezept s. Seite 53)
45 g	180 g	Sellerieknolle
45 g	180 g	Karotten
38 g	150 g	Kartoffeln
10 ml	40 ml	Süß- oder Sauerrahm
3 g	12 g	Butter oder ungehärtete Vollöl-Margarine
1 g (1/2 TL)	4 g	frischer Kerbel
		Vollsalz, etwas Wein

Zubereitung:
Sellerie und Karotten waschen, schälen und kleinschneiden. Die Kartoffelabschnitte von den tournierten bzw. zugeschnittenen Kartoffeln kleinschneiden. Alles zusammen in Butter anschwitzen, mit Gemüsefond aufgießen und weich kochen. Abschmecken und mit Sauerrahm, Wein, Salz und Kerbel im Mixglas oder mit dem Pürierstab pürieren. Evtl. anfallenden Fischsud zur Sauce mischen.

pro Person

EW	F	KH	kcal	BE	Joule	Chol.
2 g	6 g	10 g	106	1/2	445	21 mg

Karotten-Zucchinigemüse

1 Pers.	*4 Pers.*	*Zutaten:*
50 g	200 g	Zucchini
50 g	200 g	Karotten
3 g	12 g	Butter oder ungehärtete Vollöl-Margarine
		Vollsalz, Muskat, Knoblauch, Mineralwasser, Majoran

Zubereitung:
Karotten schälen und in Scheiben schneiden. In einer großen Pfanne mit Butter anschwitzen, mit Mineralwasser aufgießen und kernig weich dünsten. Zucchini halbieren und ebenfalls in Scheiben schneiden. Kurze Zeit mit den Karotten mitdünsten und mit Salz, frisch geriebener Muskatnuß, 3 EL Kerbelsauce, Majoran und Knoblauch würzen.

pro Person

EW	F	KH	kcal	BE	Joule	Chol.
1 g	3 g	3 g	42	–	176	7 mg

Tournierte Dampfkartoffeln

1 Pers.	*4 Pers.*	*Zutaten:*
75 g	300 g	Kartoffeln
3 g	12 g	Butter oder ungehärtete Vollöl-Margarine
		Vollsalz

Zubereitung:
Kartoffeln waschen und schälen. In gleich große Teile tournieren (zuschneiden) und auf Dampf (im Kocheinsatz) garen. Salzen.

pro Person

EW	F	KH	kcal	BE	Joule	Chol.
2 g	3 g	11 g	76	1	316	7 mg

Apfeltorte mit Sahne

1 Pers.	*4 Pers.*	*16 Pers.*	*Zutaten:*
7 g	25 g	100 g	Butter oder ungehärtete Vollöl-Margarine
6 g	24 g	96 g	Fruchtzucker
7 g	25 g	100 g	Dinkelvollwertmehl
	1 St.	4 St.	Eier
4 g	12 g	48 g	Biskuitbrösel aus Vollkorngebäck
30 g	125 g	500 g	säuerliche Äpfel
2 g	8 g	32 g	Butter oder ungehärtete Vollöl-Margarine
3 g	12 g	48 g	Fruchtzucker
5 g	20 g	80 g	Walnüsse
1 TL	1 EL	4 EL	Milch
2 EL = 6 g	$^1/_8$ l	$^1/_4$ l	Sahne (30% Fett)
			Zimt, Salz, Zitrone

Zubereitung:
Butter, Eigelb und Fruchtzucker schaumig rühren. Dinkelvollwertmehl und Biskuitbrösel untermengen. Eiweiß zu Schnee schlagen und darunterheben. Die Masse in eine kleine vorbereitete Tortenform streichen und mit Apfelspalten belegen. Milch und Butter aufkochen, gemahlene Walnüsse und Fruchtzucker daruntermengen und auf den Apfelspalten verteilen. Im vorgeheizten Backofen bei 180 °C ca. 40 Minuten backen, dann portionieren. Mit steifgeschlagener Sahne garnieren. Torten und Kuchen kann man natürlich nicht für eine Person backen, daher sollte genau portioniert werden.

pro Person

EW	F	KH	kcal	BE	Joule	Chol.
2 g	11 g	19 g	180	2	756	28 mg

Gesamtwerte pro Person

EW	F	KH	kcal	BE	Joule	Chol.
28 g	31 g	55 g	610	4 1/2	2553	136 mg

Diabetes-Menü 4

Gemischter Salatteller mit Champignons, Klare Gemüsebrühe, Hechtfilet auf Fenchelgemüse mit Safranreis, Maisroulade

Gemischter Salatteller mit Champignons

1 Pers.	*4 Pers.*	*Zutaten:*
50 g	200 g	frische Blattsalate, gemischt
10 g	40 g	frische Champignons
4 g (1 TL)	16 g	Walnußöl
3 g (1 TL)	12 g	Balsamico-Apfelessig
		Vollsalz

Zubereitung:
Friseesalat, Radiccio, Feldsalat und Kopfsalat putzen, waschen und zerpflücken. Die dünn geschnittenen Champignons dazugeben. Aus Essig, Öl und Vollsalz eine Marinade bereiten und den Salat kurz vor dem Essen anrichten.

pro Person

EW	F	KH	kcal	BE	Joule	Chol.
1 g	4 g	1 g	44	–	185	–

Klare Gemüsebrühe

1 Pers.	*4 Pers.*	*Zutaten:*
¼ l	1 l	gut gewürzte Gemüsebrühe (Rezept s. Seite 53)
20 g	80 g	Blumenkohlröschen
10 g	40 g	Gelbe-Rüben- oder Karottenstreifen
10 g	40 g	Zucchinistreifen
		vegetarischer Gemüseextrakt oder Streuwürze
		Sojasauce

Zubereitung:
Die Blumenkohlröschen, die Gelbe-Rüben- und Zucchinistreifen im Kocheinsatz weich dämpfen. Die Gemüsebrühe gut abschmecken und mit den Gemüsestreifen anrichten.

pro Person

EW	F	KH	kcal	BE	Joule	Chol.
1 g	1 g	0 g	8	–	34	–

Hechtfilet auf Fenchelgemüse mit Safranreis

1 Pers.	*4 Pers.*	*Zutaten:*
100 g	400 g	Hechtfilet (oder Felchen)
3 g (1 TL)	12 g	Olivenöl, Vollsalz
30 g	120 g	Vollreis
60 ml	240 ml	Gemüsebrühe
		Safran, Vollsalz, ½ Zwiebel, 2 Nelken
2 g	8 g	Butter oder ungehärtete Vollöl-Margarine
40 g	120 g	Fenchelknolle
100 ml	400 ml	Gemüsebrühe
10 ml	40 ml	süße Sahne (30%)
5 g	20 g	Tomatenwürfel (geschält und entkernt)
		Vollsalz, Fenchelgrün

Zubereitung:
Den Vollreis kalt abbrausen. Mit der Gemüsebrühe und der mit Nelken gespickten Zwiebel und dem Safran ca. 25 Minuten weich dünsten. Die Zwiebel herausnehmen und evtl. extra gedämpfte, kleine Gemüsewürfelchen und etwas Basensauce untermischen. Mit einem Eisportionierer anrichten.

Für das Fenchelgemüse den Fenchel vierteln oder achteln, in Butter anschwitzen, mit Gemüsebrühe aufgießen und weich dünsten. Mit Sahne einkochen, mit Fenchelgrün würzen und die Tomatenwürfel untermischen.

Die Hechtfilets würzen. In einer Pfanne mit Olivenöl kurz braten (evtl. kurz in den vorgeheizten Ofen schieben) und auf Fenchelgemüse anrichten.

pro Person

EW	F	KH	kcal	BE	Joule	Chol.
21 g	10 g	24 g	262	2	1100	78 mg

Maisroulade

1 Pers.	*4 Pers.*	*Zutaten:*
36 g	3 St.	Eigelb/Eiweiß
6 g	24 g	Fruchtzucker
15 g	60 g	Mais, gemahlen
35 ml	150 ml	süße Sahne (30% Fett)
40 g	160 g	frische Erdbeeren
¼ Blatt	1 Blatt	Gelatine
		Süßstoff, Vanillezucker, Zitronenschale
		Kokosflocken

Zubereitung:
Eiweiß mit etwas Fruchtzucker steif schlagen. Eigelb mit Fruchtzucker und den Geschmackszutaten aufschlagen. Die Eigelbmasse und das Maismehl gleichzeitig unter die Eiweißmasse heben. Auf ein mit Fettpapier belegtes Backblech streichen (1 cm stark) und im vorgeheizten Ofen bei 190 °C ca. 8 Minuten backen. Herausnehmen und auf ein mit Kokosflocken bestreutes Papier stürzen. Damit einrollen und auskühlen lassen.
Sahne aufschlagen, die geviertelten Erdbeeren unterheben und evtl. süßen. Die in Wasser eingeweichte und über Dampf aufgelöste Gelatine tropfenweise unterziehen. Roulade ausrollen, mit der Füllung bestreichen, einrollen, kühl stellen und mit einem guten Sägemesser portionieren.
Die Angaben für eine Person dienen lediglich für die Berechnung. Zum Backen der Roulade nimmt man daher die angegebene Menge für 4 Personen.

pro Person						
EW	F	KH	kcal	BE	Joule	Chol.
7 g	16 g	21 g	252	1 ½	1058	156 mg

Gesamtwerte pro Person						
EW	F	KH	kcal	BE	Joule	Chol.
30 g	30 g	47 g	566	3 ½	2376	234 mg

Diabetes-Menü 5

Bunter Salatteller, Klare Suppe mit Gemüsestreifen, Lachsforellenfilet auf Fenchelgemüse mit Safranrisotto, Hirseroulade

Bunter Salatteller

1 Pers.	*4 Pers.*	*Zutaten:*
20 g	80 g	Brunnenkresse
20 g	80 g	Radiccio oder Kopfsalat
20 g	80 g	Chicoree oder Eichblattsalat
3 g (1 TL)	12 g	kaltgepreßtes Olivenöl
3 g (1 TL)	12 g	Balsamico-Essig
		Salz, Kräuter

Zubereitung:
Salate putzen, waschen, abtropfen lassen. Die Marinade (Essig, Salz, Öl und Kräuter) über den angerichteten Salat gießen.

pro Person

EW	F	KH	kcal	BE	Joule	Chol.
1 g	3 g	1 g	37	–	154	–

Klare Suppe mit Gemüsestreifen

1 Pers.	*4 Pers.*	*Zutaten:*
3/4 l	1,5 l	gut gewürzte Gemüsebrühe (Rezept s. Seite 53)
30 g	120 g	Karotten
30 g	120 g	Lauch
30 g	120 g	Sellerie
1 g	4 g	frische Kräuter, Salz
		Vitam (veg. Gemüseextrakt) oder Streuwürze
		Pfeffer, Muskat, Sojasauce

Zubereitung:
Das Gemüse putzen, waschen, in feine Streifen schneiden und weich dämpfen. Kurz vor dem Servieren ein paar Tropfen Sojasauce und das Gemüse in die abgeschmeckte Suppe geben.

pro Person

EW	F	KH	kcal	BE	Joule	Chol.
1 g	–	3 g	22	–	92	–

Lachsforellenfilet auf Fenchelgemüse mit Safranrisotto

1 Pers.	*4 Pers.*	*Zutaten:*
80 g	320 g	Lachsforellenfilet, Basilikumpesto
2 g (1 TL)	8 g	Maiskeimöl
22 1/2 g	90 g	Vollwertreis
80 g	320 g	Fenchel
		Salz, Pfeffer, Muskatnuß
		3 Fäden Safran

Zubereitung:
Die Lachsforelle mit etwas Basilikumpesto einstreichen. Den Fenchel in feine Streifen schneiden und im Kocheinsatz weich dämpfen. Den Reis mit Safran garen und soviel Basensauce beigeben, daß er gut zusammenhält. Vor dem Anrichten evtl. etwas Parmesan und kleingeschnittene gedämpfte Gemüsewürfelchen beigeben.

Die Filets grillen oder in der Pfanne braten und auf Fenchelgemüse anrichten. Dazu paßt gut eine Basilikumsauce (Rezept s. Seite 96).

pro Person

EW	F	KH	kcal	BE	Joule	Chol.
19 g	5 g	19 g	197	1 1/2	823	45 mg

Hirseroulade

1 Pers.	*4 Pers.*	*Zutaten:*
15 g	60 g	fein gemahlene Hirse
1	3	Eier
6 g	24 g	Fruchtzucker
12,5 g	50 g	Diabetiker-Marmelade oder Fruchtaufstrich (Rezept s. Seite 41)
		Zitrone, Vanille

Zubereitung:
Eiweiß mit etwas Fruchtzucker und Salz steif schlagen. Eigelb mit den Geschmackszutaten und dem restlichen Fruchtzucker gut cremig rühren. Beide Massen zusammengeben und das Mehl unterheben. Auf ein mit Backpapier belegtes Blech aufstreichen (1 cm stark) und bei 190 °C ca. 8 Minuten backen. Danach auf ein zweites Papier stürzen, Backpapier abziehen, mit Diabetiker-Marmelade füllen und einrollen. In Portionen aufteilen.

pro Person

EW	F	KH	kcal	BE	Joule	Chol.
9 g	7 g	24 g	205	2	861	314 mg

Gesamtwerte pro Person

EW	F	KH	kcal	BE	Joule	Chol.
30 g	15 g	47 g	461	3 ½	1930	359 mg

Diabetes-Menü 6

Feldsalat, Gemüsesuppe mit Blattspinat, Kalbsfilet im Gemüsemantel, Kräutersauce, Spargel, Duchesse-Kartoffeln

Feldsalat mit Distelöl

1 Pers.	*4 Pers.*	*Zutaten:*
50 g	200 g	Feldsalat
3 g (1 TL)	12 g (4 TL)	kaltgepreßtes Distelöl
3 g (1 TL)	12 g (4 TL)	Natur-Apfelessig
		Vollsalz

Zubereitung:
Feldsalat waschen, abtropfen lassen und mit Distelöl, Vollsalz und Apfelessig anmachen. Eventuell mit fein geriebener Karotte garnieren.

pro Person

EW	F	KH	kcal	BE	Joule	Chol.
1 g	3 g	–	33	–	137	–

Gemüsesuppe mit Blattspinat

1 Pers.	*4 Pers.*	*Zutaten:*
3/8 l	1,5 l	Gemüsebrühe (Rezept s. Seite 53)
75 g	225 g	mehlige Kartoffeln
10 g	40 g	Lauch oder Zwiebel
2 TL	8 TL	Sauerampferblätter
2 g	8 g	Butter oder ungehärtete Vollöl-Margarine
10 g	40 g	Sauerrahm
30 g	120 g	frischer Blattspinat, geputzt
		Vollsalz, Muskatnuß

Zubereitung:
Lauch oder Zwiebel kleinschneiden. Kartoffeln schälen und in kleine Würfel schneiden. Alles in einem Kochtopf mit Butter anschwitzen, mit Gemüsebrühe auffüllen, weich kochen und im Mixglas mit Sauerrahm, Blattspinat und Sauerampfer pürieren. Mit Vollsalz und frisch geriebener Muskatnuß abschmecken.

pro Person

EW	F	KH	kcal	BE	Joule	Chol.
3 g	3 g	12 g	87	1	364	8 mg

Kalbsfilet im Gemüsemantel

1 Pers.	*4 Pers.*	*Zutaten:*
80 g	320 g	Kalbsfilet oder Kalbsrücken (artgerechte Tierhaltung)
30 g	120 g	Grünkohlblätter
40 g	160 g	Kalb- oder Putenfleisch (artgerechte Tierhaltung)
10 g	40 g	geschälte Karotten
10 g	40 g	geschälter Sellerie

Zubereitung:
Das kleingeschnittene Kalb- oder Putenfleisch mit Sahne im Mixer pürieren und mit Vollsalz und Muskatnuß würzen. Kleingeschnittene Karotten und Sellerie weich dämpfen und untermischen. Grünkohlblätter kurz blanchieren und auf eine Klarsicht-Bratfolie legen. Die gemixte Fleischfarce aufstreichen. Das Kalbsfilet mit Salz und Pfeffer würzen, darauflegen und mit Hilfe der Folie einrollen. An den Enden zubinden und im vorgeheizten Ofen auf einem Gitter bei ca. 220 °C ca. 15–20 Minuten rosa braten. Ausrollen und in fingerstarke Scheiben schneiden.

pro Person

EW	F	KH	kcal	BE	Joule	Chol.
27 g	1 g	2 g	128	–	538	114 mg

Kräutersauce

1 Pers.	*4 Pers.*	*Zutaten:*
200 ml	800 ml	Gemüsebrühe (Rezept s. S. 53) oder Wasser
38 g	150 g	mehlige Kartoffeln
2 g (1 TL)	8 g	frischer Kerbel
10 ml	40 ml	Süßrahm oder die doppelte Menge Sauerrahm
		Vollsalz, Muskatnuß

Zubereitung:
Kartoffeln schälen, kleinschneiden und in der Gemüsebrühe weich kochen. Im Mixglas mit Kerbel, Rahm, Salz und frischer Muskatnuß pürieren.

pro Person

EW	F	KH	kcal	BE	Joule	Chol.
1 g	3 g	6 g	58	½	244	10 mg

Beilage

1 Pers.	*4 Pers.*	*Zutaten:*
60 g	250 g	frischer Spargel (zur Spargelzeit)
110 g	440 g	mehlige Kartoffeln
1/2	2	Eigelb
		Vollsalz, frisch geriebene Muskatnuß

Zubereitung:
Spargel schälen, zusammenbinden und im Salzwasser mit Zitrone und Milch hochgestellt weich kochen. Kartoffeln in der Schale weich dämpfen, schälen, passieren und mit Salz, Muskatnuß und Eigelb abschmecken. In einen Spritzbeutel füllen und Duchesse-Kartoffeln (Kartoffelkrapfen) auf ein Blech spritzen. Im heißen Ofen bei 220 °C ca. 10 Minuten überbacken.

pro Person

EW	F	KH	kcal	BE	Joule	Chol.
5 g	3 g	18 g	123	1 1/2	511	157 mg

Gesamtwerte pro Person

EW	F	KH	kcal	BE	Joule	Chol.
37g	13 g	38 g	429	3	1794	289 mg

Diabetes-Menü 7

Zupfsalat, Selleriesuppe, Lammfilet und Minzesauce, Ofenkartoffeln, Gemüse, Tiramisu

Zupfsalat

1 Pers.	*4 Pers.*	*Zutaten:*
50 g	200 g	Zupfsalat oder Schnittsalat
3 g (1 TL)	12 g	kaltgepreßtes Sonnenblumenöl
3 g (1 TL)	12 g	Balsamico-Essig
		Vollsalz

Zubereitung:
Zupfsalat putzen, waschen, abtropfen lassen und mit Sonnenblumenöl, Vollsalz und Balsamico anrichten.

pro Person

EW	F	KH	kcal	BE	Joule	Chol.
1 g	3 g	–	33	–	136	–

Selleriesuppe

1 Pers.	*4 Pers.*	*Zutaten:*
$^3/_8$ l	1,5 l	Gemüsebrühe (Rezept s. Seite 53)
75 g	300 g	mehlige, geschälte Kartoffeln
50 g	200 g	geschälter Sellerie oder Stangensellerie
2 g	8 g	Butter oder ungehärtete Vollöl-Margarine
10 g	40 g	Sauerrahm
2 g	8 g	frisches Selleriegrün
		Vollsalz, Muskatnuß

Zubereitung:
Selleriegrün, Kartoffeln und Selleriewürfelchen in einem Kochtopf mit Butter anschwitzen, salzen und mit Gemüsebrühe aufgießen. Weich kochen lassen und im Mixglas mit Sauerrahm pürieren. Mit frisch geriebener Muskatnuß und Salz abschmecken. Mit Selleriegrün garnieren.

pro Person

EW	F	KH	kcal	BE	Joule	Chol.
3 g	3 g	13 g	93	1	379	8 mg

Lammfilet und Minzesauce

1 Pers.	*4 Pers.*	*Zutaten:*
100 g	400 g	Lammfilet (enthäutet und entsehnt) (artgerechte Tierhaltung)
38 g	150 g	geschälte Kartoffeln
5 g	20 g	Zwiebel
2 g (1 TL)	8 g	frische Minzeblätter
10 g	40 g	Sauerrahm
2 g	8 g	Butter oder ungehärtete Vollöl-Margarine
200 ml	800 ml	Gemüsebrühe (Rezept s. Seite 53)
		Vollsalz, Pfeffer aus der Mühle

Zubereitung:
Lammfilet mit Salz und Pfeffer würzen, auf ein mit Öl eingepinseltes Blech legen und im vorgeheizten Ofen rosa braten. Bei kleineren Stücken mit 1 TL Öl in der Pfanne braten.

Für die Sauce kleingeschnittene Zwiebel mit kleingeschnittenen Kartoffeln in einem Kochtopf mit Butter anschwitzen, mit Gemüsebrühe aufgießen und weich kochen. Im Mixglas mit Sauerrahm, Minzeblättern, Salz und Muskat pürieren.

pro Person

EW	F	KH	kcal	BE	Joule	Chol.
22 g	6 g	6 g	168	½	704	78 mg

Gemüse mit Ofenkartoffeln

1 Pers.	*4 Pers.*	*Zutaten:*
20 g	80 g	junge geschälte Karotten
20 g	80 g	geputzter Brokkoli
20 g	80 g	geschälte Petersilienwurzel
20 g	80 g	geputzter Blumenkohl
110 g	450 g	geschälte, in Scheiben geschnittene Kartoffeln
		Salz, Muskatnuß

Zubereitung:
Brokkoli und Blumenkohlröschen sowie ganz junge Karotten und Petersilienwurzeln im Kocheinsatz oder Dampftopf weich dämpfen und mit etwas Minzesauce durchschwenken, würzen. Kartoffeln ebenfalls dämpfen und mit dem Lammfilet im Ofen braten. Mit Minzesauce servieren.

pro Person

EW	F	KH	kcal	BE	Joule	Chol.
4 g	–	20 g	99	1½	413	–

Tiramisu

1 Pers.	*4 Pers.*	*Zutaten:*
12 g	48 g	Mascarpone (60% Frischkäse)
12 g	48 g	Sauerrahm (Schmand)
6 g	24 g	Fruchtzucker
15 ml	60 ml	Sahne (30%)
8 g	32 g	Vollkornbiskotten (Löffelbiskuit)
ein Spritzer	1 cl	Rum
je 1 Msp.	je 4 Msp.	Vanille, Kaffee, Kakao

Zubereitung:
Sahne und Fruchtzucker aufschlagen. Sauerrahm und Mascarpone schaumig rühren. Vanille, Fruchtzucker und Rum dazugeben. Sahne steif schlagen und unterheben. In Gläser füllen und darunter die in Kaffee getränkten Biskotten legen. Mit Kakaopulver garnieren.

pro Person

EW	F	KH	kcal	BE	Joule	Chol.
2 g	12 g	13 g	187	1	785	42 mg

Gesamtwerte pro Person

EW	F	KH	kcal	BE	Joule	Chol.
32 g	24 g	52 g	580	4	2417	128 mg

Diabetes-Menü 8

Dinkelgrießsuppe, gegrillte Kalbsmedaillons mit Majoransauce, Brokkoli, Karotten und Dampfkartoffeln, Apfelcreme

Dinkelgrießsuppe

1 Pers.	*4 Pers.*	*Zutaten:*
¼ l	1 l	Gemüsebrühe (Rezept s. Seite 53)
15 g	60 g	Dinkelgrieß (oder Weizengrieß)
10 g	40 g	geschälte Karotten
10 ml	40 ml	süße Sahne (30% Fett)
2 g	8 g	gehackte Petersilie
2 g	8 g	Butter oder ungehärtete Vollöl-Margarine
10 g	40 g	geschälte Zwiebel oder Lauch
		Vollsalz, Muskatnuß

Zubereitung:
Zwiebel und Karotten ganz klein würfeln und mit Dinkel- oder Weizengrieß in Butter anschwitzen. Salzen und mit Gemüsebrühe aufgießen. Bei kleiner Flamme ca. 25 Minuten kochen lassen. Mit Sahne, gehackter Petersilie und frisch geriebener Muskatnuß abschmecken.

pro Person

EW	F	KH	kcal	BE	Joule	Chol.
2 g	5 g	12 g	101	1	422	16 mg

Kalbsmedaillons

1 Pers.	*4 Pers.*	*Zutaten:*
100 g	400 g	Kalbsfilet (oder Kalbsrücken) (artgerechte Tierhaltung)
3 g (1 TL)	12 g	Distelöl
3 g (½ TL)	4 g	frischer Rosmarin
		Vollsalz, Pfeffer aus der Mühle

Zubereitung:
Vom Kalbsfilet 3 Medaillons herunterschneiden. Mit Salz, Pfeffer und Rosmarin würzen und in wenig Öl auf dem Grill oder in der Pfanne zart rosa braten.

pro Person

EW	F	KH	kcal	BE	Joule	Chol.
21 g	3 g	–	125	–	525	70 mg

Majoransauce

1 Pers.	*4 Pers.*	*Zutaten:*
200 ml	800 ml	Gemüsebrühe (Rezept s. Seite 53)
40 g	160 g	geschälte Kartoffeln
2 g	8 g	Butter oder ungehärtete Vollöl-Margarine
10 g	40 g	Zwiebel
10 g	40 g	dicker Sauerrahm (Schmand)
1 g	4 g	frische Majoranblätter
		Vollsalz, Muskatnuß

Zubereitung:
Zwiebel und Kartoffeln kleinschneiden, in Butter anschwitzen und mit Gemüsebrühe aufgießen. Salzen und bei kleiner Hitze weich kochen. Im Mixglas pürieren und mit Muskatnuß und frischen Majoranblättern abschmecken.

pro Person

EW	F	KH	kcal	BE	Joule	Chol.
1 g	3 g	7 g	59	½	248	8 mg

Beilage

1 Pers.	*4 Pers.*	*Zutaten:*
40 g	160 g	geputzte Brokkoliröschen
30 g	120 g	geschälte Karotten
110 g	440 g	geschälte Kartoffeln

Zubereitung:
Kartoffeln im Kocheinsatz weich dämpfen. In Scheiben geschnittene Karotten und Brokkoliröschen ebenso weich dämpfen. Eventuell mit etwas Butter bepinseln oder in Majoransauce schwenken.

pro Person

EW	F	KH	kcal	BE	Joule	Chol.
4 g	–	25 g	94	1½	394	0 mg

Apfelcreme

1 Pers.	*4 Pers.*	*Zutaten:*
100 g	400 g	geschälte, säuerliche Äpfel
30 ml	120 ml	süße Sahne (30% Fett)
		Zimtrinde, Süßstoff, Zitronensaft

Zubereitung:
Äpfel kleinschneiden, mit Zimtrinde und Zitronensaft weich dünsten, pürieren und erkalten lassen. Süßen und steifgeschlagene Sahne unterheben. In Gläsern anrichten und mit einem Tupfer Sahne garnieren. Aus den Apfelschalen einen Tee machen.

pro Person

EW	F	KH	kcal	BE	Joule	Chol.
1 g	10 g	11 g	145	1	606	33 mg

Gesamtwerte pro Person

EW	F	KH	kcal	BE	Joule	Chol.
29 g	21 g	55 g	524	4	2195	127 mg

Diabetes-Menü 9

Frischkräuter-Basensuppe, Gekochter Tafelspitz, Cremespinat, Stürzkartoffeln, Hirsecreme

Frischkräutersuppe

1 Pers.	*4 Pers.*	*Zutaten:*
3/8 l	1 1/2 l	Gemüsebrühe (Rezept s. Seite 53)
10 g	40 g	Zwiebel
75 g	150 g	geschnittene, mehlige Kartoffeln
5 g	20 g	Butter oder ungehärtete Vollöl-Margarine
2 g (1 TL)	8 g	Frischkräuter (Majoran und Oregano)
20 ml	80 ml	Sauerrahm (Schmand)
		Vollsalz, Muskatnuß

Zubereitung:
Zwiebel fein schneiden, Kartoffeln und Petersilienwurzel kleinschneiden und im Kochtopf mit Butter und Zwiebel kurz anschwitzen. Salzen, mit Gemüsebrühe aufgießen und weich kochen lassen. Im Mixglas mit Sauerrahm, Muskatnuß und frischen Oreganoblättern pürieren.

pro Person

EW	F	KH	kcal	BE	Joule	Chol.
2 g	6 g	13 g	118	1	491	19 mg

Gekochter Tafelspitz

1 Pers.	*4 Pers.*	*Zutaten:*
100 g	400 g	Echter Tafelspitz (Hüfte vom Rind – artgerechte Tierhaltung)
20 g	80 g	Karotten
20 g	80 g	Sellerie
20 g	80 g	Lauch
20 g	80 g	Wurzelwerk
		Lorbeer, Pfefferkörner, Salz

Zubereitung:
Fleisch in kochendem Salzwasser mit Wurzelwerk, Lorbeer und Pfefferkörner weich kochen. Karotten, Sellerie und Lauch in ganz feine Streifen schneiden, im Kocheinsatz weich dämpfen und auf den in Scheiben geschnittenen Tafelspitz legen. Mit etwas Brühe übergießen.

pro Person

EW	F	KH	kcal	BE	Joule	Chol.
22 g	2 g	2 g	119	–	497	58 mg

Cremespinat

1 Pers.	*4 Pers.*	*Zutaten:*
100 g	400 g	junger Blattspinat (oder Tiefkühlspinat passiert)
5 g	20 g	Butter oder ungehärtete Vollöl-Margarine
10 ml	40 ml	süße Sahne (30% Fett)
		Vollsalz, Pfeffer aus der Mühle

Zubereitung:
Blattspinat dämpfen und fein hacken oder passierten Spinat (TK) mit Sahne, Butter, Vollsalz und Muskatnuß verfeinern. Eventuell mit etwas Basen-Kräutersauce abschmecken.

pro Person						
EW	F	KH	kcal	BE	Joule	Chol.
3 g	8 g	1 g	84	–	350	23 mg

Stürzkartoffeln

1 Pers.	*4 Pers.*	*Zutaten:*
150 g	600 g	mehlige Kartoffeln
10 g	40 g	Schalotten oder Zwiebel
2 g (1 TL)	8 g	frische Majoranblätter
10 g	40 g	Butter oder ungehärtete Vollöl-Margarine
		Vollsalz, Muskatnuß

Zubereitung:
Kartoffeln mit der Schale im Kocheinsatz weich dämpfen, pellen und nicht zu fein reiben. Zwiebel und Majoran fein schneiden und in Butter kurz anschwitzen. Zu den Kartoffeln geben und mit Salz und Muskatnuß würzen. Mit einem Eisportionierer auf ein Backblech kleine Krapfen anrichten und im vorgeheizten Ofen bei 220 °C etwa 10–12 Minuten überbacken.

pro Person						
EW	F	KH	kcal	BE	Joule	Chol.
3 g	8 g	23 g	186	2	776	24 mg

Hirsecreme

1 Pers.	*4 Pers.*	*Zutaten:*
15 g	60 g	Goldkernhirse oder Hirsemehl
1/8 l	1/2 l	Milch
20 ml	80 ml	süße Sahne (30% Fett)
		Süßstoff, Vollsalz

Zubereitung:
Hirsemehl mit kalter Milch anrühren, 3 Minuten durchkochen, salzen und süßen, abkühlen lassen und geschlagene Sahne unterziehen, oder die ganze Hirse mit 130 g Flüssigkeit köcheln, erkalten lassen und die Sahne unterheben. In Portionsschalen anrichten und garnieren.

pro Person						
EW	F	KH	kcal	BE	Joule	Chol.
6 g	11 g	17 g	195	1 1/2	814	36 mg

Gesamtwerte pro Person						
EW	F	KH	kcal	BE	Joule	Chol.
36 g	35 g	56 g	702	4 1/2	2928	160 mg

Diabetes-Menü 10

Eissalat, Gelbe-Rüben-Suppe, Geschnetzeltes Kalbfleisch mit Basensauce, Kartoffel-Champignonlaibchen, Quarkschmarren

Eissalat

1 Pers.	*4 Pers.*	*Zutaten:*
80 g	320 g	Eissalat
3 g (1 TL)	12 g	kaltgepreßtes Distelöl
3 g (1 TL)	12 g	Essig (Balsamico)
		Vollsalz

Zubereitung:
Salat putzen, waschen und mit Salz, Essig und Öl anrichten.

pro Person

EW	F	KH	kcal	BE	Joule	Chol.
1 g	3 g	1 g	36	–	151	–

Gelbe-Rüben-Suppe

1 Pers.	*4 Pers.*	*Zutaten:*
3/8 l	1 1/2 l	Gemüsebrühe (Rezept s. Seite 53)
75 g	300 g	geschälte mehlige Kartoffeln
50 g	200 g	Gelbe Rüben
20 ml	80 ml	Sauerrahm oder 10 ml bzw. 40 ml süße Sahne (30% Fett)
10 g	40 g	Jungzwiebel
5 g	20 g	Butter oder ungehärtete Vollöl-Margarine
2 g (1 TL)	8 g	frischer Kerbel
		Vollsalz, Muskatnuß

Zubereitung:
Kartoffeln und Gelbe Rüben kleinschneiden und mit kleingeschnittenen Zwiebeln in Butter anschwitzen. Mit Gemüsebrühe aufgießen und salzen. Weich kochen und im Mixglas mit Sahne, Kerbel und Muskatnuß pürieren. Mit Kerbel garnieren.

pro Person

EW	F	KH	kcal	BE	Joule	Chol.
3 g	6 g	15 g	133	1	559	18 mg

Geschnetzeltes Kalbfleisch

1 Pers.	*4 Pers.*	*Zutaten:*
100 g	400 g	Kalbfleisch (Filet oder Rücken – artgerechte Tierhaltung)
3 g (1 TL)	12 g	Distelöl
		Vollsalz, Pfeffer aus der Mühle

Zubereitung:
Kalbfleisch in nicht zu dünne Scheiben schneiden und in einer Pfanne mit Öl rosa braten. Mit 4 EL Basensauce auffüllen, durchschwenken und vom Feuer nehmen.

pro Person

EW	F	KH	kcal	BE	Joule	Chol.
21 g	4 g	–	122	–	512	70 mg

Basensauce

1 Pers.	*4 Pers.*	*Zutaten:*
38 g	150 g	geschälte mehlige Kartoffeln
200 ml	800 ml	Gemüsebrühe (Rezept s. Seite 53)
1 g (½ TL)	4 g	frischer Rosmarin
20 ml	80 ml	süße Sahne (30% Fett)
10 g	40 g	Lauch
		Vollsalz, frisch geriebene Muskatnuß

Zubereitung:
Lauch und Kartoffeln kleinschneiden und mit Gemüsebrühe weich kochen. Rosmarin zuletzt kurz mitkochen und herausnehmen. Die Sauce im Mixglas pürieren und mit Sahne, Salz und Muskatnuß würzen.

pro Person

EW	F	KH	kcal	BE	Joule	Chol.
2 g	6 g	7 g	93	½	390	22 mg

Kartoffel-Champignonlaibchen

1 Pers.	*4 Pers.*	*Zutaten:*
150 g	600 g	Kartoffeln
½	2	Eigelb
5 g	20 g	Butter oder ungehärtete Vollöl-Margarine
2 g (1 TL)	8 g	frische Minzeblätter
30 g	120 g	frische Champignons
		Vollsalz, Muskatnuß

Zubereitung:
Kartoffeln mit der Schale im Kocheinsatz weich kochen, pellen und nicht zu fein reiben. Die Masse mit Vollsalz, Eigelb, frischen Minzeblättern und Muskatnuß abschmecken. Blättrig geschnittene Champignons in Butter anschwitzen und dazugeben. Laibchen formen und im heißen Ofen oder am Grill kurz überbacken.

pro Person						
EW	F	KH	kcal	BE	Joule	Chol.
5 g	7 g	23 g	186	2	781	169 mg

Quarkschmarren

1 Pers.	*4 Pers.*	*Zutaten:*
60 g	240 g	Magerquark
30 g	120 g	dicker Sauerrahm (Schmand)
15 g	60 g	Weizengrieß
¼ TL	1 TL	Maizena (Maisstärke)
1	4	Eigelb
1	4	Eiweiß
		Süßstoff, Salz, Zitrone, Vanille

Zubereitung:
Alle Zutaten miteinander vermischen. Zuletzt den halbfest geschlagenen Eischnee unter die Masse heben. In eine ausgebutterte Form streichen und im heißen Ofen bei etwa 150 °C ca. 15 Minuten backen. Dann portionsweise aus der Form heben.

pro Person						
EW	F	KH	kcal	BE	Joule	Chol.
17 g	10 g	15 g	225	1	945	325 mg

Gesamtwerte pro Person						
EW	F	KH	kcal	BE	Joule	Chol.
49 g	36 g	61 g	795	4½	3338	604 mg

Diabetes-Menü 11

Eichblatt- und Feldsalat, Petersilienwurzelsuppe, Hühnerfrikassee mit Gemüseperlen, Kartoffelpüree, Orangencreme

Eichblatt- und Feldsalat

1 Pers.	*4 Pers.*	*Zutaten:*
30 g	120 g	Feldsalat
30 g	120 g	Eichblattsalat
3 g (1 TL)	12 g	kaltgepreßtes Öl
3 g (1 TL)	12 g	Balsamico-Essig
		Vollsalz

Zubereitung:
Salat putzen, waschen, abtropfen lassen und mit Salz, Essig und Öl anrichten.

pro Person

EW	F	KH	kcal	BE	Joule	Chol.
1 g	3 g	1 g	34	–	142	–

Petersilienwurzelsuppe

1 Pers.	*4 Pers.*	*Zutaten:*
3/8 l	1 1/2 l	Gemüsebrühe (Rezept s. Seite 53)
75 g	300 g	geschälte mehlige Kartoffeln
10 g	40 g	Zwiebel
5 g	20 g	Butter oder ungehärtete Vollöl-Margarine
45 g	180 g	geschälte Petersilienwurzel
10 g	40 g	Sauerrahm (30% Fett)
		Vollsalz, Pfeffer aus der Mühle
		frisch geriebene Muskatnuß
		frisches Kerbelkraut

Zubereitung:
Kleingeschnittene Zwiebel in Butter anschwitzen. Kleingeschnittene Kartoffeln und Petersilienwurzeln zugeben und mit Gemüsebrühe aufgießen. Salzen und weich kochen lassen. Im Mixglas mit Sauerrahm, Salz, Pfeffer und Muskatnuß pürieren. Mit Kerbel garnieren.

pro Person

EW	F	KH	kcal	BE	Joule	Chol.
3 g	6 g	14 g	124	1	521	15 mg

Hühnerfrikassee mit Gemüseperlen

1 Pers.	*4 Pers.*	*Zutaten:*
120 g	480 g	Hühnerbrust ohne Haut
1/8 l	1/2 l	Kräuter-Basensauce (Rezept s. Seite 122)
50 g	200 g	Zucchini
50 g	200 g	Karotten
50 g	200 g	Sellerie
10 ml	40 ml	süße Sahne (30% Fett)
1 g (1/2 TL)	4 g	gehackte Petersilie
		Vollsalz, frisch geriebene Muskatnuß

Zubereitung:
Hühnerbrust (ganz oder geschnitten) im Kocheinsatz garen, dann in Basensauce, Sahne und Petersilie schwenken. Mit Vollsalz und Muskatnuß abschmecken. Zucchini, Karotten und Sellerie (mit einem Parisienne-Ausstecher) ausstechen, so daß kleine Gemüseperlen entstehen. Diese im Kocheinsatz weich dämpfen und über das Frikassee anrichten.

pro Person

EW	F	KH	kcal	BE	Joule	Chol.
24 g	11 g	5 g	233	–	979	83 mg

Kartoffelpüree

1 Pers.	*4 Pers.*	*Zutaten:*
150 g	600 g	mehlige Kartoffeln
5 g	20 g	Butter oder ungehärtete Vollöl-Margarine
1/8 l	1/2 l	Milch
		Vollsalz, frisch geriebene Muskatnuß

Zubereitung:
Kartoffeln mit der Schale im Kocheinsatz garen, pellen, durchdrücken und mit warmer Milch, Salz, Muskatnuß und Butter abschmecken.

pro Person

EW	F	KH	kcal	BE	Joule	Chol.
7 g	8 g	28 g	223	2 1/2	937	26 mg

Orangencreme

1 Pers.	*4 Pers.*	*Zutaten:*
55 ml	220 ml	frisch gepreßter Orangensaft
55 g	220 g	Orangenfilet
10 ml	40 ml	Sahne (30% Fett)
5 ml	20 ml	Rotwein
		evtl. Süßstoff
1 Blatt	3–4 Blatt	Gelatine
		frische Zitronenmelisse

Zubereitung:
Gelatine in kaltes Wasser legen. Orangensaft evtl. mit Süßstoff süßen. Gelatine ausdrücken und im Rotwein erwärmen, dann zum Orangensaft mischen. Orangenfilets unterheben, in Gläser oder Schalen füllen und im Kühlschrank fest werden lassen. Mit steifgeschlagener Sahne, Zitronenmelisse und einem Orangenfilet garnieren.

pro Person

EW	F	KH	kcal	BE	Joule	Chol.
1 g	3 g	10 g	85	1	357	12 mg

Gesamtwerte pro Person

EW	F	KH	kcal	BE	Joule	Chol.
36 g	31 g	58 g	699	4 1/2	2936	136 mg

Diabetes-Menü 12

Kopfsalat, Karottensuppe, Gefülltes Kalbschnitzel mit Basensauce, frisch geriebene Gemüseplätzchen, Hirse-Roulade

Kopfsalat

1 Pers.	*4 Pers.*	*Zutaten:*
80 g	320 g	Kopfsalat
3 g (1 TL)	12 g	kaltgepreßtes Öl
3 g (1 TL)	12 g	naturreiner Essig
		Vollsalz, frische Gartenkresse, Radieschen

Zubereitung:
Kopfsalat nach dem Putzen und Waschen mit Öl, Essig und Salz anrichten. Mit Gartenkresse und Radieschen garnieren.

pro Person

EW	F	KH	kcal	BE	Joule	Chol.
1 g	3 g	–	36	–	151	–

Karottensuppe

1 Pers.	*4 Pers.*	*Zutaten:*
3/8 l	1,5 l	Gemüsebrühe (Rezept s. Seite 53)
75 g	300 g	mehlige Kartoffeln
50 g	200 g	Karotten
2 g	8 g	Butter oder ungehärtete Vollöl-Margarine
1 g (1 TL)	4 g	frischer Kerbel
10 g	40 g	Zwiebel
20 ml	80 ml	Sauerrahm oder 10 ml bzw. 40 ml Sahne
		Salz, Muskatnuß

Zubereitung:
Kleingeschnittene Zwiebel in Butter anschwitzen. Kleingeschnittene Kartoffeln und Karotten zugeben, kurz mitschwitzen lassen, mit Gemüsebrühe aufgießen, salzen und weich kochen. Im Mixglas mit Kerbel, Sahne oder Sauerrahm pürieren und mit Salz und frisch geriebener Muskatnuß abschmecken. Mit Karottengrün garnieren.

pro Person

EW	F	KH	kcal	BE	Joule	Chol.
3 g	5 g	13 g	107	1	449	8 mg

Gefülltes Kalbsschnitzel

1 Pers.	*4 Pers.*	*Zutaten:*
80 g	320 g	Kalbsschnitzel vom Rücken (artgerechte Tierhaltung)
40 g	160 g	Kalbfleisch
10 g	40 g	Karotten
10 g	40 g	Zucchini
20 ml	80 ml	süße Sahne (30% Fett) und
20 ml	80 ml	20 ml Gemüsebrühe
10 g	40 g	frischer Blattspinat
		Vollsalz und Pfeffer aus der Mühle

Zubereitung:
Fein gewürfelte Karotten und Zucchini separat im Kocheinsatz weich dämpfen. Kalbfleisch kleinschneiden und im Mixglas mit Sahne und Gemüsebrühe pürieren. Mit Salz und Pfeffer abschmecken. Spinatblätter kurz überdämpfen und auf das Kalbschnitzel legen. Die Farce daraufstreichen, das Schnitzel taschenförmig zuklappen und im heißen Ofen (220 °C) ca. 10–12 Minuten braten oder in der mit Öl bepinselten Pfanne bei mäßiger Hitze halb zugedeckt garen. Schräg anschneiden und anrichten.

pro Person

EW	F	KH	kcal	BE	Joule	Chol.
26 g	7 g	1 g	188	–	790	92 mg

Basensauce

1 Pers.	*4 Pers.*	*Zutaten:*
38 g	150 g	geschälte Kartoffeln
200 ml	800 ml	Gemüsebrühe (Rezept s. Seite 53)
3 g	12 g	Butter oder ungehärtete Vollöl-Margarine
2 g (½ TL)	8 g	frische Gartenkresse
10 g	40 g	Sauerrahm
10 g	40 g	Schalotten
		Vollsalz, frisch geriebene Muskatnuß

Zubereitung:
Kleingeschnittene Schalotten und Kartoffeln im Kochtopf mit Butter anschwitzen, mit Gemüsebrühe auffüllen, salzen und weich kochen. Im Mixglas mit Sauerrahm, Gartenkresse und frisch geriebener Muskatnuß pürieren.

pro Person

EW	F	KH	kcal	BE	Joule	Chol.
1 g	4 g	7 g	66	½	274	11 mg

Frisch geriebene Gemüseplätzchen

1 Pers.	*4 Pers.*	*Zutaten:*
40 g	160 g	Karotten
75 g	300 g	geschälte mehlige Kartoffeln
40 g	160 g	Zucchini
1 g (½ TL)	4 g	frische Majoranblätter
1	4	Eigelb (kann man auch weglassen)
3 g (1 TL)	12 g	Distelöl
		Vollsalz, Pfeffer aus der Mühle

Zubereitung:
Kartoffeln, Karotten und Zucchini sehr fein raffeln. Mit Salz, Muskat und Majoranblättern würzen. Die Masse leicht ausdrücken, das Wasser abschütten, dann Eigelb untermischen. Auf die mit wenig Öl bepinselte Grillplatte oder in die Pfanne kleine Plätzchen geben und flachdrücken. Auf beiden Seiten goldbraun braten.

pro Person

EW	F	KH	kcal	BE	Joule	Chol.
3 g	3 g	14 g	99	1	416	314 mg

Hirse-Roulade

1 Pers.	*4 Pers.*	*Zutaten:*
½ (25 g)	3	Eier
15 g	60 g	feines Hirsemehl
6 g	24 g	Fruchtzucker
12,5 g	50 g	Diabetiker-Marmelade oder Fruchtaufstrich (Rezept s. Seite 41)
		Vollsalz

Zubereitung:
Eier trennen und Eiweiß mit einer Prise Salz steifschlagen. Eigelb mit Fruchtzucker cremig rühren. Eiweiß und Hirsemehl zugleich unterheben. Die Masse fingerdick auf ein Fettpapier streichen und bei 180 °C ca. 8 Minuten backen. Auf ein zweites bemehltes Papier stürzen (das erste Papier abziehen), mit Marmelade bestreichen und langsam einrollen. Mit einem Sägemesser in Scheiben schneiden.

pro Person

EW	F	KH	kcal	BE	Joule	Chol.
5 g	4 g	24 g	152	2	639	157 mg

Gesamtwerte pro Person

EW	F	KH	kcal	BE	Joule	Chol.
39 g	26 g	59 g	648	4½	2719	582 mg

Diabetes-Menü 13

Grüner Salat, Brokkoli-Basensuppe, Filetgulasch Stroganoff, Vollwertnudeln, Grapefruitcreme

Grüner Salat

1 Pers.	*4 Pers.*	*Zutaten:*
80 g	320 g	Kopfsalat oder andere Blattsalate
3 g (1 TL)	12 g	kaltgepreßtes Öl
3 g (1 TL)	12 g	Balsamico-Essig
		Vollsalz

Zubereitung:
Salat putzen und waschen, mit Salz, Öl und Essig anmachen. Mit frisch geraspelten Karotten garnieren.

pro Person

EW	F	KH	kcal	BE	Joule	Chol.
1 g	3 g	1 g	37	1 g	153	–

Brokkoli-Basensuppe

1 Pers.	*4 Pers.*	*Zutaten:*
3/8 l	1,5 l	Gemüsebrühe (Rezept s. Seite 53)
75 g	300 g	geschälte mehlige Kartoffeln
5 g	20 g	Butter oder ungehärtete Vollöl-Margarine
10 g	40 g	Schalotten
20 g	80 g	Sauerrahm (10% Fett)
50 g	200 g	Brokkoli (TK-Ware)
		Vollsalz, frisch geriebene Muskatnuß

Zubereitung:
Schalotten kleinschneiden, in Butter anschwitzen. Kleingeschnittene Kartoffeln dazugeben, mit Gemüsebrühe auffüllen, salzen und weich kochen. Im Mixglas mit den aufgetauten Brokkoliröschen, Sahne und frisch geriebener Muskatnuß pürieren und abschmecken.

pro Person

EW	F	KH	kcal	BE	Joule	Chol.
4 g	6 g	14 g	130	1	542	19 mg

Filetgulasch Stroganoff

1 Pers.	*4 Pers.*	*Zutaten:*
100 g	400 g	Rinderfilet (artgerechte Tierhaltung)
20 g	80 g	Zwiebel
3 g (1 TL)	12 g	Öl
20 g	80 g	sonnengereifte Tomaten
30 g	120 g	Paprikaschoten
30 g	120 g	Champignons
5 g	20 g	Butter
1/16 l	1/4 l	Kräuter-Basensauce (Rezept s. Seite 122)
10 ml	40 ml	Rotwein
2 g (1/2 TL)	8 g	frische Thymianblätter
10 ml	40 ml	süße Sahne (30% Fett)

Zubereitung:
Rinderfilet in nicht zu dünne Scheiben schneiden (schnetzeln), mit Salz und Pfeffer würzen und in einer Gußeisenpfanne in Öl rosa braten. Fleisch im Rohr bei 100 °C warmhalten. Butter in die Pfanne geben und die in Streifen geschnittenen Zwiebeln, Paprikaschoten und Champignons zugeben. Alles kurz anbraten und zuerst mit Rotwein, dann mit Sahne ablöschen. Kurz einkochen lassen, Kräuter-Basensauce dazugeben und mit Thymian abschmecken. Das warmgehaltene Fleisch zugeben und in der Pfanne gut durchschwenken. Anrichten und mit 1 TL Sauerrahm garnieren.

pro Person

EW	F	KH	kcal	BE	Joule	Chol.
23 g	15 g	3 g	245	–	1027	93 mg

Vollwertnudeln

1 Pers.	*4 Pers.*	*Zutaten:*
40 g	160 g	Vollwertnudeln
5 g	20 g	Butter oder ungehärtete Vollöl-Margarine
1 g (1/2 TL)	4 g	gehackte Petersilie

Zubereitung:
Die Vollwertnudeln in reichlich Salzwasser „al dente“ kochen und mit zerlassener Butter beträufeln. Mit gehackter Petersilie bestreuen und zum Filetgulasch anrichten.

pro Person

EW	F	KH	kcal	BE	Joule	Chol.
6 g	5 g	26 g	175	2	734	12 mg

Grapefruitcreme

1 Pers.	*4 Pers.*	*Zutaten:*
60 ml	240 ml	frisch gepreßter Grapefruitsaft (oder Orangensaft)
½ Blatt	2 Blatt	Gelatine
½	2	Eigelb
25 ml	100 ml	süße Sahne (30% Fett)
		Süßstoff, Salz
		frische Zitronenmelisse zum Garnieren

Zubereitung:
Gelatineblätter ca. 4 Minuten in kaltes Wasser legen, dann gut ausdrücken. Frisch gepreßten Grapefruitsaft (oder Orangensaft) mit den ausgedrückten Gelatineblättern, Eigelb und Süßstoff erwärmen (40 °C). Dann kaltrühren oder kühlstellen und vor dem Festwerden der Creme die steifgeschlagene Sahne unterheben. In Gläser füllen und im Kühlschrank ca. 1 Stunde stocken lassen. Mit Sahne, Zitronenmelisse und Grapefruitspalten garnieren.

pro Person

EW	F	KH	kcal	BE	Joule	Chol.
2 g	12 g	11 g	150	½	630	172 mg

Gesamtwerte pro Person

EW	F	KH	kcal	BE	Joule	Chol.
36 g	41 g	55 g	737	3½	3086	296 mg

Diabetes-Menü 14

Blattsalat, Hirsesuppe mit Gemüseeinlage, Putenschnitzel mit Käse überbacken, Champignonreis, Brokkoli, Kräutersauce, Karottenkuchen

Blattsalat

1 Pers.	*4 Pers.*	*Zutaten:*
50 g	200 g	Blattsalat
3 g (1 TL)	12 g	naturreiner Essig
3 g (1 TL)	12 g	kaltgepreßtes Öl
		Vollsalz

Zubereitung:
Salat putzen, waschen, abtropfen lassen und mit Salz, Essig und Öl anmachen.

pro Person

EW	F	KH	kcal	BE	Joule	Chol.
1 g	3 g	1 g	32	–	135	–

Hirsesuppe mit Gemüseeinlage

1 Pers.	*4 Pers.*	*Zutaten:*
7,5 g	30 g	Hirse (evtl. auch Polenta)
50 g	200 g	Gemüse (Karotten und Zucchini)
$^3/_8$ l	1 $^1/_2$ l	Gemüsebrühe (oder Wasser) (Rezept s. Seite 53)
2 g	8 g	Butter oder ungehärtete Vollöl-Margarine
		Vollsalz, Schnittlauch

Zubereitung:
Das Gemüse putzen, waschen und kleinwürfelig schneiden. In einem Kochtopf mit Butter anschwitzen, die Hirse dazugeben, mit Gemüsebrühe aufgießen und in etwa 20 Minuten weich kochen. Abschmecken, anrichten und mit Schnittlauch bestreuen.

pro Person

EW	F	KH	kcal	BE	Joule	Chol.
1 g	2 g	7 g	54	$^1/_2$	222	5 mg

Überbackenes Putenschnitzel mit Champignonreis

1 Pers.	*4 Pers.*	*Zutaten:*
100 g	400 g	Putenschnitzel (Brustfleisch) aus artgerechter Tierhaltung
30 g	120 g	Vollwertreis
8 g	32 g	Champignons (oder andere Pilze)
5 g	20 g	Käse, z. B. Bergbaron (45% F. i. Tr.)
4 g	16 g	Butter oder ungehärtete Vollöl-Margarine
50 g	200 g	Brokkoli
		Vollsalz, Zwiebel, frischer Rosmarin

Zubereitung:
Auf das Putenschnitzel eine Klarsicht-Folie legen und mit dem flachen Teil eines Fleichklopfers etwas klopfen. Mit Salz und Rosmarin würzen. Butter im Kochtopf zerlassen, den Reis dazugeben, umrühren, mit Gemüsebrühe aufgießen und in ca. 35 Minuten weich dünsten lassen. Champignons kleinschneiden, in einer Pfanne mit Zwiebel anschwitzen und zum fertig gedünsteten Reis geben.

Brokkoli in Salzwasser kernig weich kochen und würzen. Putenschnitzel auf der Grillplatte oder in der Pfanne beidseitig kurz anbraten (nicht zu scharf). Den Brokkoli, dann den Käse darübergeben und im Ofen bei Oberhitze gratinieren. Mit 3 EL Kräutersauce anrichten.

pro Person

EW	F	KH	kcal	BE	Joule	Chol.
29 g	6 g	23 g	270	2	1133	74 mg

Kräutersauce

1 Pers.	*4 Pers.*	*Zutaten:*
38 g	152 g	mehlige Kartoffeln
200 ml	800 ml	Gemüsebrühe (Rezept s. Seite 53)
10 g	40 g	Sauerrahm (10% Fett)
2 g	8 g	Butter oder ungehärtete Vollöl-Margarine
1 g (1/2 TL)	4 g	frische Kräuter (Kerbel, Basilikum)
		Vollsalz, frisch geriebene Muskatnuß

Zubereitung:
Kartoffeln schälen, würfelig schneiden, im Kochtopf mit etwas Butter anschwitzen und mit Gemüsebrühe aufgießen. Weich kochen und mit dem Mixstab pürieren. Dann die frischgehackten Kräuter und den Sauerrahm dazugeben, nochmals durchmixen und abschmecken.

pro Person						
EW	F	KH	kcal	BE	Joule	Chol.
1 g	3 g	6 g	54	½	224	5 mg

Karottenkuchen

1 Pers.	*4 Pers.*	*16 Pers.*	*Zutaten:*
½ St.	2 St.	5 St.	Eier
6 g	24 g	100 g	Fruchtzucker
15 g	50 g	280 g	frische Karotten
10 g	40 g	250 g	Nüsse (Walnüsse)
7,5 g	30 g	100 g	Brösel (Kuchenbrösel)
		2 EL	Zitronensaft
			Süßstoff

Zubereitung:
Eigelb mit Zitronensaft und Fruchtzucker schaumig rühren. Eiweiß halb steif schlagen. Die feingeriebenen Karotten, Nüsse und die Brösel mit den Dottern vermischen und den Eischnee unterheben. Die Masse in eine Backform geben und bei 170 °C ca. 35 Minuten backen. Auf ein Gitter stürzen, erkalten lassen und in Schnitten schneiden.

pro Person						
EW	F	KH	kcal	BE	Joule	Chol.
7 g	9 g	13 g	168	2	706	155 mg

Gesamtwerte pro Person						
EW	F	KH	kcal	BE	Joule	Chol.
39 g	20 g	50 g	578	5	2420	318 mg

Diabetes-Menü 15

Eichblattsalat, Basilikumsuppe, Esterhaszy-Rindersteak auf Gemüsestreifen, Kartoffelpüree, Grießflammeri mit Sauerkirschen

Eichblattsalat (Rezept s. Seite 124)

pro Person

EW	F	KH	kcal	BE	Joule	Chol.
1 g	3 g	1 g	34	–	142	–

Basilikumsuppe

1 Pers.	*4 Pers.*	*Zutaten:*
3/8 g	1 1/2 l	Gemüsebrühe (Rezept s. Seite 53)
75 g	300 g	geschälte mehlige Kartoffeln
50 g	200 g	Petersilienwurzel
20 g	80 g	Sauerrahm (10% Fett)
2 g	8 g	Butter oder ungehärtete Vollöl-Margarine
10 g	40 g	Jungzwiebel
2 g (1 TL)	8 g	Basilikum (frisch oder in Öl eingelegt)
		Salz, Pfeffer aus der Mühle

Zubereitung:
Kleingeschnittene Jungzwiebel, Kartoffeln und Petersilienwurzel mit Butter anschwitzen, salzen, mit Gemüsebrühe aufgießen und weich kochen lassen. Im Mixglas mit Sauerrahm, frischem Basilikum und etwas Pfeffer pürieren. Mit Basilikumblättern garnieren.

pro Person

EW	F	KH	kcal	BE	Joule	Chol.
4 g	4 g	15 g	116	1	485	11 mg

Esterhaszy-Rinderschnitzel auf Gemüsestreifen

1 Pers.	*4 Pers.*	*Zutaten:*
100 g	400 g	Rinderschnitzel (flaches Rippenstück)
$^1/_{16}$ l	$^1/_4$ l	Gemüsebrühe und Basensauce (Rezept S. 53 und S. 122)
15 g	60 g	Karotten
15 g	60 g	Sellerieknolle
15 g	60 g	Petersilienwurzel
2 g (1 TL)	8 g	Öl
2 g	8 g	Butter oder ungehärtete Vollöl-Margarine
2 g (1 TL)	8 g	frische Majoranblätter
		Vollsalz, Pfeffer aus der Mühle

Zubereitung:
Rinderschnitzel (gut abgelegen) klopfen, mit Vollsalz und Pfeffer würzen und in einer Pfanne mit Öl beidseitig rosa braten. Aus der Pfanne nehmen und im Ofen warmhalten. Butter in die Pfanne geben und feingeschnittene Gemüsestreifen darin anschwitzen. Mit Gemüsebouillon aufgießen und weich dünsten. Einige Gemüsestreifen zum Garnieren beiseite stellen. Zuletzt Basensauce zugeben und mit frischen Majoranblättern abschmecken. Die Sauce über das Steak gießen.

Bei gedünstetem Esterhaszy-Rinderschnitzel (oder bei nicht zartem Fleisch) dieses nach dem Anbraten in Basensauce (mit Gemüsebrühe verdünnt) weich dünsten.

pro Person

EW	F	KH	kcal	BE	Joule	Chol.
22 g	8 g	2 g	176	–	739	63 mg

Kartoffelpüree

1 Pers.	*4 Pers.*	*Zutaten:*
150 g	600 g	mehlige Kartoffeln
60 ml	240 ml	Milch
2 g	8 g	Butter oder ungehärtete Vollöl-Margarine
		Vollsalz, frisch geriebene Muskatnuß

Zubereitung:
Kartoffeln schälen, weich dämpfen, durchdrücken und mit warmer Milch, Salz, Muskat und Butter abschmecken.

pro Person

EW	F	KH	kcal	BE	Joule	Chol.
5 g	2 g	25 g	160	$2^1/_4$	669	11 mg

Grießflammeri mit Sauerkirschen

1 Pers.	*4 Pers.*	*Zutaten:*
7 1/2 g	30 g	Vollwert-Weizengrieß oder Dinkelgrieß
1/16 l	1/4 l	Milch
1/2	2	Eigelb (kann auch weggelassen werden)
30 ml	120 ml	süße Sahne (30% Fett)
2 g	8 g	Butter oder ungehärtete Vollöl-Margarine
35 g	140 g	Sauerkirschen
1/2 Blatt	2 Blatt	Gelatine
		Süßstoff
		frische Zitronenmelisse zum Garnieren

Zubereitung:
Gelatine ca. 4 Minuten in kaltes Wasser legen und gut ausdrücken. Weizengrieß in Milch mit Butter, Gelatine und einer Prise Salz kurz aufkochen lassen und zum Auskühlen beiseite stellen. Mit Eigelb und Süßstoff (bei Normalkost mit Honig) abschmecken. Abgetropfte Sauerkirschen und steifgeschlagene Sahne unterheben. In kalt ausgebutterte Förmchen füllen, eine Stunde in den Kühlschrank stellen, dann aus der Form stürzen. Mit Sahne, Sauerkirschen und Zitronenmelisse garnieren.

pro Person

EW	F	KH	kcal	BE	Joule	Chol.
6 g	15 g	13 g	224	1 1/4	941	201 mg

Gesamtwerte pro Person

EW	F	KH	kcal	BE	Joule	Chol.
38 g	32 g	56 g	710	4 1/2	2976	286 mg

Diabetes-Menü 16

Maissuppe mit Gemüsewürfel und Bärlauch, Gemüse-Lasagne mit Tofu und Bachkressesauce, Basilikumtomaten, Erdbeercreme

Maissuppe mit Gemüsewürfel und Bärlauch

1 Pers.	*4 Pers.*	*Zutaten:*
1/4 l	1 l	Gemüsebrühe (Rezept s. Seite 53)
15 g	60 g	frisch geschroteter Mais
20 g	80 g	geschälte Karotten
20 g	80 g	geschälte Sellerie
20 g	80 g	geschnittene Zucchini
3 g	12 g	Butter oder ungehärtete Vollöl-Margarine
10 g	40 g	Lauchgemüse
10 ml	40 ml	süße Sahne (30% Fett)
8 g	32 g	frischer Bärlauch
		Vollsalz, frisch geriebene Muskatnuß

Zubereitung:
In einem Kochtopf mit Butter den kleingeschnittenen Bärlauch und das Lauchgemüse anschwitzen. Kleingeschnittenes Gemüse dazugeben, mit anschwitzen, Maisgrieß zugeben, salzen und mit Gemüsebrühe aufgießen. Ca. 20 Minuten weich kochen lassen, dann mit Sahne, Salz und Muskatnuß abschmecken.

pro Person

EW	F	KH	kcal	BE	Joule	Chol.
3 g	6 g	13 g	120	1	502	18 mg

Gemüse-Lasagne mit Tofu

1 Pers.	*4 Pers.*	*Zutaten:*
1/4 (40 g)	1	Aubergine
1/4 (40 g)	1	gelbe Zucchini
1/4 (40 g)	1	grüne Zucchini
60 g	240 g	Tofu oder Lammsugo = Fleischsauce vom Lamm
2 g	8 g	Olivenöl
25 g	100 g	Mozzarella (15% F. i. Tr.)
20 g	80 g	Jungzwiebel
25 g	100 g	geriebener Emmentaler (45% F. i. Tr.)
2 g (1 TL)	8 g	frische Majoranblätter oder Oregano
1/2 TL	1 TL	Natur-Tomatenmark
		Zitronensaft, Vollsalz, Pfeffer aus der Mühle

Zubereitung:
Zucchini der Länge nach in dünne Scheiben und Aubergine in ½ cm starke Scheiben schneiden. Mit Zitronensaft beträufeln und in einer Pfanne mit Olivenöl anbraten. Das faschierte Tofu (oder Lammsugo) mit Majoranblättern, Salz, Tomatenmark und Pfeffer gut abschmecken. Lagenweise die Zucchini- und Auberginenscheiben in eine Form schichten. Dazwischen immer etwas Tofu oder Lammsugo, Majoranblätter und geriebenen Emmentaler-Käse verteilen. Zuletzt mit Mozzarella belegen und im Ofen bei 220 °C etwa 10–15 Minuten überbacken. Portionsweise herausstechen bzw. -schneiden und mit Bachkressesauce und Tomatenwürfeln garnieren.

pro Person

EW	F	KH	kcal	BE	Joule	Chol.
19 g	17 g	5 g	249	–	1043	18 mg

Bachkressesauce

1 Pers.	*4 Pers.*	*Zutaten:*
38 g	150 g	geschälte Kartoffeln
200 ml	800 ml	Gemüsebrühe (oder Wasser) (Rezept s. Seite 53)
3 g	12 g	Butter oder ungehärtete Vollöl-Margarine
2 g (1 TL)	8 g	frische Bachkresseblätter
10 g	40 g	Sauerrahm (10% Fett)
10 g	40 g	Zwiebel
		Vollsalz, Pfeffer aus der Mühle

Zubereitung:
Kleingeschnittene Zwiebel und Kartoffeln im Kochtopf mit Butter anschwitzen, mit Gemüsebrühe aufgießen, salzen und weich kochen. Im Mixglas mit Sauerrahm und Bachkresse pürieren. Mit Salz und Pfeffer abschmecken.

pro Person

EW	F	KH	kcal	BE	Joule	Chol.
1 g	4 g	7 g	65	½	273	11 mg

Basilikumtomaten

1 Pers.	*4 Pers.*	*Zutaten:*
30 g	120 g	Tomaten, geschält und entkernt
3 g	12 g	Butter oder ungehärtete Vollöl-Margarine
1 g (½ TL)	4 g	frische Basilikumblätter
		Vollsalz

Zubereitung:
Tomatenwürfel mit kleingeschnittenem Basilikum in einer Pfanne mit Butter schwenken, salzen und zur Gemüse-Lasagne anrichten.

pro Person						
EW	F	KH	kcal	BE	Joule	Chol.
–	3 g	1 g	28	–	118	7 mg

Erdbeercreme

1 Pers.	*4 Pers.*	*Zutaten:*
1/16 l	1/4 l	Milch
1/16 l	1/4 l	süße Sahne (30% Fett)
1/2	2	Eigelb
12 g	48 g	Fruchtzucker
1 Blatt	4 Blatt	Gelatine
40 g	160 g	frische Erdbeeren
		Vanille, Salz, Blätter von der Zitronenmelisse

Zubereitung:
Gelatine in kaltes Wasser legen. Milch mit Fruchtzucker, Salz und Vanille erhitzen und vom Feuer nehmen. Ausgedrückte Gelatine und Eigelb einrühren und die Creme erkalten lassen. Kurz vor dem Festwerden die geschlagene Sahne unterheben. In Gläser oder in Förmchen füllen und evtl. stürzen. Mit gemixtem Erdbeermark anrichten und mit Sahne und Zitronenmelisse garnieren.

pro Person						
EW	F	KH	kcal	BE	Joule	Chol.
5 g	25 g	19 g	327	1 1/2	3313	231 mg

Gesamtwerte pro Person						
EW	F	KH	kcal	BE	Joule	Chol.
28 g	55 g	45 g	789	3	3313	285 mg

Diabetes-Menü 17

Endiviensalat mit Nüssen, Hirseklößchen in Gemüsebrühe, Gefüllte Vollkornteigrolle auf Tomaten-Basilikumsauce, Brombeerjoghurt

Endiviensalat

1 Pers.	*4 Pers.*	*Zutaten:*
50 g	200 g	Endiviensalat (oder Blattsalat)
4 g	16 g	Zwiebel
5 g	20 g	Haselnüsse
5 ml	20 ml	Orangensaft
4 ml	16 ml	Haselnußöl oder Kürbiskernöl
25 g	100 g	Goudakäse (40% F. i. Tr.)
3 ml	12 ml	Rotweinessig
		Meersalz, Pfeffer, Gartenkresse

Zubereitung:
Salat zerpflücken, waschen und abtropfen lassen. Endivien in feine Streifen schneiden. Gehackte Nüsse und Zwiebel beimengen, anrichten. Mit Käsewürfeln und Gartenkresse garnieren.

pro Person

EW	F	KH	kcal	BE	Joule	Chol.
8 g	13 g	1 g	152	–	637	13 mg

Hirseklößchen in Gemüsebrühe

1 Pers.	*4 Pers.*	*Zutaten:*
7,5 g	30 g	Hirse (Mais oder Quinoa)
37,5 g	150 g	Quark (20% Fett)
4 g	16 g	Eigelb
10 g	40 g	Butter oder ungehärtete Vollöl-Margarine
8 g	32 g	Eiweiß
¼ l	1 l	gut gewürzte Gemüsebrühe (Rezept s. Seite 53)
		Meersalz, Schnittlauch, Muskatnuß

Zubereitung:
Hirse fein mahlen. Butter schaumig rühren, Eigelb, Hirsemehl und Quark zugeben, würzen, kühlstellen. Eine halbe Stunde quellen lassen, dann Eischnee unterheben. Mit einem Teelöffel Nockerln formen und diese 10 Minuten in Salzwasser ziehen lassen. Mit gut gewürzter Gemüsebrühe servieren.

pro Person

EW	F	KH	kcal	BE	Joule	Chol.
6 g	12 g	7 g	161	½	674	96 mg

Gefüllte Vollwertteigrolle

1 Pers.	*4 Pers.*	*Zutaten:*
60 g	240 g	Weizenvollwertmehl (Dinkel)
½ (25 g)	2	Eier
1 TL (2 g)	4 TL (8 g)	kaltgepreßtes Olivenöl
		Wasser, Meersalz

Zubereitung:
Aus den Zutaten einen nicht zu weichen Nudelteig machen, gut durchkneten und 30 Minuten zugedeckt ruhen lassen. Dann dünn ausrollen, mit der Füllung bestreichen, einrollen und kochen.

pro Person

EW	F	KH	kcal	BE	Joule	Chol.
10 g	6 g	36 g	241	4	1012	135 mg

Füllung

1 Pers.	*4 Pers.*	*Zutaten:*
250 g	1000 g	frischer Blattspinat
10 g	40 g	Butter oder ungehärtete Vollöl-Margarine
50 g	200 g	Quark (20% Fett)
5 g	20 g	geriebener Parmesan (35% F. i. Tr.)
2 g	10 g	Mandelstifte
		Meersalz, Pfeffer aus der Mühle
		kleingeschnittene Zwiebel

Zubereitung:
Den Spinat putzen, waschen, abtropfen lassen, in Butter mit Zwiebeln dünsten und auskühlen lassen. Quark, Käse und die gerösteten Mandelstifte unterheben, würzen. Den Teig mit der Füllung bestreichen. In ein feuchtes Tuch einrollen, gut zubinden und 30–40 Minuten in Salzwasser kochen. Das Küchentuch entfernen und den Nudelteig in Scheiben schneiden, mit der Sauce anrichten.

pro Person

EW	F	KH	kcal	BE	Joule	Chol.
13 g	13 g	4 g	198	–	823	36 mg

Tomaten-Basilikum-Sauce

1 Pers.	*4 Pers.*	*Zutaten:*
38 g	152 g	geschälte mehlige Kartoffeln
2 g	10 g	Butter oder ungehärtete Vollöl-Margarine
10 g	40 g	Zwiebel
200 ml	800 ml	Gemüsebrühe (Rezept s. Seite 53)
10 ml	40 ml	süße Sahne (30% Fett)
2 g (TL)	8 g	frisches Basilikum
10 g	40 g	geschälte Tomatenwürfel
		Meersalz, Pfeffer aus der Mühle

Zubereitung:
Feingeschnittene Zwiebel und kleingeschnittene Kartoffeln in einem Kochtopf mit Butter anschwitzen, mit Gemüsebrühe aufgießen und weich kochen. Mit Sahne, Basilikum, Salz und Pfeffer im Mixglas pürieren und nachwürzen. Tomatenwürfel beimengen.

pro Person

EW	F	KH	kcal	BE	Joule	Chol.
1 g	5 g	7 g	78	½	325	16 mg

Brombeerjoghurt

1 Pers.	*4 Pers.*	*Zutaten:*
125 g	500 g	Magerjoghurt (1,5% Fett)
3 g	12 g	Fruchtzucker
50 g	200 g	frische Brombeeren
2 g	10 g	Pistazienkerne
2 ml	10 ml	Sanddornsaft

Zubereitung:
Gewaschene Brombeeren mit Fruchtzucker marinieren und mit Joghurt mischen. In Gläsern anrichten und mit gehackten Pistazienkernen garnieren.

pro Person

EW	F	KH	kcal	BE	Joule	Chol.
5 g	3 g	11 g	94	1	395	6 mg

Gesamtwerte pro Person

EW	F	KH	kcal	BE	Joule	Chol.
43 g	52 g	66 g	924	6	3875	302 mg

Diabetes-Menü 18

Brennesselsuppe mit Liebstöckel, Polenta-Schnitten mit Sauerrahmsauce, Blattspinat, Wurzelgemüse, Birnencreme

Brennesselsuppe

1 Pers.	*4 Pers.*	*Zutaten:*
3/8 l	1 1/2 l	Gemüsebrühe (Rezept s. Seite 53)
75 g	300 g	geschälte Kartoffeln
30 g	120 g	geschälte Sellerieknolle
5 g	20 g	Butter oder ungehärtete Vollöl-Margarine
10 g	40 g	Zwiebel oder Lauch
10 g	40 g	Sauerrahm (10% Fett)
2 g (1 TL)	8 g	junge Brennesselblätter
1 g (1/2 TL)	4 g	frischer Liebstöckel
		Vollsalz, Muskatnuß

Zubereitung:
Lauch oder Zwiebel und Kartoffeln kleinschneiden. Beides in einem Kochtopf mit Butter kurz anschwitzen, salzen, mit Gemüsebrühe auffüllen und weich kochen. Im Mixglas mit (evtl. blanchierten) Brennesselblättern, Liebstöckel und Sauerrahm mixen und mit Vollsalz und Muskatnuß abschmecken.

pro Person

EW	F	KH	kcal	BE	Joule	Chol.
2 g	5 g	13 g	113	1	470	15 mg

Polenta-Schnitten mit Sauerrahmsauce und Gemüse

1 Pers.	*4 Pers.*	*Zutaten:*
30 g	120 g	Polenta, frisch geschrotet
3 g	12 g	Butter oder ungehärtete Vollöl-Margarine
40 g	120 g	junger geputzter Blattspinat
40 g	120 g	geschälte Karotten
40 g	120 g	Petersilienwurzel
40 g	120 g	geschälter Sellerie
200 ml	800 ml	Gemüsebrühe oder Wasser (Rezept S. 53)
20 g (1 EL)	80 g	Sauerrahm (10% Fett)
2 g (1 TL)	8 g	Bierhefeflocken
		Vollsalz, frisch geriebene Muskatnuß

Zubereitung:
Polenta im Kochtopf „anlinden" (ohne Fett anschwitzen), mit Gemüsebrühe aufgießen, salzen, einmal aufkochen lassen und bei wenig Hitze ca. 15 Minuten zugedeckt ausdünsten lassen. Die Masse auf ein Blech streichen, kurz überkühlen und in Schnitten schneiden (evtl. im Dampf oder in der Pfanne warm machen).

Blattspinat in einer Pfanne mit Butter anschwenken, würzen und kurz weich dämpfen. Karotten, Petersilienwurzel und Sellerie im Kocheinsatz weich dämpfen und als Beilage zur Polenta anrichten. Sauerrahm mit Hefeflocken vermischen und dazugeben.

pro Person						
EW	F	KH	kcal	BE	Joule	Chol.
6 g	3 g	27 g	159	2	668	14 mg

Birnencreme

1 Pers.	*4 Pers.*	*Zutaten:*
100 g	400 g	geschälte Birne
30 ml	120 ml	süße Sahne (30% Fett)
		Zimtrinde, Süßstoff, Zitronensaft
		frische Zitronenmelisse

Zubereitung:
Birne kleinschneiden, im Kochtopf mit Zimtrinde und Zitronensaft weich dünsten, pürieren und erkalten lassen. Evtl. süßen und steifgeschlagene Sahne unterheben. In Gläser anrichten und mit einem Tupfen Sahne, Zitronenmelisse und einer Birnenspalte garnieren.

pro Person						
EW	F	KH	kcal	BE	Joule	Chol.
1 g	10 g	13 g	148	1	615	33 mg

Gesamtwerte pro Person						
EW	F	KH	kcal	BE	Joule	Chol.
9 g	18 g	53 g	420	4	1753	62 mg

Diabetes-Menü 19

Gemüsebouillon mit Dinkelgrieß-Nockerl, Kartoffel-Gemüseauflauf, Oreganosauce, Gemüse, Quarkschmarren mit Fruchtmark

Gemüsebouillon mit Dinkelgrieß-Nockerl

1 Pers.	*4 Pers.*	*Zutaten:*
30 g	120 g	Dinkelgrieß (Vollwert)
15 g	60 g	Butter oder ungehärtete Vollöl-Margarine
1/4	1	Ei
1/4 l	1 l	gut gewürzte Gemüsebouillon (Rezept s. Seite 53)
		Vollsalz, Muskatnuß, Schnittlauch

Zubereitung:
Butter schaumig rühren, mit Ei und Grieß vermischen, mit Vollsalz und Muskatnuß würzen und eine halbe Stunde kühlstellen. Mit einem Teelöffel Nockerln formen und diese 10 Minuten in köchelndes Salzwasser legen. Herausnehmen und mit Gemüsebouillon servieren. Mit Schnittlauch garnieren.

pro Person

EW	F	KH	kcal	BE	Joule	Chol.
5 g	15 g	22 g	233	2	975	117 mg

Kartoffel-Gemüseauflauf (ohne Ei)

1 Pers.	*4 Pers.*	*Zutaten:*
75 g	300 g	mehlige Kartoffeln
20 g	80 g	frische Champignons
20 g	80 g	Zucchini
20 g	80 g	Karotten
20 g	80 g	Petersilienwurzel
2 g	8 g	Bärlauch oder Liebstöckel
10 g	40 g	Jungzwiebel
40 g	160 g	Sauerrahm (10% Fett)
40 g	160 g	geriebener Käse (45% F. i. Tr.)
3 g	12 g	Butter oder ungehärtete Vollöl-Margarine
		Vollsalz, frisch geriebene Muskatnuß, Oregano

Zubereitung:
Kartoffeln im Kocheinsatz weich dämpfen, schälen, halbieren und in Scheiben schneiden. Gemüse in feine Scheiben schneiden und ebenfalls weich dämpfen. Jungzwiebel und Bärlauch kleinschneiden und in Butter anschwitzen. Blättrig geschnittene Champignons ebenfalls anschwitzen. Alles mit Sauerrahm, Käse, Oregano, Salz und Muskatnuß vermischen und die Masse auf ein Blech oder in eine Form streichen. Im Ofen erhitzen und mit wenig Käse darauf kurz gratinieren. Mit Oreganosauce servieren.

pro Person						
EW	F	KH	kcal	BE	Joule	Chol.
22 g	18 g	16 g	300	1	1260	48 mg

Oreganosauce

1 Pers.	*4 Pers.*	*Zutaten:*
38 g	150 g	geschälte mehlige Kartoffeln
200 ml	800 ml	Gemüsebrühe (Rezept s. Seite 53)
3 g	12 g	Butter oder ungehärtete Vollöl-Margarine
3 g (1 TL)	12 g	frische Oreganoblätter
10 g	40 g	Sauerrahm (10% Fett)
10 g	40 g	Jungzwiebel
		Vollsalz, frisch geriebene Muskatnuß

Zubereitung:
Kleingeschnittene Zwiebeln und Kartoffeln in Butter anschwitzen, mit Gemüsebrühe auffüllen, salzen und weich kochen. Im Mixglas mit Sauerrahm, Oreganoblättern und geriebener Muskatnuß pürieren.

pro Person						
EW	F	KH	kcal	BE	Joule	Chol.
1 g	4 g	7 g	65	½	270	10 mg

Spargel-Tomaten und Champignons

1 Pers.	*4 Pers.*	*Zutaten:*
40 g	120 g	frischer geschälter Spargel
40 g	120 g	Tomaten, enthäutet und entkernt
40 g	120 g	geschnittene frische Champignons
3 g	12 g	Butter oder ungehärtete Vollöl-Margarine
		Vollsalz, frische Basilikumstreifen

Zubereitung:
Spargel in Salzwasser mit Zitrone, Fruchtzucker und Milch weich kochen. Champignons blättrig schneiden und in Butter anschwitzen, Tomatenwürfel zugeben und mit Basilikumstreifen und Salz schwenken.

pro Person						
EW	F	KH	kcal	BE	Joule	Chol.
2 g	3 g	2 g	43	–	177	7 mg

Quarkschmarren

1 Pers.	*4 Pers.*	*Zutaten:*
60 g	240 g	Bauern- oder Magerquark
30 g	120 g	Sauerrahm (10% Fett)
15 g	60 g	Weizen- oder Dinkelgrieß
1/4 TL	1 TL	Maizena (Maisstärke)
1	3	Eigelb
1	3	Eiweiß
		Salz, Zitronenschale, Vanille, Süßstoff

Zubereitung:
Alle Zutaten (außer Eiweiß) miteinander vermischen und 20 Minuten ruhen lassen. Zuletzt steifgeschlagenen Eischnee unterheben. In eine ausgebutterte Form füllen und bei 150 °C ca. 15 Minuten backen. Ziegelartig herausschneiden und evtl. mit etwas Fruchtmark garnieren.

pro Person

EW	F	KH	kcal	BE	Joule	Chol.
17 g	10 g	12 g	223	1	937	325 mg

Gesamtwerte pro Person

EW	F	KH	kcal	BE	Joule	Chol.
47 g	50 g	59 g	864	4 1/2	3619	507 mg

Diabetes-Menü 20

Portulak-Salat mit Balsamico, Blumenkohlsuppe, Hirseschnitzel mit Majoransauce, Gemüse-Ratatouille, Joghurtpudding

Portulak-Salat

1 Pers.	*4 Pers.*	*Zutaten:*
30 g	120 g	Portulak- (Kressesalat) oder Feldsalat
30 g	120 g	Ruccola- (ital. Schnittsalat) oder Zupfsalat
3 g (1 TL)	12 g	kaltgepreßtes Olivenöl
3 g (1 TL)	12 g	Balsamico-Essig
		Vollsalz

Zubereitung:
Salat putzen, waschen, abtropfen lassen und mit Vollsalz, Öl und Essig anmachen.

pro Person

EW	F	KH	kcal	BE	Joule	Chol.
1 g	3 g	–	34	–	143	–

Blumenkohlsuppe

1 Pers.	*4 Pers.*	*Zutaten:*
3/8 l	1 1/2 l	Gemüsebrühe (Rezept s. Seite 53)
10 g	40 g	Zwiebel
75 g	300 g	geschälte Kartoffeln
50 g	200 g	geputzter Blumenkohl
5 g	20 g	Butter oder ungehärtete Vollöl-Margarine
10 g	40 g	Sauerrahm (10% Fett)
		Vollsalz, frisch geriebene Muskatnuß
		ein Schuß Weißwein
		etwas gehackte Petersilie

Zubereitung:
Zwiebel kleinschneiden und in Butter anschwitzen. Kleingeschnittene Kartoffeln und Blumenkohl zugeben, ebenfalls kurz anschwitzen und mit Gemüsebrühe aufgießen. Salzen und weich kochen lassen. Im Mixglas mit Sahne, Muskat, Weißwein und gehackter Petersilie pürieren.

pro Person

EW	F	KH	kcal	BE	Joule	Chol.
3 g	3 g	13 g	95	1	399	15 mg

Hirseschnitzel

1 Pers.	*4 Pers.*	*Zutaten:*
30 g	120 g	Goldkernhirse (oder Quinoa)
3 g	12 g	Butter oder ungehärtete Vollöl-Margarine
15 g	60 g	Lauch oder Jungzwiebel
20 g	80 g	Magerquark oder passierten Tofu (Sojaquark)
45 ml	180 ml	Wasser oder Gemüsebrühe
		Vollsalz

Zubereitung:
Hirse vor der Verwendung kalt abwaschen und gut abtropfen lassen. In Salzwasser ca. 15 Minuten zugedeckt weich dünsten, dann abkühlen lassen. Lauch oder Zwiebel kleinschneiden und in Butter anschwitzen. Hirse mit Lauchzwiebeln, Quark und Salz (evtl. etwas Sauerrahm oder Basensauce) gut vermischen und kleine Schnitzel formen. Diese im Dampfeinsatz erhitzen oder in einer Pfanne kurz anbraten.

pro Person

EW	F	KH	kcal	BE	Joule	Chol.
6 g	4 g	22 mg	148	2	618	7 mg

Majoransauce

1 Pers.	*4 Pers.*	*Zutaten:*
38 g	150 g	geschälte Kartoffeln
200 ml	800 ml	Gemüsebrühe (Rezept s. Seite 53)
3 g	12 g	Butter oder ungehärtete Vollöl-Margarine
1 g (½ TL)	4 g	frische Majoranblätter
10 g	40 g	Sauerrahm (10% Fett)
10 g	40 g	Jungzwiebel
		Vollsalz, Muskatnuß

Zubereitung:
Kleingeschnittene Zwiebel und Kartoffeln im Kochtopf mit Butter anschwitzen, mit Gemüsebrühe auffüllen, salzen und weich kochen. Im Mixglas mit Sauerrahm, Majoranblättern und geriebener Muskatnuß pürieren.

pro Person

EW	F	KH	kcal	BE	Joule	Chol.
1 g	4 g	7 g	66	½	272	11 mg

Gemüse-Ratatouille

1 Pers.	*4 Pers.*	*Zutaten:*
30 g	120 g	Paprikaschoten (grün/gelb/rot)
30 g	120 g	geschälte Tomaten
30 g	120 g	Zucchinischeiben
30 g	120 g	Aubergine
15 g	60 g	Jungzwiebel oder Lauch
5 g (1 EL)	20 g	Olivenöl
		Vollsalz, frischer Oregano

Zubereitung:
Paprika und Zwiebel in Streifen schneiden. Zucchini halbieren, Aubergine vierteln und in Scheiben schneiden. Tomaten achteln. Das Gemüse nacheinander in einer großen Pfanne mit Olivenöl anbraten und evtl. mit etwas Gemüsebrühe weich dünsten. Tomaten zuletzt dazugeben und mit Oregano und Salz würzen. Evtl. mit 3 EL Majoransauce vermischen.

pro Person

EW	F	KH	kcal	BE	Joule	Chol.
2 g	5 g	3 g	67	–	281	–

Joghurtpudding

1 Pers.	*4 Pers.*	*Zutaten:*
45 ml	180 g	Joghurt natur (1,5% Fett)
1 Blatt	3 Blatt	Gelatine
30 ml	$^1/_8$ l	süße Sahne (30% Fett)
$^1/_4$ TL	1 TL	Zitronensaft
25 g	100 g	Himbeer- oder Erdbeermark
		Süßstoff
		frische Zitronenmelisse

Zubereitung:
Joghurt mit Süßstoff vermischen. Gelatine in kaltes Wasser legen, über Wasserdampf auflösen und tropfenweise unter das Joghurt mischen. Etwas festwerden lassen, dann steifgeschlagene Sahne unterheben. Das passierte Himbeer- oder Erdbeermark in Gläser füllen und darauf die Joghurtcreme anrichten. Eine Stunde in den Kühlschrank stellen. Mit einem Tupfer Schlagsahne und Zitronenmelisse garnieren.

pro Person

EW	F	KH	kcal	BE	Joule	Chol.
3 g	10 g	4 g	121	$^1/_4$	503	35 mg

Gesamtwerte pro Person						
EW	F	KH	kcal	BE	Joule	Chol.
16 g	29 g	49 g	531	3 3/4	2216	68 mg

Diabetes-Menü 21

Bunter Salatteller, Klare Suppe mit Gemüse-Julienne, Nudelauflauf mit Käse, Heidelbeerquarkcreme

Bunter Salatteller

1 Pers.	*4 Pers.*	*Zutaten:*
50 g	200 g	verschiedene Blattsalate
3 g (1 TL)	12 g	kaltgepreßtes Öl (Nußöl)
3 g (1 TL)	12 g	Balsamico-Essig
		Vollsalz

Zubereitung:
Den Salat waschen, abtropfen lassen, dekorativ auf dem Teller anrichten und mit der Marinade übergießen.

pro Person

EW	F	KH	kcal	BE	Joule	Chol.
1 g	3 g	1 g	32	–	135	–

Klare Suppe mit Gemüse-Julienne

1 Pers.	*4 Pers.*	*Zutaten:*
3/8 l	1 1/2 l	Gemüsebrühe (Rezept s. Seite 53)
40 g	200 g	Karotten und Sellerie
1/2 TL	4 TL	frisches Kerbelkraut
2 g	8 g	Butter oder ungehärtete Vollöl-Margarine

Zubereitung:
Das Gemüse bürsten, waschen und schälen. Fein nudelig (Julienne) schneiden, im Kocheinsatz weich dämpfen und in der gut gewürzten Gemüsebrühe mit Kerbel servieren.

pro Person

EW	F	KH	kcal	BE	Joule	Chol.
–	2 g	2 g	25	–	105	5 mg

Nudelauflauf

1 Pers.	*4 Pers.*	*Zutaten:*
2 g	8 g	Butter oder ungehärtete Vollöl-Margarine
30 g	120 g	Dinkel-Bandnudeln
40 g	160 g	blättrig geschnittene Zucchini
40 g	160 g	blättrig geschnittene Aubergine
40 g	160 g	geschälte und in Scheiben geschnittene Tomaten
40 g	160 g	frischer Blattspinat
40 g	160 g	geriebener Käse (45% F. i. Tr.)
2 EL	8 EL	Gemüsebrühe oder Wasser
10 g	40 g	Sauerrahm (10% Fett)
½ (15 g)	2	Eiweiß
		frischer Oregano, Salz,
		frisch geriebene Muskatnuß

Zubereitung:
Die Nudeln kochen und abseihen. Das vorbereitete, geschnittene Gemüse dämpfen oder der Reihe nach in einer großen Pfanne mit Olivenöl und Oregano anrösten. Gemüse mit den Nudeln (evtl. etwas Basensauce) vermischen, würzen, mit dem versprudelten Eiweiß-Rahm-Gemisch vermischen und im Ofen bei ca. 180 °C 15–20 Minuten überbacken.

pro Person

EW	F	KH	kcal	BE	Joule	Chol.
21 g	16 g	23 g	319	2	1333	36 mg

Quarkcreme mit Heidelbeeren

1 Pers.	*4 Pers.*	*Zutaten:*
45 g	200 g	Quark (20% Fett)
30 g	200 g	Magerjoghurt (1,5% Fett)
45 g	200 g	Heidelbeeren
½ Blatt	2 Blatt	Gelatine
		Zitrone, Süßstoff, frische Minzeblätter

Zubereitung:
Den Quark passieren, mit dem Joghurt, Süßstoff, Zitrone und der eingeweichten, ausgedrückten und aufgelösten Gelatine mischen. Heidelbeeren darunterheben. In Dessertschalen anrichten und mit Minzeblättern und Heidelbeeren garnieren.

pro Person

EW	F	KH	kcal	BE	Joule	Chol.
6 g	3 g	6 g	76	¾	319	9 mg

Gesamtwerte pro Person

EW	F	KH	kcal	BE	Joule	Chol.
28 g	24 g	32 g	452	2 3/4	1892	50 mg

Diabetes-Menü 22

Kopfsalat mit Radieschen, Zucchinisuppe, Griechischer Gemüsereis, Basilikum-Oreganosauce, Melonen-Erdbeersalat

Kopfsalat

1 Pers.	*4 Pers.*	*Zutaten:*
50 g	200 g	Kopfsalat
20 g	80 g	Radieschen
3 g (1 TL)	12 g	kaltgepreßtes Distelöl
3 g (1 TL)	12 g	Balsamico-Essig
		Vollsalz

Zubereitung:
Kopfsalat und Radieschen putzen und waschen, Salatblätter in mundgerechte Form zerreißen, Radieschen fein blättrig schneiden und in einer Schüssel mit Essig, Öl und Salz anmachen.

pro Person

EW	F	KH	kcal	BE	Joule	Chol.
1 g	3 g	2 g	35	–	146	–

Zucchinisuppe

1 Pers.	*4 Pers.*	*Zutaten:*
120 g	480 g	Zucchini (gelb und grün)
5 g	20 g	Butter oder ungehärtete Vollöl-Margarine
3/8 l	1,5 l	Gemüsebrühe (Rezept s. Seite 53)
20 g	80 g	Sauerrahm (10% Fett)
		Vollsalz, geriebene Muskatnuß
		1 Bund frische Majoranblätter

Zubereitung:
Zucchini waschen, klein würfelig schneiden und im Kochtopf mit Butter glasig anschwitzen. Mit Gemüsebrühe aufgießen, salzen und weich kochen. Mit Sauerrahm, Vollsalz, Muskat und Majoran im Mixglas pürieren. Evtl. mit extra gedämpften Zucchiniwürfelchen und ein paar Majoranblättern garnieren.

pro Person

EW	F	KH	kcal	BE	Joule	Chol.
3 g	7 g	3 g	84	–	351	19 mg

Gemüsereis

1 Pers.	*4 Pers.*	*Zutaten:*
45 g	180 g	Vollwertreis
90 ml	360 ml	Gemüsebrühe (Rezept s. Seite 53) oder Wasser
10 g	40 g	Zwiebel
10 g	40 g	Butter oder ungehärtete Vollöl-Margarine
50 g	200 g	Paprikaschote
50 g	200 g	frische Champignons
100 g	400 g	sonnengereifte Tomaten
		Vollsalz, Knoblauch, geriebene Muskatnuß
		Safranfäden

Zubereitung:
Fein geschnittene Zwiebel, klein würfelig geschnittene Paprika, die blättrig geschnittenen Champignons und die geschälten, entkernten und würfelig geschnittenen Tomaten in Butter anschwitzen. Mit Vollsalz, zerdrücktem Knoblauch und geriebener Muskatnuß würzen. Danach mit dem Reis vermengen, salzen und mit Gemüsebrühe aufgießen. Etwa 35 Minuten ausdünsten lassen. Mit Hilfe einer Schöpfkelle anrichten. Die Oreganosauce dazugeben.

pro Person

EW	F	KH	kcal	BE	Joule	Chol.
6 g	10 g	38 g	269	3	1130	24 mg

Basilikum-Oreganosauce

1 Pers.	*4 Pers.*	*Zutaten:*
5 g	20 g	Butter oder ungehärtete Vollöl-Margarine
30 g	120 g	Zwiebel
20 g	80 g	Sauerrahm (10% Fett)
200 ml	800 ml	Gemüsebrühe
1 g (½ TL)	4 g	frisches Kerbelkraut
1 g (½ TL)	4 g	frischer Oregano
38 g	150 g	mehlige Kartoffeln
		Vollsalz, Knoblauch

Zubereitung:
Kleingeschnittene Kartoffeln und feingeschnittene Zwiebel in Butter anschwitzen, mit Gemüsebrühe aufgießen und weich kochen. Mit Sauerrahm, zerdrücktem Knoblauch, frischem Kerbel und Oregano mixen. Mit Vollsalz abschmecken.

pro Person						
EW	F	KH	kcal	BE	Joule	Chol.
2 g	6 g	8 g	98	½	416	19 mg

Melonen-Erdbeersalat

1 Pers.	*4 Pers.*	*Zutaten:*
80 g	320 g	frische Erdbeeren
120 g	480 g	Honigmelone
		Zitronensaft, evtl. Süßstoff
		frische Zitronenmelisse

Zubereitung:
Erdbeeren waschen und halbieren. Die Zucker- oder Honigmelone halbieren und die Kerne entfernen. Mit einem Parisienne-Ausstecher das Fruchtfleisch ausstechen (oder kleinschneiden) und kaltstellen. Erdbeeren und Melone auf Teller oder im Glas anrichten und mit Zitronensaft marinieren. Mit Zitronenmelisse garnieren.

pro Person						
EW	F	KH	kcal	BE	Joule	Chol.
2 g	1 g	19 g	91	1	386	–

Gesamtwerte pro Person						
EW	F	KH	kcal	BE	Joule	Chol.
14 g	27 g	70 g	577	4½	2429	62 mg

Abb. 1: Vollwertbrot / Dinkelfladen / Kräutertee / Gofio-Getreidebrei / Karottenaufstrich / Quarkaufstrich / Joghurt natur

Abb. 2: Gemüsebrühe oder klare Gemüsesuppe / gelbe Rübensuppe / Kürbis-Basensuppe / rote Rübensuppe / Petersilienwurzelsuppe / Sauerrahm-Kümmelsuppe / Vollwertbrot

Abb. 3: Griechischer Gemüsereis mit Schafskäse / Basensauce / Zucchinigemüse / Dinkel-Nudelauflauf mit Mozzarella-Käse überbacken

Abb. 4: Auberginenscheiben gratiniert / Kümmel-Ofenkartoffeln / Tomaten-Basensauce /Fenchelgemüse geschmort / Polenta gedämpft

Abb. 5: Hirse-Gemüseschnitzel mit Sauerrahm und Gemüse / Polenta mit Gemüse und Kräutersauce

Abb. 6: Gebratenes Seezungen- und Lachsfilet / Kerbelsauce / Zucchinigemüse / Fenchelgemüse / Dampfkartoffeln

Abb. 7: Couscous-Gemüse-Roulade mit Gemüsegarnitur / Bulgur-Laibchen / Sauerrahm / Tomaten-Basensauce / Karotten-Spinatgemüse / gelbe Rüben

Abb. 8: Maistortillas mit Gemüse-Ratatouille und Kräutersauce / Schafskäse / Steinpilze

Abb. 9: Gemüsebouillon mit Hirse-Nockerln / gratinierte Ofenkartoffeln mit Schafskäse / Kartoffelauflauf / Kartoffelstrudel / Auberginenragout / Kürbis-Basensauce

Abb. 10: Salatteller mit Joghurtdressing / Hausgemachte Dinkel-Ravioli / Dinkel-Nudeln / Steinpilzsauce / Auberginen-Tomatenragout

Abb. 11: Quarkschmarren mit Fruchtmark / Quarksoufflé / Bayerische Creme / Pudding mit Früchten

Abb. 12: Mohn-Quarktorte mit Minzeblättern / Himbeer-Fruchtterrine mit Mark

Diabetes-Menü 23

Kopfsalat, Klare Gemüsesuppe mit Quarknockerln, Naturreis-Risotto mit Parmesan, überbackene Tomate, Grießknödel mit Erdbeeren und Butterbrösel

Kopfsalat

1 Pers.	*4 Pers.*	*Zutaten:*
50 g	200 g	Kopfsalat
3 g (1 TL)	12 g	kaltgepreßtes Distelöl
3 g (1 TL)	12 g	Balsamico-Essig
		Vollsalz

Zubereitung:
Grünen Salat waschen, putzen und abtropfen lassen. Mit Öl, Balsamico-Essig und Vollsalz anmachen.

pro Person						
EW	F	KH	kcal	BE	Joule	Chol.
1 g	3 g	–	27	–	113	–

Klare Gemüsesuppe mit Quarknockerln

1 Pers.	*4 Pers.*	*Zutaten:*
3/8 l	1 1/2 l	Gemüsebrühe (Rezept s. Seite 53)
50 g	200 g	Magerquark
20 g	80 g	Butter oder ungehärtete Vollöl-Margarine
1/2	2	Eigelb
		Vollsalz, Schnittlauch, Muskatnuß, Sojasauce

Zubereitung:
Fertige Gemüsebrühe mit Vollsalz, Muskatnuß und ein paar Tropfen Sojasauce abschmecken. Für die Nockerln Butter und Eigelb gut verrühren. Salz und Quark zugeben und die Masse kühl stellen. (Sollten die Nockerln nicht halten, gibt man pro Person 15 g Grieß dazu. Das ergibt aber auch eine zusätzliche BE.) Mit einem Löffel kleine Nockerln formen und diese in Salzwasser ca. 10 Minuten mehr pochieren als kochen lassen. Mit Gemüsebrühe anrichten und frisch geschnittenen Schnittlauch in die Suppe geben.

pro Person						
EW	F	KH	kcal	BE	Joule	Chol.
9 g	22 g	2 g	241	–	1012	296 mg

Naturreis-Risotto mit Parmesan, überbackene Tomate

1 Pers.	*4 Pers.*	*Zutaten:*
30 g	120 g	Naturreis
5 g	20 g	Zwiebel
7 g	28 g	Butter oder ungehärtete Vollöl-Margarine
5 g	20 g	frisch geriebener Parmesan (32% F. i. Tr.)
4 cl	16 cl	Weißwein
		Vollsalz
50 g	200 g	sonnengereifte Tomaten
10 g	40 g	Schmelzkäse (20% F. i. Tr.)
(1 Scheibe)	(4 Scheiben)	

Zubereitung:
Naturreis waschen und abtropfen lassen. Mit fein gehackter Zwiebel in Butter anschwitzen und mit Weißwein ablöschen. Mit der 2fachen Menge Gemüsebrühe auffüllen und unter öfterem Rühren den Reis weich dünsten. Vor dem Anrichten (mit einem Eisportionierer) Parmesan (und evtl. etwas Basensauce) daruntermischen.

Tomate waschen, die Oberseite kreuzförmig einschneiden, mit Salz, Pfeffer würzen und mit etwas Käse belegen. In eine ausgebutterte Pfanne geben und im Ofen kurz gratinieren.

pro Person						
EW	F	KH	kcal	BE	Joule	Chol.
7 g	9 g	24 g	207	2	869	22 mg

Grießknödel mit Erdbeeren und Butterbrösel

1 Pers.	*4 Pers.*	*Zutaten:*
7,5 g	30 g	Butter oder ungehärtete Vollöl-Margarine
15 g	60 g	Dinkelgrieß (oder Vollwert-Weizengrieß)
½ (20 g)	2	Semmel
½ (30 g)	2	Eier
2 g	8 g	Butter oder ungehärtete Vollöl-Margarine
2 g (1 TL)	8 g	Brösel
⅛ l	½ l	Milch
20 g	80 g	frische Erdbeeren
		Süßstoff

Zubereitung:
Grieß in die Milch einkochen, kurz durchkochen, etwas abkühlen lassen und mit erwärmter Butter, Süßstoff und Ei vermengen. Semmel kleinwürfelig schneiden, kurz in Butter anrösten und mit der Grießmasse vermengen. Mit einem Eisportio-

nierer kleine Knödel in kochendes Salzwasser geben und diese ca. 10 Minuten ziehen lassen. Erdbeeren in Fächer schneiden, auf einem Teller anrichten und den in Butterbrösel geschwenkten Knödel darauf setzen.

pro Person

EW	F	KH	kcal	BE	Joule	Chol.
11 g	16 g	27 g	309	2 1/2	1296	199 mg

Gesamtwerte pro Person

EW	F	KH	kcal	BE	Joule	Chol.
28 g	50 g	53 g	784	4 1/2	3290	517 mg

Diabetes-Menü 24

Endiviensalat mit Kartoffeln, Karottensuppe, Hirseauflauf mit Tomatenragout und Kräutersauce, Quarkcreme mit frischen Früchten

Endiviensalat mit Kartoffeln

1 Pers.	*4 Pers.*	*Zutaten:*
40 g	160 g	Endiviensalat
40 g	160 g	Kartoffeln
3 g (1 TL)	12 g	kaltgepreßtes Sonnenblumenöl
3 g (1 TL)	12 g	naturreiner Apfelessig
		Vollsalz

Zubereitung:
Endiviensalat waschen, abtropfen lassen und in feine Streifen schneiden. Kartoffeln dämpfen, pellen in dünne Scheiben schneiden und mit dem Endiviensalat mischen. Mit Essig, Öl und Salz anmachen.

pro Person

EW	F	KH	kcal	BE	Joule	Chol.
2 g	3 g	6 g	55	½	231	–

Karottensuppe

1 Pers.	*4 Pers.*	*Zutaten:*
⅜ l	1½ l	Gemüsebrühe (Rezept s. Seite 53)
75 g	300 g	mehlige Kartoffeln
50 g	200 g	Karotten
10 g	40 g	Sauerrahm (10% Fett)
2 g	8 g	Butter oder ungehärtete Vollöl-Margarine
		Vollsalz, geriebene Muskatnuß
		Liebstöckel

Zubereitung:
Kartoffeln und Karotten waschen, schälen und in kleine Würfel schneiden. Zwiebel kleinschneiden und alles in Butter anschwitzen. Mit Gemüsebrühe aufgießen und weich kochen. Im Mixglas mit Sauerrahm und Liebstöckel pürieren und mit Salz und Muskatnuß abschmecken.

pro Person

EW	F	KH	kcal	BE	Joule	Chol.
2 g	3 g	15 g	94	1	390	8 mg

Hirseauflauf mit Tomatenragout und Kräutersauce

1 Pers.	*4 Pers.*	*Zutaten:*
1/2 (30 g)	2	Eigelb /Eiweiß
30 g	120 g	feines Hirsemehl
30 ml	120 ml	süße Sahne (30% Fett)

Zubereitung:
Hirse fein mahlen. Eigelb und Sahne schaumig rühren, Eiweiß mit einer Prise Salz zu Schnee schlagen und mit Hirsemehl zugleich unter die Eigelbmasse heben. Die Formen (Timbales) mit Butter ausfetten, die Masse zu zwei Drittel einfüllen und im Wasserbad oder Kocheinsatz 10–15 Minuten garen lassen. Aus der Form stürzen und mit Tomatenragout und Kräutersauce servieren.

pro Person

EW	F	KH	kcal	BE	Joule	Chol.
7 g	14 g	22 g	242	2	1012	195 mg

Tomatenragout

1 Pers.	*4 Pers.*	*Zutaten:*
20 g	80 g	sonnengereifte Tomaten
100 g	400 g	Zucchini
2 g	8 g	Butter oder Olivenöl
10 g	40 g	Zwiebel
		Vollsalz, Muskatnuß
		frischer Basilikum und Kerbel, Knoblauch

Zubereitung:
Tomaten waschen, kurz dämpfen, schälen, entkernen und achteln. Zucchini putzen und in Scheiben schneiden. Zwiebel fein schneiden. Knoblauch fein hacken. Zwiebel, Zucchini und Knoblauch in einer großen Pfanne mit Butter anschwitzen. Wenn die Zucchini kernig weich sind, die Tomaten dazugeben. Mit feingehacktem Basilikum und Kerbel würzen und mit Salz und Muskat abschmecken. Mit 3 EL Kräutersauce mischen.

pro Person

EW	F	KH	kcal	BE	Joule	Chol.
2 g	2 g	3 g	40	–	171	5 mg

Kräutersauce

1 Pers.	*4 Pers.*	*Zutaten:*
38 g	152 g	mehlige Kartoffeln
200 ml	800 ml	Gemüsebrühe (Rezept s. Seite 53)
10 g	40 g	Zwiebel
10 g	40 g	Sauerrahm (10% Fett)
2 g	8 g	Butter oder ungehärtete Vollöl-Margarine
		Vollsalz, 1 Bund frischer Majoran

Zubereitung:
Kartoffeln waschen, schälen und kleinwürfelig schneiden. Mit den feingehackten Zwiebeln im Kochtopf mit Butter anschwitzen, mit Gemüsebrühe aufgießen, weichkochen lassen und im Mixglas mit Sauerrahm und Majoranblättern pürieren. Mit Vollsalz und Muskatnuß abschmecken und mit Majoran garnieren.

pro Person

EW	F	KH	kcal	BE	Joule	Chol.
1 g	3 g	6 g	57	½	238	8 mg

Quarkcreme mit frischen Früchten

1 Pers.	*4 Pers.*	*Zutaten:*
50 g	200 g	Magerquark
25 ml	100 ml	süße Sahne (30% Fett)
40 g	160 g	Erdbeeren
25 g	100 g	Birnen
25 g	100 g	Äpfel
22 g	90 g	Heidelbeeren
		Süßstoff, Zitronensaft, frische Zitronenmelisse

Zubereitung:
Passierten Quark mit geschlagener Sahne, Süßstoff und etwas Zitronensaft abschmecken. Die kleingeschnittenen Früchte untermischen, die Creme in Gläser füllen und kaltstellen. Mit Erdbeeren, Äpfeln, Heidelbeeren und Zitronenmelisse garnieren.

pro Person

EW	F	KH	kcal	BE	Joule	Chol.
8 g	9 g	15 g	171	1	718	28 mg

Gesamtwerte pro Person

EW	F	KH	kcal	BE	Joule	Chol.
22 g	34 g	67 g	659	5	2760	244 mg

Diabetes-Menü 25

Champignon-Basensuppe, Gefüllte Tomaten mit Gemüse, Thymiansauce, Blattspinat, Gedämpfte Kartoffeln, Reis mit Erdbeermark

Champignon-Basensuppe

1 Pers.	*4 Pers.*	*Zutaten:*
3/8 l	1 1/2 l	Gemüsebrühe (Rezept s. Seite 53)
75 g	300 g	geschälte mehlige Kartoffeln
50 g	200 g	frische Champignons
3 g	12 g	Butter oder ungehärtete Vollöl-Margarine
20 g	80 g	Zwiebel
10 ml	40 ml	süße Sahne (30% Fett)
		Vollsalz, Muskatnuß, Liebstöckel

Zubereitung:
Zwiebel fein schneiden. Champignons waschen und in Scheiben schneiden. Die Kartoffeln klein schneiden. In einem Kochtopf zuerst Zwiebel, dann Champignons und Kartoffeln in Butter anschwitzen. Mit Gemüsebrühe aufgießen und weich kochen. Im Mixglas mit Liebstöckel und Sahne pürieren und mit Salz und Muskat abschmecken.

pro Person

EW	F	KH	kcal	BE	Joule	Chol.
3 g	6 g	12 g	120	1	503	18 mg

Gefüllte Tomaten

1 Pers.	*4 Pers.*	*Zutaten:*
90 g	360 g	sonnengereifte Tomaten
25 g	100 g	Zucchini
25 g	100 g	Petersilienwurzel
25 g	100 g	Fenchel
5 g	20 g	Mozzarella (16% F. i. Tr.)
		frische Basilikumblätter

Zubereitung:
Tomaten waschen (evtl. Haut abziehen) und aushöhlen. Gemüse putzen, schälen, kleinwürfelig schneiden und im Kocheinsatz weich dämpfen. Das Gemüse mit feingehackten Kräutern (evtl. etwas Sauerrahm oder 2 EL Thymiansauce) mischen und in die Tomaten füllen. Mit Basilikum und Mozzarella belegen und bei 200 °C kurz überbacken. Auf Blattspinat anrichten.

pro Person						
EW	F	KH	kcal	BE	Joule	Chol.
4 g	1 g	5 g	45	–	190	–

Thymiansauce

1 Pers.	*4 Pers.*	*Zutaten:*
38 g	140 g	mehlige Kartoffeln
200 ml	600 ml	Gemüsebrühe (Rezept s. Seite 53)
45 g	180 g	Sellerieknolle
3 g	12 g	Butter oder ungehärtete Vollöl-Margarine
10 g	40 g	Sauerrahm (10% Fett)
		Vollsalz, 1 Bund frischer Thymian

Zubereitung:
Kartoffeln und Sellerie klein schneiden, in Butter anschwitzen, mit Gemüsebrühe aufgießen und weich kochen lassen. Im Mixglas mit Thymianblättern und Sauerrahm pürieren, abschmecken und mit Thymian garnieren.

pro Person						
EW	F	KH	kcal	BE	Joule	Chol.
2 g	4 g	7 g	69	$\frac{1}{2}$	290	11 mg

Blattspinat

1 Pers.	*4 Pers.*	*Zutaten:*
50 g	200 g	frischer Blattspinat
3 g	12 g	Butter oder ungehärtete Vollöl-Margarine
10 ml	40 ml	süße Sahne (30% Fett)
10 g	40 g	Zwiebel
		Vollsalz, Muskatnuß, Pfeffer aus der Mühle
		2 Knoblauchzehen

Zubereitung:
Blattspinat putzen, waschen und abtropfen lassen. In einer großen Pfanne mit feingehackten Zwiebeln in Butter anschwitzen, kurz zudecken und mit Rahm einreduzieren bzw. cremig einkochen. Mit Salz, Pfeffer, zerdrücktem Knoblauch und Muskatnuß würzen.

pro Person						
EW	F	KH	kcal	BE	Joule	Chol.
2 g	6 g	1 g	65	–	270	18 mg

Dampfkartoffeln

1 Pers.	*4 Pers.*	*Zutaten:*
75 g	300 g	Kartoffeln
3 g	12 g	Butter oder ungehärtete Vollöl-Margarine
		Vollsalz, Kerbel

Zubereitung:
Kartoffeln schälen, im Kocheinsatz weich dämpfen und mit Butter einpinseln. Mit Kerbel garnieren.

pro Person						
EW	F	KH	kcal	BE	Joule	Chol.
2 g	3 g	12 g	76	1	316	7 mg

Reis mit Erdbeermark

1 Pers.	*4 Pers.*	*Zutaten:*
30 g	120 g	Vollwertreis
25 g	100 g	Äpfel
10 ml	40 ml	süße Sahne (30% Fett)
3 g	12 g	Butter oder ungehärtete Vollöl-Margarine
40 g	160 g	frische Erdbeeren
		frische Minzeblätter, Süßstoff

Zubereitung:
Vollwertreis ca. 40 Minuten in halb Milch und halb Wasser weich kochen oder dünsten, dann erkalten lassen. Äpfel schälen und in sehr kleine Würfel schneiden. Mit Butter, Süßstoff und Sahne aufkochen, zum Reis dazumischen und erkalten (evtl. mit Blattgelatine binden) lassen. In kleine Glasschalen füllen.

Erdbeeren mixen und wenn nötig mit Süßstoff abschmecken. Beim Anrichten einen Erdbeerspiegel darüber geben. Mit Minzeblättern garnieren.

pro Person						
EW	F	KH	kcal	BE	Joule	Chol.
3 g	7 g	27 g	185	2 1/2	772	18 mg

Gesamtwerte pro Person						
EW	F	KH	kcal	BE	Joule	Chol.
16 g	27 g	64 g	560	5	2341	72 mg

Diabetes-Menü 26

Blattsalat mit Joghurtdressing, Bäuerliche Gemüsesuppe, Buchweizenlaibchen mit Zwiebelsauce, Brokkoli, Kartoffeln, Apfelscheiben mit Erdbeersauce

Blattsalat mit Joghurtdressing

1 Pers.	*4 Pers.*	*Zutaten:*
20 g	80 g	Feldsalat
10 g	40 g	Radiccio
20 g	80 g	Kopfsalat
30 g	60 g	Joghurt (1,5% Fett)
3 g (1 TL)	12 g	Balsamico-Essig
		Vollsalz, frischer Kerbel, Knoblauch

Zubereitung:
Salat putzen und waschen. Joghurt mit Salz, Kerbel, Essig und Knoblauch verrühren, den Salat damit anmachen, anrichten und mit etwas Kerbel bestreuen.

pro Person						
EW	F	KH	kcal	BE	Joule	Chol.
5 g	–	2 g	19	–	80	2 mg

Bäuerliche Gemüsesuppe

1 Pers.	*4 Pers.*	*Zutaten:*
38 g	152 g	mehlige Kartoffeln
50 g	200 g	Erbsen
40 g	160 g	Karotten
10 g	40 g	Zwiebeln
5 g	20 g	Butter oder ungehärtete Vollöl-Margarine
10 g	40 g	Sauerrahm (10% Fett)
3/8 l	1 1/2 l	Gemüsebrühe (Rezept s. Seite 53)
10 g	40 g	klein gewürfelter Rinderschinken
		Vollsalz, 1 Bund frischer Basilikum, Petersilie

Zubereitung:
Feingeschnittene Zwiebel und Schinkenwürfel in einem Kochtopf mit Butter anschwitzen. Geputztes und kleingeschnittenes Gemüse und Kartoffeln der Reihe nach hinzufügen. Mit Gemüsebrühe aufgießen und weichkochen lassen. Mit verrührtem Sauerrahm, Salz, Petersilie und frisch geschnittenem Basilikum abschmecken.

pro Person						
EW	F	KH	kcal	BE	Joule	Chol.
7 g	6 g	14 g	136	1	567	21 mg

Buchweizen-Laibchen

1 Pers.	*4 Pers.*	*Zutaten:*
23 g	92 g	Buchweizen
35 cl	140 cl	Gemüsebrühe
7 g	28 g	Brösel
15 g (1 St.)	60 g (2 St.)	Eigelb (kann man auch weglassen)
5 g (1 EL)	20 g	Sonnenblumenöl
20 g	80 g	Zwiebel
		Vollsalz, 1 Bund frischer Majoran
		Knoblauch, Petersilie
1 TL	4 TL	Sauerrahm

Zubereitung:
Buchweizen mit Gemüsebrühe weichkochen oder dünsten. Eigelb, Sauerrahm, 3 EL Zwiebelsauce und Brösel unter die Masse mengen. Zwiebel mit Majoren, Knoblauch und Petersilie in Öl anrösten und dazugeben. Zuletzt salzen, mit einem Eisportionierer anrichten und flach drücken (Laibchen formen).

pro Person

EW	F	KH	kcal	BE	Joule	Chol.
6 g	11 g	22 g	207	2	869	16 mg

Zwiebelsauce

1 Pers.	*4 Pers.*	*Zutaten:*
38 g	150 g	mehlige Kartoffeln
100 g	400 g	Zwiebeln
2 g	8 g	Butter oder ungehärtete Vollöl-Margarine
200 ml	800 ml	Gemüsebrühe (Rezept s. Seite 53)
10 ml	40 ml	süße Sahne (30% Fett)
		Vollsalz, 1 Bund frischer Majoran

Zubereitung:
Kleingeschnittene Zwiebel in Butter anrösten, geschälte, kleingeschnittene Kartoffeln dazugeben, mit Gemüsebrühe aufgießen, würzen und weichkochen lassen. Im Mixer pürieren, mit Rahm, Salz und Majoran verfeinern bzw. abschmecken.

pro Person

EW	F	KH	kcal	BE	Joule	Chol.
2 g	5 g	11 g	106	½	445	–

Brokkoli mit Kartoffeln

1 Pers.	*4 Pers.*	*Zutaten:*
50 g	200 g	frischer (oder tiefgekühlter) Brokkoli
2 g	8 g	Butter oder ungehärtete Vollöl-Margarine
75 g	300 g	Kartoffeln
		Salz, frisches Kerbelkraut

Zubereitung:
Brokkoli putzen, waschen und dämpfen bzw. weich kochen. Mit zerlassener Butter bepinseln.

Kartoffeln waschen, schälen und zuschneiden (tournieren). Im Dampfeinsatz garen. Mit Kerbel bestreuen.

pro Person

EW	F	KH	kcal	BE	Joule	Chol.
3 g	2 g	13 g	80	1	334	5 mg

Apfelscheiben mit Erdbeersauce

1 Pers.	*4 Pers.*	*Zutaten:*
100 g	400 g	säuerliche Äpfel
80 g	320 g	frische Erdbeeren
3 g	12 g	Fruchtzucker
		Wasser
		Zitronenschale, Zimtrinde

Zubereitung:
Äpfel waschen, schälen und in dickere Scheiben schneiden. Dann in kochendes Wasser mit Zucker, Zitronenschale und Zimtrinde geben. Kurz kochen. Aus der Flüssigkeit nehmen, abkühlen lassen und mit pürierten Erdbeeren (Erdbeermark) servieren. Flüssigkeit als Apfeltee dazu reichen.

pro Person

EW	F	KH	kcal	BE	Joule	Chol.
1 g	1 g	27 g	88	1 3/4	368	–

Gesamtwerte pro Person

EW	F	KH	kcal	BE	Joule	Chol.
24 g	25 g	89 g	636	6 1/4	2663	229 mg

Diabetes-Menü 27

Brokkolisuppe, Zanderfilet mit Basilikumsauce mit Blattspinat, Karotten und Kartoffeln, Apfelkuchen

Brokkolisuppe

1 Pers.	*4 Pers.*	*Zutaten:*
50 g	200 g	frischer Brokkoli
75 g	300 g	geschälte mehlige Kartoffeln
10 g	40 g	Sauerrahm (10% Fett)
3 g	12 g	Butter oder ungehärtete Vollöl-Margarine
3/8 l	1,5 l	Gemüsebrühe (Rezept s. Seite 53)
		Vollsalz, Muskatnuß
		1 Bund frische Majoranblätter

Zubereitung:
Kartoffeln und Brokkoli klein schneiden, in einem Kochtopf mit Butter anschwitzen, mit Gemüsebrühe aufgießen, mit Salz und Muskat würzen. Weichkochen lassen, dann im Mixglas mit Rahm und Majoran pürieren und gut abschmecken.

pro Person

EW	F	KH	kcal	BE	Joule	Chol.
4 g	4 g	13 g	100	1	415	10 mg

Zanderfilet mit Basilikumsauce und Blattspinat, Karotten und Kartoffeln

1 Pers.	*4 Pers.*	*Zutaten:*
100 g	400 g	frisches Zanderfilet
20 g	80 g	Schalotten
3 g	12 g	Butter oder ungehärtete Vollöl-Margarine
50 g	200 g	frischer Blattspinat
2 g (1 TL)	8 g	Sonnenblumenöl
50 g	200 g	Karotten
2 g	8 g	Butter oder ungehärtete Vollöl-Margarine
75 g	300 g	Kartoffeln
		Vollsalz, Zitrone
		1 Bund frisches Basilikum
		1 Zehe Knoblauch, Pfeffer

Zubereitung:
Zanderfilet waschen, mit Zitrone beträufeln, mit feingeschnittenem Basilikum bestreuen und vorsichtig in einer großen Pfanne mit Öl goldgelb braten oder grillen.

Karotten schälen, in Scheiben schneiden, im Kocheinsatz dämpfen, in Butter schwenken und salzen.
Blattspinat putzen, waschen und abtropfen lassen. Schalotten fein schneiden, Knoblauch zerdrücken. In einer großen Pfanne mit Butter Schalotten und Knoblauch anschwitzen, Spinat dazugeben, zusammenfallen lassen und mit Vollsalz, Muskatnuß und Pfeffer aus der Mühle würzen.
Kartoffeln zuschneiden und im Kocheinsatz weich dämpfen.

pro Person						
EW	F	KH	kcal	BE	Joule	Chol.
23 g	7 g	14 g	220	1	924	62 mg

Basilikumsauce

1 Pers.	*4 Pers.*	*Zutaten:*
38 g	152 g	geschälte mehlige Kartoffeln
200 ml	800 ml	Gemüsebrühe (Rezept s. Seite 53)
10 g	40 g	Sauerrahm (10% Fett)
3 g	12 g	Butter oder ungehärtete Vollöl-Margarine
1 g (½ TL)	4 g	frisches Basilikum
20 g	80 g	Zwiebel
		Salz, Muskatnuß

Zubereitung:
Kartoffeln würfeln. Zwiebel klein schneiden. Beides in Butter anschwenken, mit Gemüsebrühe aufgießen und weich kochen. Im Mixglas mit Sauerrahm, Salz, Muskatnuß und frischem Basilikum pürieren.

pro Person						
EW	F	KH	kcal	BE	Joule	Chol.
1 g	4 g	6 g	70	½	285	11 mg

Apfelkuchen

1 Stück	*16 Stücke*	*Zutaten:*
6 g	100 g	Butter oder ungehärtete Vollöl-Margarine
6 g	100 g	Fruchtzucker
1/2	3	Eigelb/Eiweiß
7,5 g	100 g	feiner Dinkel oder Weizenmehl
3 g	50 g	Biskuitbrösel (Vollwert)
25 g	500 g	Äpfel
5 g	30 g	Butter oder ungehärtete Vollöl-Margarine
3 g	48 g	Fruchtzucker
5 g	90 g	Walnüsse
	2 EL	Milch
		Zimt

Zubereitung:
Dinkel fein mahlen. Butter, die halbe Menge Fruchtzucker und Eigelb schaumig rühren. Eiweiß zu Schnee schlagen und mit Dinkelmehl und Brösel zugleich unter die Eigelb-Butter-Masse heben. Die Masse in einen kleinen Tortenring geben. Äpfel schälen, entkernen, achteln, mit Zitronensaft beträufeln und kreisförmig auf die Masse legen. Butter mit Milch und den Nüssen aufkochen, etwas abkühlen lassen, mit Zimt würzen, mit Fruchtzucker süßen und über die Äpfel verteilen. Im vorgeheizten Ofen bei ca. 170 °C 45 Minuten backen.

pro Person

EW	F	KH	kcal	BE	Joule	Chol.
12 g	22 g	20 g	321	1 3/4	1348	197 mg

Gesamtwerte pro Person

EW	F	KH	kcal	BE	Joule	Chol.
40 g	37 g	53 g	711	4 1/4	2972	280 mg

Kuchenrezepte für Diabetiker

Für alle Kuchenrezepte wurde kurz vor Verwendung frisches und sehr fein gemahlenes Getreide aus biologischem Anbau verwendet. Das garantiert besten Geschmack und die Erhaltung wertvoller Inhaltsstoffe.

Dinkel-Zwetschgenkuchen

16 Port.	*Zutaten:*
4	Eier
192 g	Fruchtzucker
240 g	feines Dinkelmehl (Vollwert)
240 g	Butter oder ungehärtete Vollöl-Margarine
560 g	entsteinte Zwetschgen
	Zimt, Zitronenschale

Zubereitung:
Die Butter mit Fruchtzucker, Zimt und Zitronenschale schaumig rühren. Nach und nach die Eier unterrühren. Zuletzt das Mehl unterheben. Die Masse (ca. 2 cm stark) auf ein Blech streichen und mit den halbierten, entsteinten Zwetschgen belegen. Bei 170 °C ca. 30 Minuten backen, erkalten lassen und in 16 Stücke schneiden.

pro Person bzw. Stück

EW	F	KH	kcal	BE	Joule	Chol.
3 g	14 g	25 g	252	2 1/2	1061	83 mg

Mohn-Quark-Schnitten

16 Port.	*Zutaten:*
100 g	Butter oder ungehärtete Vollöl-Margarine
4	Eigelb/Eiweiß
96 g	Fruchtzucker
150 g	gemahlener Mohn
90 g	gemahlene Haselnüsse
	1 Prise Salz, Süßstoff
Füllung:	
250 g	Magerquark
½ l	süße Sahne (30% Fett)
5 Blatt	Gelatine
	Süßstoff, Naturvanille
	Zitronensaft
Glasur:	
520 g	Himbeeren (evtl. tiefgefroren)
3 Blatt	Gelatine
	Süßstoff

Zubereitung:
Butter schaumig rühren, die Eigelb und Süßstoff langsam dazugeben. Das Eiweiß mit dem Fruchtzucker aufschlagen und mit dem Mohn und den Nüssen unter die Eimasse ziehen. Die Masse auf ein Blech mit Rand streichen und bei 170 °C ca. 25 Minuten backen. Auskühlen lassen.

Füllung:
Den passierten Quark mit Süßstoff verrühren. Die Gelatine im kalten Wasser quellen lassen. In lauwarmem Zitronensaft auflösen und unterrühren. Die geschlagene Sahne unterheben und die Fülle auf den Mohnboden glatt aufstreichen.

Glasur:
Die Himbeeren im Mixglas pürieren, passieren und evtl. mit Süßstoff süßen. Die in kalter Flüssigkeit eingeweichte Gelatine in Zitronensaft auflösen und zu den Himbeeren mischen. Die Glasur auf die Quarkfüllung geben, glattstreichen und kühlstellen. Nach dem Festwerden in 16 Stücke schneiden.

pro Person bzw. Stück

EW	F	KH	kcal	BE	Joule	Chol.
8 g	24 g	10 g	295	1	1239	128 mg

Pflaumenkuchen

18 Port.	*Zutaten:*
250 g	Butter oder ungehärtete Vollöl-Margarine
108 g	Fruchtzucker
4	Eier
270 g	gemahlene Mandeln
270 g	Dinkel- oder Weizenvollwertmehl
220 ml	Milch (3,5% Fett)
4 g	Weinstein-Backpulver
630 g	Pflaumen ohne Stein
	Butter zum Einfetten

Zubereitung:
Butter mit Fruchtzucker schaumig rühren. Die Eier einzeln dazugeben und gründlich durcharbeiten. Das Mehl mit dem Backpulver gut vermischen und unter die Masse heben. Die Milch beigeben und gut verrühren. Die Masse auf ein gefettetes Blech ca. 2 cm dick auftragen und mit den halbierten Pflaumen belegen. Im vorgeheizten Backofen bei 180 °C ca. 40 Minuten backen. Auskühlen lassen und in 18 Stücke schneiden.

pro Person bzw. Stück

EW	F	KH	kcal	BE	Joule	Chol.
7 g	22 g	21 g	312	2 1/2	1310	103 mg

Pfirsichkuchen

18 Port.	*Zutaten:*
180 g	Butter oder ungehärtete Vollöl-Margarine
60 g	Fruchtzucker
5	Eier
135 g	gemahlene Haselnüsse
135 g	feines Hirsemehl oder Dinkelmehl
60 g	Fruchtzucker
1080 g	Pfirsiche ohne Stein
	Zitrone

Zubereitung:
Pfirsiche blanchieren, abschrecken und die Haut abziehen. Eigelb, Butter und Fruchtzucker schaumig rühren. Haselnüsse, Hirsemehl und den Eischnee unterziehen. Die Masse auf ein Blech geben und mit halben Pfirsichen belegen. Den Kuchen bei 180 °C ca. 25 Minuten backen, auskühlen lassen und in 18 Stücke schneiden.

pro Portion bzw. Stück						
EW	F	KH	kcal	BE	Joule	Chol.
4 g	15 g	18 g	227	1 ½	955	90 mg

Apfelstrudel

16 Port. *Zutaten:*

120 g Vollwertmehl von Dinkel oder Weizen
1 Eigelb
2 EL Öl
1 TL Salz
8 cl Wasser

1 ½ kg Äpfel
120 g Semmelbrösel
100 g Butter oder ungehärtete Vollöl-Margarine
75 g zerlassene Butter
96 g Fruchtzucker
45 g gehackte Walnüsse

Zubereitung:
Aus Mehl, Ei, Öl, Salz und Wasser einen Strudelteig machen, diesen zugedeckt ½ Stunde ruhen lassen und danach auf einem bemehlten Küchentuch dünn ausziehen.
Die Äpfel feinblättrig hobeln, mit allen weiteren Zutaten vermischen, auf den Strudelteig geben, die Butter darüber träufeln und mit Hilfe des Tuches einrollen. Auf ein gefettetes Backblech geben und im Ofen bei 200 °C ca. 25 Minuten backen. In 16 Stücke teilen.

pro Person bzw. Stück						
EW	F	KH	kcal	BE	Joule	Chol.
2 g	10 g	27 g	237	2½	1000	22 mg

Mürber Apfelkuchen

15 Port.	*Zutaten:*
150 g	Butter oder ungehärtete Vollöl-Margarine
112 g	Dinkel- oder Weizenvollwertmehl
112 g	Vollwert-Biskuitbrösel
90 g	Fruchtzucker
135 g	fein gemahlene Haselnüsse
3	Eier
500 g	geriebene Äpfel
45 g	Fruchtzucker
	Zimt, Zitronenschale

Zubereitung:
Butter mit Eigelb, Zitronenschale, Zimt und Fruchtzucker schaumig rühren. Biskuitbrösel, Mehl, Nüsse und Eiweiß dazurühren. Danach 1/2 Stunde ruhen lassen und mit der Hand gut durchkneten. Die Hälfte des Teiges auf ein Backblech ca. 1 cm dick ausrollen und mit den ausgedrückten Äpfeln – vermischt mit Fruchtzucker und Zimt – belegen. Den restlichen Teig ausrollen und darauflegen. Im Backofen bei 170 °C 35 Minuten backen.

pro Person bzw. Stück

EW	F	KH	kcal	BE	Joule	Chol.
5 g	16 g	19 g	258	2	1083	81 mg

Grundrezept – zum Belegen mit Obst

12 Port.	*Zutaten:*
5 St.	Eier
72 g	Fruchtzucker
100 g	feines Maismehl (frisch gemahlenes Maiskorn)

Zubereitung:
Für den Maiskuchen die Eidotter mit etwas Fruchtzucker schaumig rühren. Mit dem restlichen Fruchtzucker das Eiweiß steifschlagen und mit dem Mehl zugleich unter die Eigelbmasse heben. Die Masse auf ein Backblech streichen und mit Erdbeeren, Himbeeren oder anderen Früchten belegen. Ca. 15 Minuten bei 190 °C backen.

Gibt man ca. 30 g zerlassene (nicht zu heiße) Butter zur Masse, so spricht man von einer leichten Sandmasse, die länger saftig hält.

pro Person bzw. Stück

EW	F	KH	kcal	BE	Joule	Chol.
4 g	1 g	12 g	91	1	382	131 mg

Aprikosenkuchen mit Streusel

16 Port.	*Zutaten:*
5	Eier
48 g	Fruchtzucker
120 g	feines Vollwertmehl von Dinkel oder Weizen
45 g	Walnüsse
800 g	Aprikosen ohne Stein

Streusel:

90 g	feingemahlene Haselnüsse
48 g	Fruchtzucker
48 g	feines Vollwertmehl
30 g	Butter oder ungehärtete Vollöl-Margarine

Zubereitung:
Eigelb mit Fruchtzucker und Zitronenschale schaumig rühren. Eiweiß mit einer Prise Salz steif schlagen und mit den Nüssen und dem Vollwertmehl zugleich (mittels Schneebesen) unter die Eigelbmasse heben. Auf ein (mit gefettetem Pergamentpapier belegtes) Backblech ca. 2 cm dick aufstreichen und mit halbierten Aprikosen belegen. Fruchtzucker, Nüsse, Butter und Mehl gut vermischen und darüber bröseln. Im Ofen bei 170 °C ca. 25 Minuten backen. In 16 Portionen teilen.

pro Person bzw. Stück

EW	F	KH	kcal	BE	Joule	Chol.
5 g	4 g	14 g	108	2	458	103 mg

Abendessen-Vorschläge für Diabetiker (oder Normalkost)

Rindfleischsalat (2 BE) – Rezept siehe Seite 183

Bandnudeln „Carbonara“ (2 BE) – Rezept siehe Seite 184

Omelette mit Champignons und Blattspinat (2 BE) – Rezept siehe Seite 184

Nudelauflauf (1½ BE) – Rezept siehe Seite 185

Zwetschgenknödel (5¾ BE) – Rezept siehe Seite 185

Kalte Platte (2 BE) – Rezept siehe Seite 186

Dampfkartoffeln mit Gemüsegulasch (2 BE) – Rezept siehe Seite 186

Cornflakes mit Milch (4 BE) – Rezept siehe Seite 187

Gemüse mit Polenta (3 BE) – Rezept siehe Seite 187

Kalter Teller mit Gemüse (2 BE) – Rezept siehe Seite 188

Kartoffel-Laibchen mit Kräutersauce (2 BE) – Rezept siehe Seite 188

Maisgrieß-Nockerln, Kerbelsauce, Junges Gemüse (2½ BE) – Rezept siehe Seite 189

Hirse-Nockerl mit Basilikumsauce und Gemüsegarnitur (2½ BE)-Rezept siehe Seite 190

Fenchelgratin mit Ofenkartoffeln (1½ BE) – Rezept siehe Seite 190

Käsespätzle mit Tomatensauce (3 BE) – Rezept siehe Seite 191

Gemischte Platte (2 BE) – Rezept siehe Seite 192

Gemüseplatte mit Kerbelkartoffeln und Kräutersauce (2 BE) – Rezept siehe Seite 192

Vollwertbrot mit Kräuterquarkaufstrich (2 BE) – Rezept siehe Seite 193

Maisauflauf mit Kräutersauce und Gemüse (2½ BE) – Rezept siehe Seite 193

Suppentopf (2½ BE) – Rezept siehe Seite 194

Kartoffelkrapferl mit Gemüseragout (2 BE) – Rezept siehe Seite 195

Aufschnittplatte mit Kräutertee (2 BE) – Rezept siehe Seite 195

Das Abendessen *

Nach den Forschungen von Dr. F. X. Mayr vermindert der Verdauungsapparat des Menschen seine Tätigkeit über die Zeit der Nacht und Nachtruhe. Daher bereiten Mahlzeiten, die in dieser Zeit eingenommen werden, dem Organismus eine erhebliche und nicht naturgemäße Belastung. Dies gilt besonders für reichliche, schwer verdauliche und spät abends, unmittelbar vor dem Schlafengehen eingenommene Gerichte. Am ungünstigsten ist die spät abends verzehrte gärungsfreudige Kost wie Rohkost, Hülsenfrüchte, Süßspeisen und frische Hefegerichte. Sie werden leicht im ruhenden Verdauungstrakt über Nacht zersetzt und führen zur Bildung schädlicher Zersetzungsgifte. Daher gilt für Obst und sonstige Rohkost:

morgens Gold,
mittags Silber,
abends Blei!

Rindfleischsalat

1 Pers.	*4 Pers.*	*Zutaten:*
100 g	400 g	gekochtes mageres Rindfleisch
5 g	20 g	guter Essig
3 g (1 TL)	12 g	kaltgepreßtes Öl
10 g	40 g	Zwiebeln
20 g	80 g	sonnengereifte Tomaten
20 g	80 g	Paprikaschoten
60 g (2 BE)	240 g	Vollwertbrot
		Vollsalz, Pfeffer aus der Mühle

Zubereitung:
Rindfleisch in dünne Streifen schneiden und mit feingeschnittener Zwiebel, Paprika, Salz und Pfeffer anmachen.

pro Person

EW	F	KH	kcal	BE	Joule	Chol.
26 g	5 g	31 g	277	2	1163	70 mg

* Leicht bekömmliche biologische Küche, P. Mayr, Karl F. Haug Verlag 1994, Heidelberg.

Bandnudeln „Carbonara"

1 Pers.	*4 Pers.*	*Zutaten:*
100 g (2 BE)	400 g	gekochte Vollwert-Bandnudeln
5 g	20 g	Butter oder ungehärtete Vollöl-Margarine
50 g	200 g	magerer Rinderschinken
60 g (1 St.)	240 g (4 St.)	Ei
10 g	40 g	frischer Parmesan (30% F. i. Tr.)
10 ml	40 ml	süße Sahne (30% Fett)
1 TL	2 TL	frische gehackte Petersilie, Salz

Zubereitung:
Nudeln „al dente" kochen. Kleingeschnittenen Schinken mit Butter in der Pfanne schwenken, Nudeln zugeben und das verrührte Ei mit Sahne und Petersilie stocken lassen. Mit Parmesan servieren.

pro Person

EW	F	KH	kcal	BE	Joule	Chol.
22 g	17 g	24 g	588	2	2469	370 mg

Omelette mit Champignons und Blattspinat

1 Pers.	*4 Pers.*	*Zutaten:*
2	8	Eier
5 g	20 g	Butter oder ungehärtete Vollöl-Margarine
10 ml	40 ml	süße Sahne (30% Fett)
50 g	200 g	frische Champignons
50 g	200 g	Blattspinat
150 g (2 BE)	600 g	Kartoffeln
		Vollsalz

Zubereitung:
Jungen Blattspinat waschen, abtropfen lassen und im Kocheinsatz dämpfen. Eier mit Sahne verrühren und salzen. Champignons blättrig schneiden und in einer Pfanne mit Butter schwenken. Eier und Spinat zugeben, anziehen lassen und Omeletten ausbacken. Kartoffeln schälen, im Kocheinsatz dämpfen und dazu reichen.

pro Person

EW	F	KH	kcal	BE	Joule	Chol.
22 g	20 g	25 g	364	2	1529	627 mg

Nudelauflauf

1 Pers.	*4 Pers.*	*Zutaten:*
90 g (2 BE)	360 g	gekochte Vollwert-Teigwaren
30 g	120 g	Sauerrahm (10% Fett)
50 g	200 g	sonnengereifte Tomaten
20 g	80 g	Mozzarella
20 g	80 g	Lauch
		frischer Oregano und Kerbel
		Knoblauch, Salz

Zubereitung:
Gekochte Nudeln mit Sauerrahm, frisch gehackten Kräutern, Knoblauch, Salz und geschälten, entkernten Tomatenwürfeln mischen. In eine gefettete Auflaufform geben, mit Mozarella belegen und im Ofen 10–12 Minuten überbacken. Dazu paßt jede Kräuter-Basensauce (Rezepte s. Seite 122).

pro Person						
EW	F	KH	kcal	BE	Joule	Chol.
19 g	9 g	21 g	403	2	1693	10 mg

Zwetschgenknödel

1 Pers.	*4 Pers.*	*Zutaten:*
35 g (½ BE)	140 g	gekochte mehlige Kartoffeln
7,5 g (½ BE)	28 g	Weizengrieß
60 g (3 BE)	240 g	Vollwertmehl (Dinkel oder Weizen)
1	4	Eigelb
70 g (1 BE)	280 g	Zwetschgen ohne Stein
10 g	40 g	Butter
7 g	28 g	Semmelbrösel
3 g (¼ BE)	12 g	Fruchtzucker
20 g	80 g	Butter oder ungehärtete Vollöl-Margarine

Zubereitung:
Kartoffeln mit Schale dämpfen, pellen und durchdrücken. Aus 10 g zerlassener Butter, Eigelb, Mehl und Grieß einen Teig bereiten. Zugedeckt 1 Stunde kühl stellen. Den Teig vierteln und mit je einer Zwetschge Knödel rollen. Diese ca. 15 Minuten in Salzwasser kochen. Dann in Semmelbrösel mit Fruchtzucker wälzen und mit zerlassener Butter servieren.

pro Person						
EW	F	KH	kcal	BE	Joule	Chol.
14 g	33 g	60 g	627	5¾	2633	386 mg

Kalte Platte

1 Pers.	*4 Pers.*	*Zutaten:*
60 g (2 BE)	240 g	Vollwertbrot
10 g	40 g	Butter oder ungehärtete Vollöl-Margarine
50 g	200 g	magerer Schinken
30 g	120 g	Schnittkäse (30% F. i. Tr.)
30 g	120 g	Gewürzgurken
50 g	200 g	sonnengereifte Tomaten

pro Person

EW	F	KH	kcal	BE	Joule	Chol.
28 g	16 g	27 g	276	2	1159	40 mg

Dampfkartoffeln mit Gemüsegulasch

1 Pers.	*4 Pers.*	*Zutaten:*
150 g (2 BE)	600 g	geschälte Kartoffeln
50 g	200 g	Kohlrabi
50 g	200 g	sonnengereifte Tomaten
50 g	200 g	Zucchini
20 g	80 g	Lauch
3 g (1 TL)	12 g	Olivenöl
10 g	40 g	Sauerrahm (10% Fett)
		Vollsalz, Pfeffer
2 EL	8 EL	Basensauce (Rezept s. Seite 122)
		Muskatnuß, 1 Bund frischer Oregano

Zubereitung:
Das Gemüse kleinschneiden, in einer großen Pfanne mit Olivenöl anschwitzen, kurz dünsten und mit Basensauce binden. Kartoffeln im Kocheinsatz dämpfen und zum Gemüsegulasch servieren. Mit Sauerrahm garnieren.

pro Person

EW	F	KH	kcal	BE	Joule	Chol.
6 g	5 g	28 g	192	2	806	3 mg

Cornflakes mit Milch

1 Pers.	*4 Pers.*	*Zutaten:*
1/4 l (1 BE)	1 l	Vollmilch
45 g (3 BE)	180 g	Vollwert-Cornflakes ohne Zucker

pro Person

EW	F	KH	kcal	BE	Joule	Chol.
12 g	13 g	52 g	318	4	1336	28 mg

Gemüse mit Polenta

1 Pers.	*4 Pers.*	*Zutaten:*
3 g (1 TL)	12 g	Olivenöl
20 g	80 g	Lauch
10 g	40 g	Zwiebel
20 g	80 g	Sellerie
10 g	40 g	Petersilienwurzel
20 g	80 g	Karotten
10 g	40 g	Butter
1/8 l	1/2 l	Basensauce (Rezept s. Seite 122)
2 g (1 TL)	8 g	Kräuter, frisch
45 g (3 BE)	180 g	Polentagrieß (oder geschrotet)
70 ml	280 ml	Gemüsebrühe, Salz, Muskatnuß
		1 Bund frisches Basilikum

Zubereitung:
Lauch, Zwiebel und das kleingeschnittene Gemüse in einer Pfanne mit Olivenöl anschwitzen, mit Mineralwasser weich dünsten, mit Salz, Muskat und Basilikumstreifen abschmecken und mit Basensauce binden. Gut abschmecken.

Polentagrieß mit der 1 1/2fachen Menge Gemüsebrühe weich dünsten, mit 2 EL Basensauce mischen und mit einem Eisportionierer zum Gemüse anrichten.

pro Person

EW	F	KH	kcal	BE	Joule	Chol.
5 g	12 g	37 g	276	3	1160	24 mg

Kalter Teller mit Gemüse

1 Pers.	*4 Pers.*	*Zutaten:*
60 g (2 BE)	240 g	Vollwertbrot
5 g	20 g	Butter oder ungehärtete Vollöl-Margarine
30 g	120 g	magerer Schinken (Pute oder Rind)
20 g	80 g	Frischkäse (20% Fett)
50 g	200 g	sonnengereifte Tomaten
30 g	120 g	Gurken
40 g	160 g	Radieschen

pro Person

EW	F	KH	kcal	BE	Joule	Chol.
17 g	7 g	28 g	236	2	991	49 mg

Kartoffel-Laibchen mit Kräutersauce

1 Pers.	*4 Pers.*	*Zutaten:*
150 g (2 BE)	600 g	mehlige Kartoffeln
2 g (1 TL)	8 g	frische Majoranblätter
10 g	40 g	Butter oder ungehärtete Vollöl-Margarine
20 g	80 g	Zucchini
20 g	80 g	Karotten
20 g	80 g	Brokkoli
		Vollsalz, Muskatnuß
80 ml	320 ml	Basensauce (Rezept s. Seite 122)

Zubereitung:
Kartoffeln mit der Schale im Kocheinsatz weich dämpfen, schälen, grob reiben und mit Majoran, Salz, Muskat und Butter würzen. Aus der Masse Kartoffel-Laibchen formen, im Ofen erhitzen und mit dem Gemüse servieren. Gemüse gefällig schneiden, weich dämpfen und mit Basensauce binden.

pro Person

EW	F	KH	kcal	BE	Joule	Chol.
4 g	9 g	25 g	196	2	817	24 mg

Maisgrießnockerln, Kerbelsauce, Junges Gemüse

1 Pers.	*4 Pers.*	*Zutaten:*
30 g (2 BE)	120 g	Maisgrieß
80 ml	320 ml	Gemüsebrühe
5 g	20 g	Butter oder ungehärtete Vollöl-Margarine
80 ml	320 ml	Gemüsebrühe
35 g (1/2 BE)	140 g	Kartoffeln
2 g (1 TL)	8 g	Kerbel
5 g	20 g	Butter oder ungehärtete Vollöl-Margarine
10 g	80 g	Sauerrahm (10% Fett)
30 g	120 g	Brokkoli
30 g	120 g	Karotten
20 g	80 g	Lauch
30 g	120 g	Spinat
10 g	40 g	Sauerrahm

Zubereitung:
Maisgrieß in Butter anschwitzen, mit Gemüsebrühe aufgießen und 15 Minuten garen lassen. Mit einem Eisportionierer Nockerln anrichten.

Kleingeschnittene Kartoffeln in Butter anschwitzen, mit Gemüsebrühe auffüllen und weich kochen. Mit dem Kerbel und Sauerrahm im Mixer pürieren.

Das Gemüse im Kocheinsatz weich dämpfen und mit der Sauce und Sauerrahm servieren.

pro Person

EW	F	KH	kcal	BE	Joule	Chol.
7 g	11 g	32 g	252	2 1/2	1058	31 mg

Hirse-Nockerln mit Basilikumsauce und Gemüsegarnitur

1 Pers.	*4 Pers.*	*Zutaten:*
30 g (2 BE)	120 g	Hirse
80 ml	320 ml	Gemüsebrühe
5 g	20 g	Butter
2 g (1 TL)	8 g	frische Kräuter
80 ml	320 ml	Gemüsebrühe
35 g (½ BE)	140 g	geschälte Kartoffeln
2 g (1 TL)	8 g	frisches Basilikum
5 g	20 g	Butter oder ungehärtete Vollöl-Margarine
20 g	80 g	Sauerrahm (10% Fett)
20 g	80 g	junge Karotten
20 g	80 g	Zucchini
20 g	80 g	sonnengereifte Tomaten
20 g	80 g	Blumenkohl
		Salz, Muskatnuß

Zubereitung:
Hirse mit Butter anschwitzen und in Gemüsebrühe garen. Mit einem Eisportionierer Nockerln anrichten. Evtl. mit 2 EL Basilikumsauce vermischen.

Kleingeschnittene Kartoffeln in einem Kochtopf mit Butter anschwitzen, mit Gemüsebrühe weich kochen und mit Sauerrahm und Basilikum mixen. Mit Salz und Muskatnuß abschmecken.

Das Gemüse im Kocheinsatz weich dämpfen, mit etwas Basilikumsauce mischen und mit der Hirse und der Sauce anrichten.

pro Person

EW	F	KH	kcal	BE	Joule	Chol.
6 g	12 g	29 g	243	2½	1021	31 mg

Fenchelgratin mit Ofenkartoffeln

1 Pers.	*4 Pers.*	*Zutaten:*
100 g	400 g	Fenchelknolle
30 g	120 g	Edamer-Käse (30% F. i.Tr.)
110 g (1½ BE)	440 g	ungeschälte Kartoffeln
2 TL	8 TL	frisches Fenchelgrün
		Vollsalz
20 g	80 g	Sauerrahm (10% Fett)
20 g	80 g	Mozzarella-Käse (16% F. i.Tr.)
		Salz, frisch geriebene Muskatnuß

Zubereitung:
Kartoffeln weich dämpfen, schälen und in Scheiben schneiden. Fenchel in Streifen schneiden und im Kocheinsatz weich dämpfen. Fenchel und Kartoffeln mit geriebenem Edamer-Käse, Muskatnuß, Fenchelgrün und Salz würzen, mit Sauerrahm vermischen. In eine ausgefettete Form geben und mit Mozzarella im Ofen gratinieren (überbacken). Eventuell etwas Kerbel-Basensauce (Rezept s. Seite 189) dazu servieren.

pro Person						
EW	F	KH	kcal	BE	Joule	Chol.
17 g	10 g	20 g	247	1 1/2	1031	38 mg

Käsespätzle mit Tomatensauce

1 Pers.	*4 Pers.*	*Zutaten:*
45 g (3 BE)	180 g	Dinkelmehl
1/2	2	Vollei
10 g	40 g	Butter oder ungehärtete Vollöl-Margarine
30 g	120 g	Edamer-Käse (30% F. i. Tr.)
100 g	400 g	sonnengereifte Tomaten
40 g	160 g	Zucchini
5 g	20 g	Butter oder ungehärtete Vollöl-Margarine
20 g	80 g	Zwiebeln
		Salz, Pfeffer
1 EL	4 EL	frisches Basilikum
1/8 l	1/2 l	Gemüsebrühe (Rezept S. 53)

Zubereitung:
Aus Dinkelmehl, Ei, Butter und etwas Wasser einen Spätzleteig zubereiten und Spätzle in Salzwasser einkochen. Nach 10 Minuten Kochzeit herausnehmen, abtropfen lassen, anrichten und feingeriebenen Käse darüber streuen.

Für die Sauce kleingeschnittene Zwiebel in Butter anschwitzen. Geschnittene Tomaten und Zucchini zugeben, weich dünsten und mit Gemüsebrühe, Salz, Pfeffer und Basilikum im Mixglas pürieren. Die Tomatensauce zu den Spätzle reichen.

pro Person						
EW	F	KH	kcal	BE	Joule	Chol.
19 g	21 g	32 g	395	3	1660	155 mg

Gemischte Platte

1 Pers.	*4 Pers.*	*Zutaten:*
60 g (2 BE)	240 g	Vollwertbrot
10 g	40 g	Butter oder ungehärtete Vollöl-Margarine
50 g	200 g	Putenschinken (5% Fett)
20 g	80 g	Camembert oder Liptauer-Käse
100 g	400 g	Tomaten oder Paprikaschoten
1 TL	4 TL	Kresse
20 g	80 g	Radieschen

Zubereitung:
Aus den Zutaten eine kalte Platte bereiten. Mit Kresse und Radieschen garnieren.

pro Person

EW	F	KH	kcal	BE	KJ	Chol.
25 g	12 g	28 g	328	2	1378	60 mg

Gemüseplatte mit Kerbelkartoffeln und Kräutersauce

1 Pers.	*4 Pers.*	*Zutaten:*
50 g	200 g	Karotten
30 g	120 g	Spargel
30 g	120 g	Zucchini
30 g	120 g	Blumenkohl
30 g	120 g	Brokkoli
35 g (½ BE)	140 g	geschälte Kartoffeln
5 g	20 g	Butter oder ungehärtete Vollöl-Margarine
20 g	80 g	Sauerrahm (10% Fett)
20 g	80 g	Lauch
110 g (1½ BE)	440 g	ungeschälte Kartoffeln (als Beilage)
		Salz, Muskat, frische Kräuter
		frischer Kerbel

Zubereitung:
Gemüse putzen, zuschneiden und im Kocheinsatz weich dämpfen.

Für die Kräutersauce kleingeschnittenen Lauch und Kartoffeln im Kochtopf mit Butter anschwitzen, mit Gemüsebrühe auffüllen, weich kochen und im Mixglas mit Sauerrahm, Kräutern, Salz und Muskat mixen.

Kartoffeln weich dämpfen und als Beilage dazu reichen.

pro Person						
EW	F	KH	kcal	BE	KJ	Chol.
7 g	7 g	28 g	208	2	870	19 mg

Vollwertbrot mit Kräuterquarkaufstrich

1 Pers.	*4 Pers.*	*Zutaten:*
60 g (2 BE)	240 g	Vollwertbrot
15 g	60 g	Butter oder ungehärtete Vollöl-Margarine
125 g	500 g	Magerquark (10% Fett)
2 g (1 TL)	8 g	feingeschnittener Schnittlauch
3 g (1 TL)	12 g	frisches Basilikum
½ TL	2 TL	Paprikapulver, etwas gemahlener Kümmel
20 g	80 g	Sauerrahm
20 g	80 g	kleingeschnittene Gewürzgurken
		Meersalz

Zubereitung:
Aus Butter, Quark und den weiteren Zutaten einen pikanten Kräuteraufstrich bereiten. Zum Vollwertbrot reichen.

pro Person						
EW	F	KH	kcal	BE	KJ	Chol.
22 g	15 g	31 g	346	2	1453	44 mg

Maisauflauf mit Kräutersauce und Gemüse

1 Pers.	*4 Pers.*	*Zutaten:*
30 g (2 BE)	120 g	feines Vollwert-Maismehl
30 g	120 g	Sahne
½	2	Eier
		Steinsalz, Muskatnuß
3 g (1 TL)	12 g	frische Kräuter
80 ml	320 ml	Gemüsebrühe (Rezept S. 53)
38 g (½ BE)	152 g	Kartoffeln
10 g	40 g	Zwiebel
5 g	20 g	Butter oder ungehärtete Vollöl-Margarine
20 g	80 g	Sauerrahm
		Salz, frisch geriebene Muskatnuß
100 g	400 g	Gemüse nach Jahreszeit (z. B. Zucchini oder Fenchel)

Zubereitung:
Eier trennen. Eiweiß mit einer Prise Salz steif schlagen. Sahne mit Eigelb gut verrühren, dann das Maismehl und Eiweiß zugleich unterheben. In eine gefettete kleine Porzellanform geben und im Wasserbad ca. 10 Minuten garen.

Kleingeschnittene Zwiebel und Kartoffeln in Butter anschwitzen, mit Gemüsebrühe aufgießen, weich kochen und im Mixglas mit Kräutern, Sauerrahm, Salz und Muskatnuß pürieren.

Das Gemüse im Kocheinsatz weich dämpfen und dazugeben. Eventuell mit etwas Sauce binden.

pro Person

EW	F	KH	kcal	BE	KJ	Chol.
10 g	21 g	30 g	351	2 1/2	1474	547 mg

Suppentopf

1 Pers.	*4 Pers.*	*Zutaten:*
60 g	240 g	mageres Rindfleisch (oder Huhn ohne Haut)
30 g	120 g	kleingeschnittene Karotten
30 g	120 g	kleingeschnittene Petersilienwurzel
40 g	160 g	kleingeschnittene Sellerie
1	4	frische Rosmarinzweige
2 g (1 TL)	8 g	gehackte Petersilie
30 g (2 BE)	120 g	rohe Vollwertnudeln
30 g (1 BE)	120 g	Vollwertbrot
1/2 l	2 l	Gemüsebrühe (Rezept s. Seite 53) oder Wasser

Zubereitung:
Rindfleisch kleinschneiden und mit dem Gemüse und Gewürzen in der Gemüsebrühe weich kochen. Die Nudeln kurz vor dem Garwerden des Gemüses mitkochen lassen. Den Eintopf mit Petersilie bestreuen. Das Brot in kleine Würfel schneiden, rösten und darauf geben.

pro Person

EW	F	KH	kcal	BE	KJ	Chol.
22 g	5 g	37 g	277	3	1163	35 mg

Kartoffelkrapferl mit Gemüseragout

1 Pers.	*4 Pers.*	*Zutaten:*
150 g (2 BE)	600 g	mehlige Kartoffeln
10 g	40 g	Butter oder ungehärtete Vollöl-Margarine
10 g	40 g	Edamer
2 g (1 TL)	8 g	Schnittlauch, etwas Pfeffer und Muskat
40 g	160 g	Sellerie
30 g	120 g	Petersilienwurzel
30 g	120 g	Karotten
40 g	160 g	Zucchini
10 g	40 g	Butter oder ungehärtete Vollöl-Margarine
20 g	80 g	Sauerrahm
2 g (1 TL)	8 g	frische Kräuter (Oregano, Kerbel)
		Salz, Muskatnuß, Pfeffer aus der Mühle

Zubereitung:
Kartoffeln im Kocheinsatz weich dämpfen, schälen, fein reiben, mit Käse und den Gewürzen vermischen. Mit einem Eisportionierer anrichten.

Gemüse klein schneiden und weich dämpfen. Einen Teil davon mixen und restliches Gemüse damit binden. Mit Sauerrahm, Kräutern, Butter, Muskat, Salz und Pfeffer würzen.

pro Person

EW	F	KH	kcal	BE	KJ	Chol.
8 g	21 g	28 g	340	2	1428	31 mg

Aufschnittplatte

1 Pers.	*4 Pers.*	*Zutaten:*
60 g (2 BE)	240 g	Vollwertbrot
5 g	20 g	Butter oder ungehärtete Vollöl-Margarine
40 g	160 g	Geflügelwurst (3% Fett)
40 g	160 g	Quarkaufstrich
20 g	80 g	Hüttenkäse
10 g	40 g	Gewürzgurken
40 g	160 g	Tomatenspalten

Zubereitung:
Alle Zutaten gefällig auf einer Platte anrichten und garnieren.

pro Person

EW	F	KH	kcal	BE	KJ	Chol.
22 g	7 g	27 g	267	2	1141	48 mg

Erkrankungen des Verdauungstraktes

Einführung

Von Dr. Eberhard Suntinger, Schloß Kölnhof, St. Veit a.d. Glan, Österreich

Jede Epoche in der Menschheitsgeschichte hat ihre eigenen Erkrankungen. Wenn in früheren Jahrhunderten Infektionskrankheiten und Seuchen im Vordergrund standen, so sind chronische Erkrankungen die Geisel unserer Zeit. Ob wir Herz-Kreislauferkrankungen, rheumatische Erkrankungen, degenerative Erkrankungen bis hin zum Karzinom oder die Zuckerkrankheit betrachten – die Chronizität und der mehr oder weniger langwierige Verlauf oft bis hin zu Siechtum und Tod, sind kennzeichnend dafür.

Hinter allen chronischen Erkrankungen steht ausnahmslos, und zum größten Teil auch ursprünglich, ein überforderter, chronisch verschlackter, überlasteter, schlicht vergifteter Verdauungstrakt. Es ist daher unumgänglich, in der Therapie chronischer Erkrankungen zuallererst den Verdauungstrakt zu behandeln.

Es gilt, die körpereigenen Selbstheilungskräfte zu aktivieren, unnatürliches Verhalten zu vermeiden, die Eßkultur zu verbessern und die Qualität und Zusammensetzung in der Nahrungsmittelwahl zu überdenken und wenn nötig neu zu ordnen.

Es ist eine Binsenweisheit, daß ein verschlackter, chronisch vergifteter Organismus nicht in der Lage ist, kontinuierlich gute Arbeit zu leisten.

Zu Beginn jeder Änderung steht eine ehrliche Bestandsaufnahme. Körperliche Mängel und Schwächen werden ebenso wie psychosomatische Zusammenhänge erkannt und aufgedeckt. Die Krankheit, eine Krise in die wir geraten, damit unser Leben neue und bessere Grundlagen erhalte, schüttelt uns durcheinander, um uns eine neue Zusammensetzung zu ermöglichen, um uns ganz zu machen, damit Gottes Licht durch uns zum Scheinen komme. Wer Krankheit verdrängen möchte entzieht dem Menschen die Grundlage seines Seins. Krankheit und Gesundheit gehören zusammen, sie sind die zwei Seiten der Wirklichkeit. Unsere Aufgabe ist es, für uns als richtig Erkanntes zu leben. Hat eine chronische Krankheit bei uns Einzug gehalten, müssen wir uns immer wieder damit aussöhnen, daß Schmerzen und Einschränkung Teil von uns sind, daß wir nicht vollkommen sind, daß die Gesundheit nicht nur das Ergebnis unserer Mühen, sondern auch ein Geschenk ist, unverfügbar, nicht machbar. Zu unserem Menschsein gehört die Demut, unsere Wahrheit anzunehmen, die Wahrheit, daß wir fehlbare Menschen sind, Sünder, angewiesen auf die Gnade, Barmherzigkeit und Liebe Gottes. Dr. Franz Xaver Mayr, ein steirischer Arzt und Forscher hat durch seine Therapie zu einer Zeit neue Maßstäbe gesetzt, wo vorhergenannte Zusammenhänge dem allgemeinen Verständnis noch lange nicht hinreichend klar waren.

Nun sind Erkrankungen des Verdauungstraktes häufig auf leicht zu verändernde Ursachen zurückzuführen. Es wird heute

viel zu viel,
viel zu schwer,
viel zu spät,
viel zu häufig
viel zu schwer
vielfach in falscher Zusammensetzung gegessen.

Die wichtigsten Ernährungsrichtlinien beziehen sich in erster Linie auf das **Wie** und nicht auf das **Was**.

Wie esse ich richtig?

- Iß in Ruhe meint: ohne Fernsehen, ohne Zeitung, ohne Streit, ohne Hektik. Kaue ausreichend lange und intensiv meint: 30–50 × pro Bissen
- Iß nur bis leichtes Sättigungsgefühl auftritt meint: die Körpersignale, Sättigungsreflexe respektieren, also mich selbst ernst nehmen.
- Iß nur wenn du Hunger hast meint: bewußt dem unbewußt fortwirkenden „Was auf dem Teller ist wird gegessen!“ entgegenwirken.
- Iß keine Rohkost und kein Obst am Abend meint: vermeide Gärungsvorgänge mit Gas- und Alkoholbildung.
- Iß ohne gleichzeitig zu trinken meint: trinke 2 Liter Flüssigkeit täglich, (Wasser, Kräutertees, stille Mineralwässer) vor den Mahlzeiten und frühestens eine Stunde nach den Mahlzeiten.

Vielfach sind die Gründe für chronische Erkrankungen überhaupt im Verborgenen. Häufig entstehen Krankheiten aus Folge nicht gelebten Lebens, nicht gelebter Aggressionen, ungelebter Lust und nicht zugelassener physischer und emotionaler Bedürfnisse. Entscheidend für die Heilung und das Heil sein ist, daß wir lernen, mit unseren Gedanken und Gefühlen richtig umzugehen. Wir sollen sie ehrlich anschauen und aktiv mit Ihnen umgehen. Keine Angst vor negativen Gefühlen haben. Tauchen sie z. B. im Traum auf – wir sind nicht dafür verantwortlich, nur dafür wie wir mit ihnen umgehen.

Häufig ist die Maßlosigkeit als krankheitsauslösender Faktor anzuschuldigen. Der maßlose Energieeinsatz, Energieverschwendung, der die Schöpfung bedroht, maßloser Konsum der uns unsere Zivilisationskrankheiten beschert hat, Maßlosigkeit in der Arbeit die zu Dauerstreß führt, Maßlosigkeit im Streben zur Perfektion, nach absoluter Sicherheit, absoluter Versorgung und absoluter Garantie auf Gesundheit und gelungener Lebensbewältigung. In dieser Maßlosigkeit überfordern wir uns ständig, verlieren das Gespür für unsere eigenen Grenzen, werden maßlos! Nach außen, im immer mehr Haben statt Sein, mehr Haus, mehr Geld, mehr Auto, mehr Sex, mehr Leibesfülle, nach innen mehr verhaltene Aggression, mehr Bitterkeit, mehr Langeweile, mehr Verzweiflung, mehr oberflächliches Glück, mehr Depression und mehr Leere. Verlieren wir in unserer Maßlosigkeit das Gespür für eine gesunde Lebenseinschätzung, so entsteht der Mythos vom Supermenschen (Superman, der immer fit ist, immer funktioniert, allen Anforderungen beruflich und privat gewachsen ist). Allzuoft lassen auch Ärzte sich von ihren Patienten in diesen Mythos hineinhieven. Dabei wächst die Gefahr, daß so Lebendigkeit, und Gespür für das Leid der Anderen verloren geht. Verdrängen wir unsere Schattenseite, unsere Schwächen nur um funktionsfähig zu bleiben, den Schein zu wahren, geht die Lebendigkeit geht unser „innerer Arzt" verloren. Der Preis für diese Scheinlösung ist häufig die Hinwendung zur Sucht. Als Zeichen der Flucht vor der Realität. Häufig steht am Ende der totale Zusammenbruch als logische Folge unserer Maßlosigkeit. Es gilt das rechte Maß zu finden, sich und seine Familie und Mitarbeiter nicht zu überfordern. Das rechte Maß meint nicht Mittelmäßigkeit sondern das rechte Gleichgewicht. Individuelle, angepaßte Wege beschreiten – durch die vorhergenannten, von F. X. Mayr aufgestellten Regeln, genauso wie im familiär-beruflichen und geistig-geistlichen Bereich. Vor allem bezieht sich die Maßlosigkeit auf unser Vollkommenheitsideal. Wir erlegen es uns auf. In unserem Perfektseinwollen, sein wollen wie Gott, ohne Fehler und Schwachstellen.

Nicht vollkommen, sondern ganz sollen wir sein.
Lebendig, mitfühlend, liebend

„Ich bin nicht in Form", meint ich fühle mich nicht stark genug, habe keine Lust, bin zu schwach. Ein formloser Mensch meint eine blasse, graue Persönlichkeit, den Mann ohne Eigenschaften, ohne Konturen, schwammig, weit entfernt dem Idealmaß, nicht gesund.

Formlosigkeit macht also krank! Strukturierung, Ordnung durch fasten, Herausschälen der individuellen Form durch eine Mayr-Kur, Konzentration und Meditation sind heilende christliche Tugenden, die in unserer Zeit den ihnen zukommenden Platz erhalten sollen. Den chronischen Erkrankungen des Verdauungstraktes liegen vielfach auch seelische Ursachen zugrunde. Optische und akkustische Reizüberflutung sind solch krankmachende Faktoren.

Es ist heute schwierig geworden, dieser Überflutung zu entrinnen. Es setzt ein hohes Maß an Widerstandsfähigkeit und Wollen voraus, sich aus dem Lärm, aus dem Zeitalltag des Internet heraus in die Stille, in das Schweigen zu begeben. Oft melden sich in der Stille Gedanken, Bilder aus dem dunklen Teil unseres Seins. Bilder und Töne die in Ihrer Bedrängung Angst machen, verunsichern. Dröhnende Stille, rasende Bildzyklen; wenn wir sie beobachten und annehmen, lernen, sie in unser bewußtes Leben zu integrieren, verlieren sie ihre Bedrohlichkeit und werden zu sprudelnden Quellen von Glück und Heilung.

Singen vertreibt alle Traurigkeit, das wissen wir nicht erst seit der chinesischen Fünfelementenlehre. Daß zur Heilung chronischer Erkrankungen die Ordnung in der Ernährungsweise, eine Umstellung der Ernährungszusammensetzung und Bescheidenheit gehört, wurde bereits erwähnt. Wesentlich ist aber auch Bewegung die zum Abbau von Streß, zur Verbesserung der Zirkulation und Sauerstoffsättigung führt.

Nicht leistungsorientiert sondern dem jeweiligen Leistungszustand entsprechend, sollte richtige Bewegung sein aus dem übersäuernden, laktatbildenden Bereich in den Langzeit-Ausdauer-Bereich führen. Bewegung sollte immer freudvoll und lustbetont sein.

Erwähnt soll hier auch der geistige Aspekt des Fastens sein, welches die strengste Form der Mayr-Therapie darstellt.

Fasten stellt in allen Religionen und Kulturen den Einstieg zu mystischem Erleben und entscheidenden Weichenstellungen im Lebensablauf dar. Immer individuell abgestimmt, kann Fasten als ein idealer Einstieg in die Therapie chronischer Verdauungskrankheiten betrachtet werden.

Beten, heute weitgehend aus der Mode gekommen, ist ein weiterer wesentlicher Beitrag zur Genesung und wird meiner Meinung nach in seiner Bedeutung häufig unterschätzt. Das Thema Spiritualität stellt sich heute häufig aus einer neurotischen Sicht dar. Neurotische Spiritualität verdrängt den Schatten und klammert sich krampfhaft an Ideale, ohne sie je erfüllen zu können.

Der Neurotiker liebt sich selbst nicht. Es ist leicht, andere Menschen zu lieben, schwerer schon, den Ehepartner zu lieben, dem man täglich begegnet; am schwersten aber ist es sich selbst zu lieben! Das ist das eigentliche Leiden des Neurotikers; sich nicht lieben zu können, weil er nur einen vollkommenen Menschen für liebenswert hält.

Damit der ganze Mensch heil wird, bedarf es auch einer Spiritualität, die die religiöse Sehnsucht anspricht und den Menschen über das Kreisen um sich hinausführt und ihn im Einswerden mit Gott über sich hinaus wachsen läßt!

Diese Spiritualität muß unserer Zeit gemäß sein, aus ganzheitlich, psychotherapeutischer Sicht den Menschen zu einem lebendigen, reifen, freien und liebensfähigen Leben begleitend unterstützen, im Frieden mit sich und der Welt und von einer ansteckenden Freude und Fruchtbarkeit.

Werden chronische Erkrankungen des Verdauungstraktes aus diesem geweiteten, ganzheitlichen Blickwinkel betrachtet, ergibt sich eine Reihe neuer Therapieansätze, allesamt mit berechtigtem Anspruch auf Gültigkeit.

In diesem Sinne ist dieses Buch mit seinen wertvollen Hinweisen in Richtung Neuorientierung und Verbesserung alter Ernährungsgewohnheiten ein wichtiger Schritt in die Zukunft. Ich wünsche ihm weite Verbreitung zum Wohle aller Leidenden und Suchenden.

Es besteht zwar nicht die unbedingte Notwendigkeit, aber für viele Fälle, gerade für solche mit schon länger bestehenden Beschwerdebildern, muß hier auf die enorm günstige Einstiegsmöglichkeit mit Hilfe einer F. X. Mayr-Kur hingewiesen werden.

Die F. X. Mayr-Kur*

Die vom österreichischen Arzt Dr. Franz Xaver Mayr (1875–1965) entwickelte diagnostisch-therapeutsche Methode stellt eine regenerative, intensivdiätetische Therapieform dar, die zur Behandlung von verdauungs-, stoffwechsel- und ernährungsabhängigen Leiden angewendet wird.

Bis heute wird die Ernährung als erstrangiger Faktor sowohl bei der Entstehung, als auch bei der Verhütung, bzw. Heilung von Krankheiten verschiedenster Art fast generell unterschätzt. Auch deshalb hat die Mayr-Kur vor allem im letzten Jahrzehnt sowohl innerhalb, wie auch außerhalb des deutschen Sprachraums eine zunehmend stärkere Verbreitung erfahren.

Bei dieser sowohl stationär, als auch ambulant durchführbaren Behandlung werden neben den üblichen klinisch-diagnostischen Methoden die von Mayr entdeckten diagnostischen Kriterien („Mayr-Diagnostik") angewendet. Die Therapie geht von ihrem Kern vom wahrscheinlich ältesten Vorbeugungs- und Heilverfahren der Menscheit aus, von Fasten und Intensivdiät. Die jeweils zu wählende Form und die Behandlungsdauer sind individuell und hängen vom jeweiligen Zustand des Patienten ab. Sie reichen von Teefasten über die wohl bekannteste Form der Milch-Semmel-Diät, bis hin zur milden Ableitungsdiät. Die milde Ableitungsdiät ist eine besonders leicht bekömmliche, sorgfältig ausgesuchte und zubereitete Basiskost.**

Der Bogen der Indikationen erstreckt sich von der aktiven Gesundheitsvorsorge bis zur Behandlung der Zivilisations- und Degenerationsschäden, wobei die Mehrzahl aller, vor allem durch fehlerhafte Lebens- und Ernährungsweise bedingten Veränderungen, insbesondere Risikofaktoren wie Übergewicht, alimentärer Hochdruck, Hypercholesterinämie, Hyperlipidämie, Hyperurikämie, Altersdiabetes sowie viele Leber-, Gallen-, Magen- und Darmstörungen günstig beeinflußt werden.

* Die F. X. Mayr-Kur und danach gesünder leben, E. Rauch, Karl F. Haug Verlag, Heidelberg
** Milde Ableitungs-Diät, Rauch/Mayr, Karl F. Haug Verlag, Heidelberg

Dankbar sprechen intestinal-toxisch bedingte Störungen an wie chronischer Kopfschmerz, Migräne, Depressive Verstimmungen und gelenkrheumatische Beschwerden.

Mit einer solchen Kur ist die Motivierung zu einer gesundheitsbewußten Umstellung der Ernährung ein idealer Einstieg in die in diesem Buch empfohlene „Leicht bekömmliche Vollwertkost".

Die leichte Vollkost bei Erkrankungen des Verdauungstraktes

Allgemeines*

In keinem Teilgebiet der inneren Medizin ist es sowohl für den Patienten als auch für den Arzt so naheliegend, einen Therapieerfolg mit speziellen Kostformen zu erwarten, wie in der **Gastroenterologie.**

Die Tatsache, daß die Gastrointestinalorgane direkt mit der aufgenommenen Nahrung in Kontakt kommen, ihre Funktionen in der Verdauung und Resorption besteht und abdominelle Beschwerden häufig nach dem Verzehr spezieller Lebensmittel und Speisen auftreten, mag zu der oft **kritiklosen** Annahme führen, der Verlauf jeder gastroenterologischen Erkrankung könne mit einer Diät positiv beeinflußt werden.

Auf der Basis dieser Vorstellungen wurde die Vielzahl der schulmedizinischen Schonkostformen zur Behandlung von Magen- und Zwölffingerdarmgeschwüren, Gallenwegserkrankungen, Lebererkrankungen usw. empfohlen.

Kritische Überprüfungen dieser Kostformen haben ergeben, daß folgende Erkrankungen durch diätisch-therapeutische Maßnahmen in herkömmlicher Form nicht beeinflußt werden können:

Ulcus ventriculi et duodeni (= Magen- und Zwölffingerdarmgeschwüre)
akute Hepatitis
Leberzirrhose
Fettleber
Morbus Crohn
Colitis ulcerosa
Erkrankungen der Gallenwege
chronische Pankreatitis (Bauchspeicheldrüsenentzündung)

---

* Literatur von Prof. K. Pirlet, Karl F. Haug Verlag, Heidelberg: Ist Vollwerternährung naturgemäß? Kann sie auch schaden? Vortrag auf einer Fachtagung in Gießen am 10.10.1991.

Das darf aber nicht so verstanden werden, als ob die angeführten Erkrankungen ernährungstherapeutische Maßnahmen nicht nötig machten! Selbstverständlich muß die Ernährung sorgfältig ausgerichtet sein, um den Ablauf der Digestion zu entlasten.

Die verschiedenen, allgemeinen Schonkostformen für den Bereich des Magen-Darm-Traktes wurden daher zu einer einzigen Kostform, der „leichten Vollkost" sinnvoll zusammengefaßt.

Die leichte Vollkost im Detail

> Die leichte Vollkost unterscheidet sich von der Normalkost dadurch, daß alle Nahrungsmittel aus der Kost weggelassen werden, die erfahrungsgemäß häufiger Unverträglichkeiten hervorrufen.

Eine Vollkost ist eine Kost, die

1. den Bedarf an essentiellen Nährstoffen deckt,
2. in ihrem Energiegehalt den Energiebedarf berücksichtigt,
3. präventivmedizinische Erkenntnisse der Ernährungsforschung berücksichtigt,
4. in ihrer Zusammensetzung den üblichen Ernährungsgewohnheiten angepaßt ist,
5. die eine möglichst schonende Zubereitung verlangt, um Nährstoffverlusten vorzubeugen.

Die „leichte Vollkost" muß also in ihrem Nährstoffgehalt so ausbilanziert sein, daß auf lange Sicht, unter Weglassung der Nahrungsmittel, die Unverträglichkeiten auslösen, der tägliche Nährstoffbedarf völlig gedeckt ist.

Aufteilung der Nährstoffe:
12–15% Eiweiß
30–35% Fett
50–55% KH
10 g Linolsäure
15 g Ballaststoffe

Frühstück, Mittag- und ein bescheidenes Abendessen sind die Hauptmahlzeiten des Tages, von denen das Frühstück und das Mittagessen stets größer sein sollen als die Abendmahlzeit. Die Abstände von einer Hauptmahlzeit zur anderen werden nur beim Diabetiker durch kleine Zwischenmahlzeiten unterbrochen. Der Otto-Normalverbraucher kommt in der Regel mit 3 Mahlzeiten pro Tag aus.

Nahrungsmittel, die schwer verdaulich sind und im einzelnen Fall Intoleranzerscheinungen hervorrufen, müssen selbstverständlich aus dem Speiseplan gestrichen werden.

Lebensmittelintoleranzen

Die folgende Übersicht zeigt die Häufigkeit von Lebensmittelintoleranzen nach einer Erhebung der deutschen Arbeitsgemeinschaft für Ernährung und Diätetik (Unspezifische Nahrungsmittelintoleranzen).

Intoleranzen	%	Intoleranzen	%
Hülsenfrüchte	30,1	gewürzte Speisen	7,7
Gurkensalat	28,6	heiße Speisen	7,6
Fritierte Speisen	22,4	Weißwein	7,6
Weißkraut	20,2	rohes Obst	7,3
kohlensäurehaltige Getränke	20,1	Nüsse	7,1
fette Speisen	17,2	Gebratenes, paniert	6,8
Paprikagemüse	16,8	Pilze	6,1
Sauerkraut	15,8	Lauch	5,9
Blaukraut	15,8	Spirituosen	5,8
süße, fette Backwaren	15,8	Vollkornbrot	4,8
Pommes frites	15,3	Buttermilch	4,5
frisches Brot	13,6	Vollmilch	4,4
Krautsalat	12,1	Bier	4,4
Mayonnaise	11,8	Honig	3,1
Kartoffelsalat	11,4	Trockenfrüchte	2,2
Geräuchertes	10,7	Käse	2,2

Bei der Betrachtung von Verdauungs- und Resorptionsstörungen, die zu abdominellen Beschwerden und Mißempfinden nach dem Verzehr von Lebensmitteln und Speisen führen, unterscheidet man sogenannte **spezifische** und **unspezifische Nahrungsmittelintoleranzen.**

Spezifische Nahrungsmittelintoleranzen

Diese Form der Nahrungsmittelunverträglichkeit zeigt einen sicheren Zusammenhang zwischen den nach der Nahrungsaufnahme einsetzenden Intoleranzerscheinungen und bestimmten Nahrungsbestandteilen.

Derartige Erkrankungen erfordern ein Weglassen des auslösendenNährstoffes, um eine Heilung herbeiführen zu können. Die diätetischen Maßnahmen müssen meist längere Zeit oder ein Leben lang eingehalten werden. Die Leichte Vollkost kann hier nur wenig und wenn, dann nur nach Abklingen der Beschwerden eingesetzt werden.

Beispiele:
gluteninduzierte Enteropathie
(Zöliakie oder einheimische Sprue)
Lactoseintoleranz
Disaccharidosemangel

Hier gehören auch Lebensmittelallergien hinzu. Sie sind auch spezifisch und werden bei genetischer Disposition nach wiederholtem Kontakt und Sensibilisierung durch bestimmte Lebensmittel ausgelöst.

Diese Allergien müssen mit einer allergendefinierten Diät behandelt werden und sind von Unverträglichkeiten zu unterscheiden.

Unspezifische Nahrungsmittelintoleranz

Hierunter versteht man das Auftreten von Beschwerden, nach dem Genuß sogenannter schwerverdaulicher Nahrungsmittel. Warum manche Nahrungsmittel sowohl bei Erkrankten als auch beim gesunden Menschen abdominelle Mißempfindungen und/oder allergische Erscheinungen hervorrufen können, ist im einzelnen Fall schwer zu bestimmen.

Als Gründe werden Dehnung und Irritation der Darmwand durch die bei der bakteriellen Zersetzung von Nahrungsmittelbestandteilen entstehenden Gase und organischen Säuren angegeben. Entsprechend klagen die Menschen über Völlegefühl, Brennen im oberen Gastrointestinaltrakt, saures Aufstoßen und Erbrechen.

Abhängig von der Nahrungsmittelbeschaffenheit ist auch die Passage des Nahrungsbreies durch den Magen-Darm-Trakt. Warme Getränke durchströmen den Magen rascher als kalte mit gleichem osmotischen Druck.

Verweildauer von verschiedenen Speisen im Magen

Ca. 1 Stunde:	Flüssige Speisen
Ca. 3 Stunden:	Gekochte Kartoffeln Gekochtes Gemüse Gedünsteter Reis Mageres Fleisch Magerer Fisch Brot
Ca. 4 Stunden:	Speisen mit hohem Fettgehalt
Ca. 4 Stunden:	Rohes Obst Rohkost Hülsenfrüchte Gröbere Brotsorten
Ca. 5 Stunden:	Fettes Fleisch Scharf gebratenes Fleisch Fette Fische Geräucherte Fische

Der Speisebrei benötigt für die Passage des Dünndarms etwa 1–3 Stunden, für die Passage des Dickdarms weitere 4–6 Stunden.

Je länger der Speisebrei im Magen-Darm-Trakt verweilt, desto mehr können Darmbakterien auf diesen Einfluß nehmen. Auswirkungen zeigen sich besonders dann, wenn die Keimbesiedlung des Dünndarmes verstärkt oder die Verdauungsleistung vermindert ist.

Die durch die Darmflora entstehenden Zersetzungsprodukte beeinflussen das Wohlbefinden des Menschen wesentlich. Je mehr der Umfang der Keimbesiedelung und die Art der Keime vom ausgeglichenen Normalmaß abweicht, desto eher ist mit einer unphysiologischen Nährstoffausnützung zu rechnen.

Neben **organisch bedingten Ursachen** nimmt man auch an, daß **Emotionen, Vorurteile gegenüber Nahrungsmitteln** und **übertriebene Selbstbeobachtung** die **Ursache** von **Unverträglichkeitserscheinungen** sind.

Gastroenterologische Diäten *

Diät bei Magen-, Darm- und Lebererkrankungen

Erkrankungen des Magens

- **Gastritis**

  Eine akute Gastritis wird meist ausgelöst durch bestimmte Medikamente, Alkohol, bakteriell kontaminierte Speisen, Negativstreß usw. Häufig findet man auch eine Kontamination von Comphylobacter pylori.

  Die Symptome sind Schmerzen im mittleren Oberbauch und manchmal Erbrechen. Die chronische Form verursacht in der Regel keine Beschwerden.

- **Magen- und Zwölffingerdarmgeschwüre**

  Magen- und Zwölffingerdarmgeschwüre entstehen als Folge einer Selbstandauung der Schleimhaut. Fördernd wirken können psychische Belastungssituationen, Medikamente und Erbfaktoren.

  Die Symptome bestehen in Schmerzen, die beim **Magengeschwür überwiegend nach der Nahrungsaufnahme** und beim **Zwölffingerdarmgeschwür** im **Nüchternzustand** auftreten.

- **Diättherapie**

  Während die **Abheilung** von Geschwüren an Magen und Zwölffingerdarm durch früher übliche Ulcus-Diäten nicht beschleunigt werden kann, ist nicht eindeutig geklärt, in welchem Ausmaß Gewürze, alkohol- und koffeinhaltige Getränke das Abheilen von Geschwüren negativ beeinflussen.

---

* Ausbildungsskriptum für den diätetisch geschulten Koch, WIFI Klagenfurt/Wien

Tatsache ist, daß Koffein und Alkohol die Säure- und Pepsinsekretion steigern. Säurelockernd wirken Knoblauch, Paprika, Meerrettich und Senf.

Bei **akuter Gastritis** sind unter Umständen **Tee-Schleim-Tage** angezeigt:

Beispiel:
1 Tag Teefasten (Salbei, Käsepappel, Kamille, Pfefferminze, Eibischwurzel)
Schleimsuppe und Karottensuppe am 2. Tag, bei Erbrechen mit Kochsalz angereichert.
Am 3. Tag Umstellung auf leichte Vollkost.

Treten objektive Nahrungsmittelunverträglichkeiten, wie Aufstoßen oder Blähungen auf, empfiehlt sich eine Leichte Vollkost, bei der insbesondere Fruchtsäuren, Salate und Rohkost aus Gemüse oder Obst, stark kohlensäurehaltige Getränke sowie Alkohol gemieden werden sollen.

Erkrankungen des Dünndarms

- **Akute und chronische Enteritis (= Dünndarmentzündung)**

  Akuter Durchfall tritt häufig nach dem Genuß großer Mengen unreifen Obstes, extrem fetter oder sehr kalter Speisen, nach Alkoholmißbrauch, nach Einnahme bestimmter Medikamente (z.B. Antibiotika) oder nach Einnahme schwermetallhaltiger Präparate auf. Die häufigste Ursache jedoch ist die Lebensmittelvergiftung (Salmonellen). Nach einer 8–24stündigen Inkubationszeit kommt es zu Erbrechen, Durchfall, Fieber und Schmerzen im Bauchraum.

  Chronischer Durchfall kann sich unter Umständen durch andauernde Einwirkung der oben angeführten Verursacher entwickeln. Sehr häufig verbergen sich hinter der chronischen Enteritis andere Krankheitsbilder, wie z.B. Morbus Crohn, Zöliakie, Lactosemangelsyndrom u.a.

- **Diättherapie**

  Durch die hohen Flüssigkeits- und Elektrolytverluste muß als erste Therapiemaßnahme die Zufuhr von Wasser und Elektroylten erfolgen – Tee (ohne Zuckerzusatz, bei Besserung mit Traubenzucker) und Schleimabkochungen mit Kochsalzzusatz sind bewährte Mittel (aus Reis, Hafer oder Gerste). Nach Abklingen der Hauptsymptomatik wird die Kost rasch über Zwieback, Toast und Nährmittelbreie aufgebaut.

  In sehr hartnäckigen Fällen kann auch die **Rohapfel-Diät** gegeben werden (Apfelpektin wirkt stuhlregulierend).

- **Weitere spezifische Darmerkrankungen**

– Morbus Crohn (Enteritis regionalis) – Zöliakie oder einheimische Sprue – Laktosemangelsyndrom (Milchzucker-unverträglichkeit) – enterales Eiweißverlustsyndrom – Dünndarmallergie – Gärungs- und Fäulnisdyspepsie – Zustand nach Darmresektion	Erfordern spezielle Ausrichtung der Ernährung z. B. bei Zöliakie glutenfreie Diät

Mit ausschließlich parenteraler Ernährung bzw. Ernährung mit einer chemisch definierten Formeldiät (Elementardiät) kann bei Morbus Crohn in bis zu 70% der Fälle eine der medikamentösen Therapie vergleichbare Besserung erreicht werden. Kommt eine dieser beiden Behandlungsmöglichkeiten zum Einsatz, so wird nach dem Prinzip der leichten Vollkost ernährt. Am besten ohne Zucker und Weißmehlprodukte.

Erkrankungen des Dickdarms

Dickdarm – Obstipation (chronische Verstopfung), irritables Colon und Divertikulose:

- **Obstipation (chronische Verstopfung)**
  Ursachen einer chronischen Verstopfung können ungenügende und einseitige körperliche Bewegung, Milieu- und Klimawechsel, Wechsel der gewohnten Kost, wiederholte Unterdrückung des Stuhlganges, Hämorrhoiden, seelische Belastungen, zwangsweise Bettruhe, Abführmittelmißbrauch oder fieberhafte Allgemeinerkrankungen sein.
- **Divertikulose**
  Divertikel (Ausstülpungen der Darmwand) treten in den westlichen Industrienationen gehäuft auf (ab dem 60. Lebensjahr bei ca. 50% der Durchschnittsbevölkerung). Ursache ist der geringe Verzehr von Rohfaseranteilen (Ballaststoffe).
- **Irritables Colon**
  Beim irritablen Colon ist die normale Darmtätigkeit gestört, d. h. es treten **abwechselnd Verstopfung** und **Durchfall** auf.
- **Colitis ulcerosa**
  Die diätetische Behandlung ist nahezu gleich, wie bei Enteritis regionalis (Morbus Crohn).

Erkrankungen der Leber

- **Akute und chronische Hepatitis (Leberentzündung)**
  Eine unkomplizierte akute und chronische Hepatitis ist lediglich durch eine „Leichte Vollkost" zu versorgen. Eine spezielle Leberschonkost die lange Zeit üblich war, hat keine Bedeutung mehr.
  Streng zu meiden sind lebertoxische Substanzen, wie Alkohol und bestimmte Medikamente. Auf Nahrungsmittelunverträglichkeiten ist individuell einzugehen.
- **Fettleber**
  Ursachen einer vermehrten Fetteinlagerung können Überernährung, hochgradiger Eiweißmangel, Alkohol, Medikamente und Knollenblätterpilzgift sein.
  Die Leberzellverfettung bildet sich im allgemeinen nach Ausschaltung der Ursachen(n) zurück, falls nicht bereits entzündliche Begleiterscheinungen mit Übergang zur Zirrhose eingetreten sind.
- **Ernährungsmaßnahmen bei Fettleber**
  Bei Übergewicht eine kohlenhydratreduzierte Reduktionskost, ballaststoffreiche und alkoholfrei.
  Bei Normalgewicht genügt eine „Leichte Vollkost", ballaststoffreiche und striktes Alkoholverbot.
- **Weitere Lebererkrankungen:**
  Leberzirrhose
  Morbus Wilson (Störung des Kupfer-Stoffwechsels)

Ballaststoffreiche Kost

Bevorzugte Lebensmittel sind:

- **Getreide- und Getreideerzeugnisse** (>10% Ballaststoffanteil), wie Graham- und Vollwertbrot, Kleingebäck, Knäckebrot, Sonnenblumenkernbrot, Vollgetreide ...
- **Obst** (>2% Ballaststoffe), wie Äpfel, Birnen, Brombeeren, Erdbeeren, Heidelbeeren, Himbeeren, Johannisbeeren, Kiwi, Mango, Aprikosen, Pfirsich, Quitten, Renekloden, Stachelbeeren, Zitrusfrüchte und Zwetschgen.
- **Trockenobst** (>5% Ballaststoffe), z.B. Feigen, Datteln, Rosinen ...
- **Hartschalenobst** (>5% Ballaststoffe), wie Kokosnuß, Nüsse
- **Hülsenfrüchte** (>5% Ballaststoffe), z.B. Erbsen, Bohnen, Linsen – Vorsicht, können stark blähen!
- **Gemüse**
  Mit (2–3,5% Ballaststoffanteil): Brokkoli, Fenchel, Karotten, Blumenkohl, Kürbis, Kohlrüben, Mangold, Paprikaschoten, Porree, Rhabarber, Rote Rüben, Sauerkraut, Stangensellerie, Zuckermais.

Mit >3,5% Ballaststoffen: Artischocke, grüne und gelbe Bohnen, grüne Erbsen, Petersilienwurzel, Rosenkohl, Schwarzwurzel, Sellerieknolle.
- **Rohkost und Salate** aus Chicorée, Brunnenkresse, Winterendiviensalat, Kopfsalat, Blumenkohl, Kohlrabi, Radieschen, Rettich, Rote Rüben, Sauerkraut ungekocht.
- **Diätetische Hilfsmittel,** Weizenkleieflocken (2–3 × 10 g), Mais-Soja-Kleie, Weizenkleie, Kleietabletten, Leinsamen geschrotet oder Leinsamenöl, Guarmehl, Ballaststoffgranulat, feinst gemahlene Vollkornmehle.

Lebensmittel mit „natürlichen Wirkstoffen" sind:
- milch- und fruchtsäurehaltige wie Sauermilchprodukte, Sauerkrautsaft, Saft aus Zitrusfrüchten und Apfelsaft
- weinsäurehaltige Getränke, z.B. Traubensaft.

Bei hartnäckiger Verstopfung kann zusätzlich Milchzucker verwendet werden (eingerührt in Speisen oder Getränken). Oft wirkt auch roher Sauerkrautsalat mit Rettich Wunder.

Zu beachten ist, daß **relativ ballaststoffarme** Lebensmittel **reduziert** werden sollen, wie
- Backwaren aus Weißmehl
- Fleisch, Geflügel, Wild, Wurstwaren ...
- Vollmilchprodukte
- Zuckerwaren und Zucker
- Eier

● **Diättherapie:**

Bei fast allen Dickdarmerkrankungen (chronische Obstipation und irritablen Colon) ist eine vermehrt ballaststoffreiche und flüssigkeitsreiche Vollkost angezeigt. Nicht so ist es bei spastischer Obstipation.

Der Ballaststoffanteil soll allmählich pro Tag auf eine gut verträgliche Menge gesteigert werden.

Trinkflüssigkeit ca. 2–3 Liter.

Eine Ernährungsumstellung von relativ ballaststoffarmer Kost auf höhere Ballaststoffanteile darf nur allmählich erfolgen. Am besten mischt man vorerst feinst gemahlenes Dinkelvollwertmehl zur Hälfte unter das Weißmehl. Bei zu rascher Umstellung oder zu grober Vollkost können Druck- und Völlegefühle sowie Blähungen auftreten. Stark kohlensäurehaltige Getränke und grobblähende Speisen sind daher zu Beginn zu meiden. (Gebackenes, Geröstetes, Mehlschwitze, Geräuchertes, Kohl, Kraut, Zwiebel, Knoblauch, Hülsenfrüchte) Wie schon erwähnt. muß die Kost sehr flüssigkeitsreich sein, da ballaststoffreiche Nahrungsmittel zum Quellen viel Flüssigkeit benötigen. Bevorzugt werden sollten „stilles" Mineralwasser (Na-arm) und energiefreie Getränke. In der Kost sollten zusätzlich natürliche Wirkstoffe wie Milchsäure, Fruchtzucker und Fruchtsäuren enthalten sein (wirken stuhlregulierend). Der Milchzucker sollte in den ersten Stadien der Behandlung ausgeschlossen werden. Häufig gibt es Milchzuckerunverträglichkeiten bei Zöliakie.

Diätetische Hilfsmittel in Form von Kleieprodukten, Weizenkleie und Leinsamen geschrotet sollten in der Kost zusätzlich eingebaut werden.

Empfehlenswert ist auch kaltgepreßtes Leinöl vermischt mit Quark und Leinsamen oder Sesam.

Gänzlich gemieden werden sollen:
- Weißmehlprodukte
- polierter Reis
- Schokolade, Kakao
- starker schwarzer und grüner Tee
- Bananen

Getrocknete Heidelbeeren können bei Durchfall vorzüglich wirken.

Weitere Dickdarmerkrankungen
- Divertikulitis (Entzündung der Divertikel)
- Colitis ulcerosa (Entzündung der Dickdarmschleimheit)
- totale Kolektomie (totale Dickdarmentfernung)
- Morbus Crohn (kann im gesamten Magen-Darm-Trakt auftreten!)

Ballaststoffgehalt einiger Lebensmittel (je 100 g)*

Wichtig: Eine übermäßig ballaststoffreiche Nahrung kann auch schädlich wirken. Daher sollte eine ballaststoffreiche Kost langsam und sorgfältig (wie im Rezeptteil) aufgebaut werden**.

Weizenkleie	53 g	Weizenschrotbrot	5 g
Leinsamen	4 g	Mehrkornbrot	6 g
Sesam-Samen	11,9 g	Mischbrot	4 g
Lupinensamen	6 g	Buchweizen	3,7 g
Mohnsamen	20,5 g	Gerste	9,8 g
Kokosraspel	24 g	Grünkern	8,8 g
Haselnüsse	7,4 g	Roggenkorn	13,2 g
Sonnenblumenkerne	6,3 g	Roggenschrot	16,8 g
Sojakeimlinge	+	Weizenkorn	10,4 g
Knäckebrot	14 g	Weizenschrot	11,6 g
Roggenschrotbrot	7 g	Haferkorn	5,6 g

* Quelle: Die große Gräfe und Unzer Nährwerttabelle 1995/96

** Literatur von Prof. K. Pirlet, Karl F. Haug Verlag, Heidelberg: Ist Vollwerternährung naturgemäß? Kann sie auch schaden? Vortrag auf einer Fachtagung in Gießen, 11.10.1991.

Haferflocken	6,7 g
Polenta	+
Hirse	4 g
Naturreis	4 g
Roggenflocken	10 g
Artischocken	2 g
Bohnen, grün	3 g
Broccoli	3 g
Erbsen, grün	5,2 g
Fenchel	3,3 g
Gurke	1 g
Kartoffel	2,5 g
Knollensellerie	4,2 g
Kohlrabi	4,1 g
Kohlrüben	7,2 g
Meerrettich	3,6 g
Karotten	3,4 g
Paprikaschoten	3,1 g
Pastinakel	11,6 g
Petersilienwurzel	4 g
Porree, Blätter	2 g
Porree, Knollen	3 g
Radischen	1 g
Rhabarber	3,2 g
Rosenkohl	4,4 g
Rote Rüben	2,5 g
Rotkraut	2,5 g
Sauerampfer	3 g
Sauerkraut	2,2 g
Schwarzwurzeln	8 g
Spargel	1,5 g
Spinat	2,3 g
Süßkartoffel	8 g
Tomaten	1,8 g
Topinambur	13
Weißkraut	2,5 g
Wirsing	2 g
Zucchini	1,1
Zuckermais	4 g
Zwiebel	3,1 g
Pilze	2 g
Pilze, getrocknet	16–18 g
Ananas	1,5 g
Apfel, ungeschält	3 g
Aprikosen	2 g
Avocado	3,3 g
Bananen	3 g
Birnen	3 g
Brombeeren	3,5 g

Erdbeeren	2 g
Feigen, roh	3 g
Grapefruit	1 g
Hagebutten	6 g
Heidelbeeren	4,9 g
Himbeeren	5,8 g
Holunderbeeren	4 g
Johannisbeeren, rot	3,5 g
Johannisbeeren, schwarz	6,8 g
Johannisbeeren, weiß	3 g
Kirschen	2 g
Kiwi	2,2 g
Mandarinen	2 g
Mango	1,7
Mispel, rot	10 g
Moosbeeren	2 g
Nektarinen	2 g
Orangen	2 g
Oliven, grün	4 g
Pfirsich	1,4 g
Plaumen	1,7 g
Preiselbeeren	2,5 g
Quitten	6 g
Renekloden	3 g
Stachelbeeren	3 g
Weintrauben	1,6 g
Getrocknete Früchte:	
Apfelscheiben	11,4 g
Aprikosen	8 g
Bananen	12 g
Birnen	13,5 g
Datteln	9 g
Feigen	6 g
Korinthen	7 g
Pfirsich	4,7 g
Pflaumen	9 g
Rosinen	5,6 g
Sultaninen	5,4 g
Hülsenfrüchte:	
weiße Bohnen	19,2 g
Kichererbsen	9,5 g
Linsen	10,6 g
Saubohnen	22 g
Sojabohnen	11,9 g
Blattsalate und Blattgemüse im Durchschnitt:	1–2 g

Grundregeln der leichten Vollkost

Kurzfassung

Die in diesem Buch beschriebene „leichte Vollkost" ist eine reizarme, fettarme, und vor allem leicht bekömmliche Basiskost.

Besonders sorgfältige Auswahl und leicht verdauliche Zubereitungsmethoden wie: Dünsten oder Dämpfen werden angewendet. Die Suppen werden durch pürieren mit Gemüse gebunden, die Saucen mit Kartoffeln. Viele frische Kräuter sorgen zum Schluß für appetitliches Aussehen und besten Geschmack.

Anstatt Weizen wird – wegen immer häufiger auftretender Unverträglichkeiten – im Rezeptteil Dinkel, Mais und Hirse verwendet. Wird das Getreide kurz vor Verwendung frisch und sehr fein gemahlen, so enthält es nicht nur wertvolle Inhaltsstoffe, es schmeckt auch besonders gut.

Fleisch und Fisch von ausgesuchter Qualität gibt es im Rezeptteil seltener und die Portionen sind kleiner als gewohnt (100 g). Fisch ist schon auf Grund seiner Struktur leichter als Fleisch (Muskelgewebe) und beinhaltet die wertvollen Omega-3-Fettsäuren.

Butter und hochwertige ungehärtete Pflanzenmargarinen werden als Streichfett, zum Backen und Anschwitzen (nicht zum Braten) sparsam verwendet. Kaltgepreßte Pflanzenöle werden nur für kalte Speisen, wie Quarkmischungen und Salate verwendet. Sie beinhalten die besonders wirkaktiven Omega-3-Fettsäuren.

Bei eventuell bestehender Milchunverträglichkeit kann Milch und Sahne gegen Schafs- oder Sojamilch ausgetauscht werden, die Butter gegen ungehärtete Margarine mit möglichst hohem Gehalt an nicht raffinierten Pflanzenölen (sogenannte Vollöl-Margarine).

Eier werden im Rezeptteil grundsätzlich reduziert und können im Bedarfsfall z. B. bei Gebäckstücken durch Sojamehl ausgetauscht werden.

Damit Süßspeisen etwas Besonderes bleiben, sollten sie seltener und vor allem in kleineren Mengen serviert werden. Beim Diabetiker-Rezeptteil nimmt man Süßstoff oder anzurechnenden Fruchtzucker statt Honig.

Rohkost, Salate und kleine Mengen frisch gepreßter Fruchtsäfte gibt es zwar (außer abends) in der Diabetikerkost, nicht aber in der leichten Vollkost für Herz-Kreislauf und Erkrankungen des Verdauungstraktes, weil diese Produkte sehr gärungsfreudig sind. Zwiebel, Knoblauch, Kohlgemüse und Hülsenfrüchte sind von Natur aus schwer verdaulich und werden bei der leichten Vollkost noch nicht verwendet, wohl aber im Rezeptteil für Diabetiker.

Meersalz, Steinsalz oder gutes Vollsalz wird stark industrialsiertem Kochsalz in sparsamer Verwendung vorgezogen. Beim Rezeptteil für Herz-Kreislauf-Erkrankungen wird günstigerweise darauf völlig verzichtet.
Dazu ist noch anzumerken, daß auch die beste Kost, unzureichend gekaut, hastig gegessen und in zu großer Menge verzehrt, den Stoffwechsel erheblich belastet. Für die Gesundheit ist nicht nur wichtig, *was* man ißt und *wie* es *zubereitet* ist, sondern *wie* und *wieviel* man jeweils davon verzehrt.

Die leichte Vollkost bei Erkrankungen des Verdauungstraktes (Leber, Magen, Galle, Pankreas . . .)

Tagespläne, Seite 219
Menü-Vorschläge, Seite 265

Beim Rezeptteil der leichten Vollkost für Erkrankungen des Verdauungstraktes sollte nach Möglichkeit auf Zwischenmahlzeiten verzichtet werden.

Zwischenmahlzeiten sind nur angeführt, damit auch der Diabetiker diese Vorschläge nutzen kann.

Bei Erkrankungen der Bauchspeicheldrüse kann vom Arzt leichter verdauliches MCT-Fett* verordnet werden.

Zum Süßen kann hier echter Bienenhonig, Birnendicksaft oder Roh-Rohrzucker verwendet werden (bei Diabetes Fruchtzucker oder Süßstoff).

Anstatt Butter kann auch ungehärtete Vollöl-Margarine genommen werden.

---

* MCT-Fette werden unter dem Einfluß von Pankreaslipase schneller im Dünndarm hydrolisiert als LCT (LCT = langkettige Fettsäuren, MCT = mittelkettige Fettsäuren).
MCT-Fett als Aufstrichfett verwenden oder den Speisen zum Schluß beifügen. Zum Braten, Kochen und Grillen nicht geeignet! MCT-Öle nicht stark erhitzen.

Die leichte Vollkost bei Erkrankungen des Verdauungstraktes

(siehe auch Kurzfassung Seite 214)

- Maßgebend für den Einzelfall ist stets die Anordnung des behandelnden Arztes sowie die individuelle Verträglichkeit.
- Ohne Zweifel besteht die wirkungsvollste Behandlung chronischer Erkrankungsformen in kurzfristigen Fasten- oder anderen intensiv-diätetischen Kurformen, wobei wohl die Entschlackungs- und Stoffwechsel-Regenerationskuren nach Dr. F. X. Mayr eine herausragende Bedeutung besitzen. Anschließend sollte man auf eine leichte Vollkost übergehen (siehe die F. X. Mayr-Kur Seite 202).
- Bei allen chronischen Erkrankungen sollte ausreichend Flüssigkeit zugeführt werden, um Säuren auszuscheiden. Bei der Zusammensetzung der Speisen ist auf ein ausgewogenes Verhältnis zwischen Säuren und Basen zu achten (siehe Ernährung und Säure-Basen-Haushalt Seite 319).
- Die Zufuhr von kaltgepreßten Ölen ist wichtig, weil diese entzündungshemmend wirken.
- Ein Mangel an Magnesium, Zink und Vitamin B entsteht durch den Verzehr von zuviel Weißmehlprodukten.
- Getreide, Nüsse und Mandeln sind wertvolle Mineralstofflieferanten. Selen, Magnesium und Zink sind ausreichend in Mandelmilch und Vollwertgetreide enthalten.
- Ballaststoffreiche und blähende Nahrungsmittel (z. B. Kohlgemüse, Zwiebel, Hülsenfrüchte, frischgebackenes Brot) sind zu meiden. Schwer verdaulich sind stark gebratene, gebackene, panierte und fetthaltige Speisen und Mehlschwitzen.
- Stark Geräuchertes, Gepökeltes, Geröstetes, Mariniertes, säuerliche und konzentrierte alkoholische Getränke, Bohnenkaffee, Süßigkeiten und konzentrierte Fleischsuppen sind sehr ungünstig.
- Fette Fleisch- und Wurstsorten, Mayonnaisesalate, fettreiches Gebäck u.a. belasten den Magen durch zu lange Verweildauer.
- Eiskalte oder sehr heiße Speisen und Getränke sind zu meiden. Gutes Kauen und langsames Essen unterstützen die Verdauungstätigkeit und steigern dadurch die Bekömmlichkeit.

1. Tagesplan

5 Mahlzeiten – 1183 kcal

Relation:
55% KH
30% F
15% EW

Frühstück:
Kräutertee
Weizenmischbrot
Butter oder spezielle Margarine (MCT)
Vitaminaufstrich
Tomaten

EW	F	KH	kcal	BE	Joule	Chol.
4 g	9 g	23 g	188	2	789	24 mg

evtl. Zwischenmahlzeit:
Haferflockenmüsli

EW	F	KH	kcal	BE	Joule	Chol.
4 g	1 g	19 g	102	1 ¾	428	2 mg

Mittag:
Blattsalat
Fenchelsuppe

Pochierte Geflügelbrust mit Wurzelstreifen
Gedämpfte Kartoffeln

EW	F	KH	kcal	BE	Joule	Chol.
31 g	14 g	32 g	401	2 ½	1684	120 mg

Nachmittag:
Biogardebecher

EW	F	KH	kcal	BE	Joule	Chol.
5 g	5 g	15 g	122	1 ½	512	7 mg

Abend:
Majoran-Basensuppe
Polentaring mit Gemüseragout

EW	F	KH	kcal	BE	Joule	Chol.
7 g	15 g	33 g	370	4 1/4	1554	36 mg

Gesamtwerte pro Person						
EW	F	KH	kcal	BE	Joule	Chol.
49 g	46 g	122 g	1183	12	4967	189 mg

Frühstück:

1 Pers.	*4 Pers.*	*Zutaten:*
		Kräutertee
50 g	200 g	Weizenmischbrot (2 BE)
10 g	40 g	Butter oder Vollöl-Margarine (evtl. MCT-Fett* bei Pankreaserkrankungen)
30 g	120 g	Karottenaufstrich
1 g (½ TL)	4 g	frische Kresse

EW	F	KH	kcal	BE	Joule	Chol.
5 g	9 g	23 g	188	2	789	24 mg

evtl. Zwischenmahlzeit:
Haferflockenmüsli

1 Pers.	*4 Pers.*	*Zutaten:*
62 g	248 g	Magerjoghurt (¼ BE)
7,5 g	30 g	kaltgewalzte Getreideflocken (½ BE)
20 g	80 g	Banane (¼ BE)
50 g	200 g	Apfel (½ BE)

Zubereitung:
Geschabten Apfel und zerdrückte Banane mit Biogarde mischen.

EW	F	KH	kcal	BE	Joule	Chol.
4 g	1 g	19 g	102	1½	428	2 mg

Mittag:
Blattsalat

1 Pers.	*4 Pers.*	*Zutaten:*
40 g	160 g	Blattsalate
3 g (1 TL)	12 g	kaltgepreßtes Distelöl
3 g (1 TL)	12 g	Balsamico-Essig

Zubereitung:
Den Blattsalat mit kaltgepreßtem Öl, Essig und Salz anrichten.

EW	F	KH	kcal	BE	Joule	Chol.
–	3 g	–	32	–	134	–

* MCT-Fett mit mittelkettigen Fettsäuren für Erkrankungen der Bauchspeicheldrüse/Pankreas. Öl und Margarine im Handel. MCT sollten, da sie bei stärkerem Erhitzen zerfallen (über 200 °C), den Speisen nach dem Kochen oder Braten zugesetzt werden.

Fenchelsuppe

1 Pers.	*4 Pers.*	*Zutaten:*
3/8 l	1 1/2 l	Gemüsebrühe (Rezept s. Seite 53)
75 g	300 g	Fenchel
75 g	300 g	mehlige Kartoffeln (1 BE)
5 g	20 g	Butter
10 g	40 g	Sauerrahm
1 g (1/2 TL)	4 g	Fenchelgrün
		Vollsalz, Muskatnuß

Zubereitung:
Kleingeschnittene Kartoffeln und Fenchel in Butter anschwitzen, mit Gemüsebrühe aufgießen und weich kochen. Im Mixglas mit Sauerrahm und Fenchelgrün pürieren. Mit Salz und Muskatnuß würzen.

EW	F	KH	kcal	BE	Joule	Chol.
4 g	5 g	14 g	115	1	483	15 mg

Pochierte Geflügelbrust mit Wurzelstreifen und gedämpften Kartoffeln

1 Pers.	*4 Pers.*	*Zutaten:*
100 g	400 g	Hühnerbrust
20 g	80 g	feingeschnittene Petersilienwurzel
20 g	80 g	feingeschnittene Sellerieknolle
20 g	80 g	feingeschnittene Zucchini
		Gemüsebrühe zum Pochieren
110 g	440 g	Kartoffeln (1 1/2 BE)
2 g	8 g	Butter zum Bepinseln
1 g (1/2 TL)	4 g	frische Petersilie

Zubereitung:
Ausgelöste Hühnerbrust in Gemüsebrühe pochieren und mit gedämpften Wurzelstreifen servieren. Die Kartoffeln im Kocheinsatz weich dämpfen (Pellkartoffeln). Mit Butter bepinseln. Dazu eine Basensauce geben (Rezept s. Seite 128).

EW	F	KH	kcal	BE	Joule	Chol.
24 g	8 g	18 g	254	1 1/2	1067	105 mg

evtl. Nachmittag:
Biogardebecher

1 Pers.	*4 Pers.*	*Zutaten:*
125 g	500 g	Joghurt 3,5% Fett (1/2 BE)
23 g	92 g	Heidelbeeren (1/4 BE)
40 g	160 g	Erdbeeren (1/4 BE)
7,5 g	30 g	Honig (bei Diabetes 6 g Fruchtzucker)

Zubereitung:
Joghurt mit Honig und Waldbeeren vermischen und in Gläsern anrichten.

EW	F	KH	kcal	BE	Joule	Chol.
5 g	5 g	15 g	122	1 1/2	512	7 mg

Abend:
Majoran-Basensuppe

1 Pers.	*4 Pers.*	*Zutaten:*
3/8 l	1 1/2 l	Gemüsebrühe (Rezept s. Seite 53)
110 g	440 g	Kartoffeln (1 1/2 BE)
1 g (1/2 TL)	4 g	frischer Majoran
5 g	20 g	Sauerrahm
5 g	20 g	Butter oder Vollöl-Margarine (evtl. MCT-Fett bei Pankreaserkrankungen)
		Vollsalz, Muskatnuß

Zubereitung:
Kleingeschnittene Kartoffeln in Butter anschwitzen, mit Gemüsebrühe auffüllen und weichkochen lassen. Im Mixglas mit Sauerrahm, Majoran, Salz und Muskat pürieren.

EW	F	KH	kcal	BE	Joule	Chol.
2 g	5 g	18 g	122	1 1/2	512	18 mg

Polentaring mit Gemüseragout

1 Pers.	*4 Pers.*	*Zutaten:*
5 g	20 g	Sauerrahm (Ragout)
30 g	120 g	Polenta (Maisgrieß) (2 BE)
60 ml	240 ml	Gemüsebrühe oder Wasser
20 g	80 g	Sellerie
20 g	80 g	Petersilienwurzel
20 g	80 g	Schwarzwurzel
20 g	80 g	Karotten
20 g	80 g	geschälte und entkernte Tomaten
40 g	160 g	Kartoffeln (Bindung) (½ BE)
200 ml	800 ml	Gemüsebrühe (Rezept s. S. 53)
1 g (½ TL)	4 g	frischer Thymian, Basilikum
5 g	20 g	Butter

Zubereitung:
Polenta ohne Fett kurz rösten, salzen, mit Gemüsebrühe auffüllen und etwa 15 Minuten zugedeckt ausdünsten lassen. Mit Sauerrahm mischen, in eine kalt ausgespülte Ringform pressen und auf Teller stürzen. Evtl. mit 2 EL Sauce binden.

Das Gemüse gefällig schneiden und im Kocheinsatz weich dämpfen. Tomatenwürfel zuletzt untermischen. Mit 2 EL Sauce binden.

Für die Sauce kleingeschnittene Kartoffeln in Butter anschwitzen, mit Gemüsebrühe aufgießen, weich kochen und mit den frischen Kräutern pürieren (Handmixstab). Mit einem Teil dieser gut gewürzten Kräutersauce das gedämpfte Gemüse mischen und zum Polentaring servieren.

EW	F	KH	kcal	BE	Joule	Chol.
5 g	10 g	32 g	248	2½	1042	15 mg

Gesamtwerte pro Person

EW	F	KH	kcal	BE	Joule	Chol.
49 g	46 g	122 g	1183	11½	4967	186 mg

Wichtig: Bei Erkrankungen der Bauchspeicheldrüse kann ärztlich MCT-Fett (mit mittelkettigen Fettsäuren) verordnet werden. Es ist leichter verdaulich! Geeignet als Streichfett oder zum Zugeben in fertige Speisen. Nicht geeignet zum Braten, Backen, Kochen und Grillen.

2. Tagesplan

5 Mahlzeiten – 1089 kcal

Relation:
55% KH
30% F
15% EW

Frühstück:
Malzkaffee mit Milch
Weizen- oder Dinkelmischbrot, Kräuterquark, Tomaten

EW	F	KH	kcal	BE	Joule	Chol.
9 g	1 g	23 g	130	2	546	31 mg

evtl. Zwischenmahlzeit:
Apfel

EW	F	KH	kcal	BE	Joule	Chol.
–	1 g	10 g	54	1	224	–

Mittag:
Legierte Kümmelsuppe

Pochiertes Zanderfilet auf Basilikumtomaten
Gedämpfte Kartoffeln (Pellkartoffeln)
Junges Gemüse

Erdbeer-Hirsetörtchen

EW	F	KH	kcal	BE	Joule	Chol.
25 g	21 g	49 g	499	4	2095	261 mg

evtl. Nachmittag:
Früchtetee/Zitrone/Süßstoff
Grahambrötchen
Hüttenkäse

EW	F	KH	kcal	BE	Joule	Chol.
4 g	–	13 g	73	1	307	–

Abend:
Bachkressesuppe

Gefüllte Maisgrießschnitte mit Spinatfüllung
Kräuterrahmsauce
Gemischtes Wurzelgemüse

EW	F	KH	kcal	BE	Joule	Chol.
8 g	13 g	44 g	333	4	1398	36 mg

Gesamtwerte pro Person

EW	F	KH	kcal	BE	Joule	Chol.
46 g	36 g	139 g	1089	12	4570	328 mg

Frühstück:

1 Pers.	*4 Pers.*	*Zutaten:*
		Malzkaffee mit Milch
50 g	200 g	Dinkel- oder Weizenmischbrot (2 BE)
30 g	120 g	Kräuterquark (mild gewürzt)
50 g	200 g	magerer Putenschinken

EW	F	KH	kcal	BE	Joule	Chol.
9 g	1 g	23 g	130	2	546	31 mg

evtl. Zwischenmahlzeit:

1 Pers.	*4 Pers.*	*Zutaten:*
100 g	400 g	reifen Apfel

EW	F	KH	kcal	BE	Joule	Chol.
–	1 g	10 g	54	1	224	–

Mittag:

Legierte Kümmelsuppe

1 Pers.	*4 Pers.*	*Zutaten:*
3/8 l	1 1/2	Gemüsebrühe (Rezept s. Seite 53)
75 g	300 g	mehlige Kartoffeln (1 BE)
1 g	4 g	gemahlener Kümmel
5 g	20 g	Butter
10 g	40 g	Sauerrahm
1 g (1/2 TL)	4 g	frische Kräuter (Oregano, Kerbel)
		Salz, Muskatnuß

Zubereitung:

Kleingeschnittene Kartoffeln in Butter anschwitzen, mit Gemüsebrühe aufgießen und weich kochen. Mit Sauerrahm, Salz, Muskat und Frischkräutern im Mixglas pürieren und abschmecken.

EW	F	KH	kcal	BE	Joule	Chol.
1 g	5 g	11 g	97	1	407	18 mg

Pochiertes Zanderfilet auf Basilikumtomaten, Dampfkartoffeln, junges Gemüse

1 Pers.	*4 Pers.*	*Zutaten:*
100 g	400 g	Zanderfilet, Zitronensaft
50 g	200 g	Tomaten
1 g (1/2 TL)	4 g	frisches Basilikum, Salz
5 g	20 g	Butter
110 g	440 g	gedämpfte Kartoffeln (1 1/2 BE)
20 g	80 g	Karotten
20 g	80 g	Sellerie
20 g	80 g	Petersilienwurzel
2 g	8 g	Butter zum Bepinseln

Zubereitung:
Zanderfilet würzen, mit Zitronensaft bepinseln und mit feingeschnittenem Basilikum bestreuen. Im Dampf (Kocheinsatz) garen.

Gemüse und Kartoffeln im Kocheinsatz weich dämpfen und mit Butter bepinseln.

EW	F	KH	kcal	BE	Joule	Chol.
19 g	6 g	20 g	222	1 1/2	932	72 mg

Erdbeer-Hirsetörtchen

1 Pers.	*4 Pers.*	*Zutaten:*
1/2	2	Ei
7,5 g	30 g	Hirse (1/2 BE)
7,5 g	30 g (1 EL)	Honig (bei Diabetes Diabetiker-Honig oder Fruchtzucker)
6 g	24 g	Erdbeermarmelade (1/4 BE)
40 g	160 g	Erdbeeren (1/4 BE)
20 ml	80 ml	Sahne (30% Fett)

Zubereitung:
Eigelb mit Honig gut cremig rühren. Eiweiß mit etwas Salz steif schlagen. Das Hirsemehl zuletzt unterheben. Die Masse ca. 1 cm hoch auf ein mit Backpapier ausgelegtes Blech streichen. Bei 200 °C 8–10 Minuten backen. Auf ein zweites, bemehltes Papier stürzen und einrollen. Erdbeeren kleinschneiden. Sahne steif schlagen. Zuerst die Sahne in die aufgerollte Roulade streichen. Erdbeeren darauf verteilen und wieder einrollen.

EW	F	KH	kcal	BE	Joule	Chol.
5 g	10 g	18 g	180	1 1/2	756	171 mg

evtl. Nachmittag:

1 Pers.	*4 Pers.*	*Zutaten:*
		Kräutertee/Zitrone/Süßstoff
25 g	100 g	Vollwertbrot (1 BE)
10 g	40 g	Hüttenkäse
30 g	120 g	Tomate

EW	F	KH	kcal	BE	Joule	Chol.
4 g	–	13 g	73	1	307	–

Abend:

Bachkressesuppe

1 Pers.	*4 Pers.*	*Zutaten:*
3/8 l	1,5 l	Gemüsebrühe (Rezept s. Seite 53)
75 g	300 g	mehlige Kartoffeln (1 BE)
3 g (1 TL)	12 g	milde Bachkresse
5 g	20 g	Butter
5 g	20 g	Sauerrahm
		Vollsalz, Muskatnuß

Zubereitung:

Kleingeschnittene Kartoffeln in Butter anschwitzen, mit Gemüsebrühe auffüllen und weich kochen. Im Mixglas mit Sauerrahm und Kresse pürieren. Abschmecken.

EW	F	KH	kcal	BE	Joule	Chol.
2 g	5 g	12 g	97	1	407	18 mg

Gefüllte Maisgrießschnitte mit Spinatfüllung

1 Pers.	*4 Pers.*	*Zutaten:*
60 ml	240 ml	Gemüsebrühe (Rezept s. Seite 53)
30 g	120 g	Maisgrieß (2 BE)
5 g	20 g	Butter
20 g	80 g	Karotten
40 g	160 g	Blattspinat
1 g (1/2 TL)	4 g	frische Kräuter
40 g	160 g	Kartoffeln (1/2 BE)
1 g (1/2 TL)	4 g	frische Kräuter
5 ml	20 ml	Sauerrahm
20 g	80 g	Karotten
20 g	80 g	Zucchini
20 g	80 g	Sellerieknolle
20 g	80 g	Fenchel
2 g	8 g	Butter zum Bepinseln

Zubereitung:
Maisgrieß in Butter anschwitzen, mit Gemüsebrühe aufgießen und 15 Minuten ausdünsten lassen. Den Spinat und die Karotten im Kocheinsatz dämpfen und mit den Kräutern pürieren. Den Maisgrieß zur Hälfte in eine kalt ausgepülte Form streichen, die Spinat-Karottenfüllung einstreichen und mit restlichem Maisgrieß füllen. Im Ofen kurz erhitzen, aus der Form stürzen und in dicke Scheiben schneiden.

Aus Kartoffeln, Sauerrahm und Frischkräutern eine Basensauce zubereiten.

Das Wurzelgemüse im Kocheinsatz dämpfen, mit 2 EL Basensauce mischen und dazugeben.

EW	F	KH	kcal	BE	Joule	Chol.
6 g	8 g	32 g	236	2 1/2	991	18 mg

Gesamtwerte pro Person

EW	F	KH	kcal	BE	Joule	Chol.
46 g	36 g	139	1089	11 1/2	4570	328 mg

3. Tagesplan

4 Mahlzeiten – 1142 kcal

Relation:
55% KH
30% F
15% EW

Frühstück:
Malzkaffee
Mischbrot (Dinkel)
Butter, Marmelade

EW	F	KH	kcal	BE	Joule	Chol.
6 g	11 g	55 g	263	3 3/4	1105	26 mg

evtl. Zwischenmahlzeit:
Apfelmus

EW	F	KH	kcal	BE	Joule	Chol.
–	1 g	16 g	78	1 1/2	326	–

Mittag:
Kartoffelsuppe mit Kräutern

Kalbsfrikassee mit Spargel, Gemüsegarnitur
Spritzkartoffeln

Mangocreme

EW	F	KH	kcal	BE	Joule	Chol.
29 g	16 g	45 g	494	3 1/2	2074	124 mg

Abend:
Petersilienwurzelsuppe

Kartoffel-Spinatauflauf
Kräutersauce

EW	F	KH	kcal	BE	Joule	Chol.
12 g	11 g	38 g	307	3	1289	24 mg

Gesamtwerte pro Person						
EW	F	KH	kcal	BE	Joule	Chol.
47 g	39 g	154 g	1142	11 3/4	4794	174 mg

Frühstück:

1 Pers.	*4 Pers.*	*Zutaten:*
		Kaffee
50 ml	200 ml	Milch
50 g	200 g	Mischbrot (2 BE)
10 g	40 g	Butter
37 g	150 g	Konfitüre (1 1/2 BE)

EW	F	KH	kcal	BE	Joule	Chol.
6 g	11 g	55 g	263	3 1/2	1105	26 mg

evtl. Zwischenmahlzeit:

Apfelmus

1 Pers.	*4 Pers.*	*Zutaten:*
100 g	400 g	Apfel (1 BE)
7,5 g	30 g	Honig (bei Diabetes 6 g Fruchtzucker) (1/2 BE)

Zubereitung:
Apfel schälen, entkernen, weich dünsten, pürieren und mit Honig vermischen.

EW	F	KH	kcal	BE	Joule	Chol.
–	1 g	16 g	78	1 1/2	326	–

Mittag:

Kartoffelsuppe mit Kräutern

1 Pers.	*4 Pers.*	*Zutaten:*
3/8 l	1,5 l	Gemüsebrühe (Rezept s. Seite 53)
75 g	300 g	mehlige Kartoffeln (1 BE)
2 g (1 TL)	8 g	frische Kräuter
2 g	8 g	Butter
10 g	40 g	Sauerrahm
50 g	200 g	Sellerie

Zubereitung:
Kleingeschnittene Kartoffeln und Sellerie in Butter anschwitzen, mit Gemüsebrühe auffüllen und weich kochen. Im Mixglas mit Sauerrahm, Kräutern und Gewürzen pürieren.

EW	F	KH	kcal	BE	Joule	Chol.
2 g	4 g	12 g	106	1	445	5 mg

Kalbsfrikassee mit Gemüsegarnitur

1 Pers.	*4 Pers.*	*Zutaten:*
100 g	400 g	Kalbfleisch (Milchkalb)
3/8 l	1 1/2 l	Gemüsebrühe (Rezept s. Seite 53)
50 g	200 g	Spargel
40 g	160 g	Kartoffeln (1/2 BE)
20 ml	80 ml	Sahne (30% Fett)
1 g (1/2 TL)	4 g	frische Kräuter
110 g	440 g	Kartoffeln (1 1/2 BE)
20 g	80 g	Petersilienwurzeln
20 g	80 g	Karotten
20 g	80 g	Zucchini
5 g	20 g	Butter

Zubereitung:
Kalbfleisch würfeln und in Gemüsebrühe weich dünsten. Aus Kartoffeln, Sahne und Kräutern eine Basensauce zubereiten und das Frikassee damit binden.

Die Kartoffeln und das Gemüse als Beilage extra dämpfen, in Butter schwenken und dazugeben.

EW	F	KH	kcal	BE	Joule	Chol.
24 g	11 g	27 g	327	2	1373	92 mg

Mangocreme

1 Pers.	*4 Pers.*	*Zutaten:*
40 g	160 g	geschälte Mango (1/2 BE)
25 ml	100 ml	süße Sahne (30% Fett)
1 Blatt	4 Blatt	Gelatine
10 ml	40 ml	Sanddorn, ungesüßt
		frische Zitronenmelisse
		evtl. Süßstoff

Zubereitung:
Mango-Frucht mit Sanddorn pürieren, eingeweichte Gelatine dazugeben und geschlagene Sahne unterheben. In Glasschalen anrichten und mit Mangospalten und Zitronenmelisse garnieren.

EW	F	KH	kcal	BE	Joule	Chol.
1 g	3 g	6 g	61	1/2	256	27 mg

Abend:

Petersilienwurzelsuppe

1 Pers.	*4 Pers.*	*Zutaten:*
3/8 l	1 1/2 l	Gemüsebrühe (Rezept s. Seite 53)
75 g	300 g	mehlige Kartoffeln (1 BE)
35 g	14 g	Petersilienwurzel
2 g	8 g	Butter
10 g	40 g	Sauerrahm
1 g (1/2 TL)	4 g	frische Kräuter

Zubereitung:
Kleingeschnittene Kartoffeln und Petersilienwurzel in Butter anschwitzen, mit Gemüsebrühe aufgießen und weich kochen. Im Mixglas mit Rahm und Kräutern pürieren und abschmecken.

EW	F	KH	kcal	BE	Joule	Chol.
3 g	3 g	14 g	95	1	399	5 mg

Kartoffel-Spinatauflauf

1 Pers.	*4 Pers.*	*Zutaten:*
110 g	440 g	mehlige Kartoffeln (1 1/2 BE)
80 g	320 g	Spinat
20 g	80 g	Sauerrahm
10 g	40 g	Reibkäse (45% F. i. Tr.)
		Salz, Muskatnuß, frischer Oregano

Kräutersauce

40 g	160 g	mehlige Kartoffeln (1/2 BE)
1 g (1/2 TL)	4 g	frische Kräuter
2 g	8 g	Butter
5 ml	20 ml	süße Sahne (30% Fett)

Zubereitung:
Kartoffeln dämpfen, schälen und in Scheiben schneiden. Mit gedämpftem Blattspinat, Sauerrahm, Käse und Gewürzen mischen und in eine ausgebutterte Auflaufform geben. Im Rohr bei 200 °C ca. 15 Minuten überbacken.

Aus den restlichen Zutaten eine Kräutersauce zubereiten und zum Auflauf geben.

EW	F	KH	kcal	BE	Joule	Chol.
9 g	8 g	24 g	212	2	890	19 mg

Gesamtwerte pro Person						
EW	F	KH	kcal	BE	Joule	Chol.
47 g	39 g	154 g	1142	11 ¾	4794	174 mg

4. Tagesplan

4 Mahlzeiten – 1013 kcal

Relation:
55% KH
30% F
15% EW

Frühstück:
Kräutertee oder grüner Tee
Mischbrot
Butter
Gervaisaufstrich
Haferflockenbrei mit Obst

EW	F	KH	kcal	BE	Joule	Chol.
15 g	10 g	53 g	280	5	1176	23 mg

evtl. Zwischenmahlzeit:
Aprikosenkompott

EW	F	KH	kcal	BE	Joule	Chol.
1 g	–	4 g	24	½	100	–

Mittag:
Bunter Blattsalat mit Distelöl und Balsamico

Kräuter-Basensuppe
Gemüsetasche mit Kerbelsauce

frische Erdbeeren mit Mandelschaum überbacken

EW	F	KH	kcal	BE	Joule	Chol.
17 g	19 g	55 g	475	5	1915	161 mg

Abend:
Brokkoli-Kartoffelauflauf
Kräutersauce

EW	F	KH	kcal	BE	Joule	Chol.
12 g	12 g	19 g	234	1½	983	32 mg

Gesamtwerte pro Person

EW	F	KH	kcal	BE	Joule	Chol.
45 g	41 g	131 g	1013	12	4174	216 mg

Frühstück:

1 Pers.	*4 Pers.*	*Zutaten:*
		Kräutertee
75 g	300 g	Mischbrot (3 BE)
5 g	20 g	Butter
20 g	80 g	Gervaisaufstrich (Frischkäse)
1/8 l	1/2 l	Milch (1/2 BE)
20 g	80 g	Haferflocken (1 BE)
25 g	100 g	Apfel (1/4 BE)
3 g	12 g	Honig (bei Diabetes Fruchtzucker) (1/4 BE)

Zubereitung:
Aus Milch und Haferflocken einen Brei kochen, mit Honig süßen, das Obst raffeln und dazugeben.

EW	F	KH	kcal	BE	Joule	Chol.
15 g	10 g	53 g	280	5	1176	23 mg

evtl. Zwischenmahlzeit:
Aprikosenkompott

1 Pers.	*4 Pers.*	*Zutaten:*
50 g	200 g	Aprikosen (1/2 BE)
1/2	2	Vanilleschote
		Zimtrinde, Gewürznelke, Zitrone, Wasser

Zubereitung:
Aprikosen kleinschneiden, mit Wasser und Gewürzen ein Kompott zubereiten.

EW	F	KH	kcal	BE	Joule	Chol.
1 g	–	4 g	24	1/2	100	–

Mittag:
Blattsalat mit Distelöl und Balsamico

1 Pers.	*4 Pers.*	*Zutaten:*
20 g	80 g	Feldsalat
20 g	80 g	Kopfsalat
20 g	80 g	Chicoree
5 ml	20 ml	Apfel-Balsamico-Essig
2 St.	8 St.	Kirschtomaten (kleine Tomaten)
5 ml	20 ml	Distelöl

Zubereitung:
Salat putzen, waschen und gut abtropfen lassen. Chicoree in Streifen schneiden. Aus Joghurt und Balsamico-Essig ein Dressing machen, salzen, Salat damit anrichten und mit halbierten kleinen Kirschtomaten garnieren.

EW	F	KH	kcal	BE	Joule	Chol.
1 g	5 g	1 g	52	–	218	–

Kräuter-Basensauce

1 Pers.	*4 Pers.*	*Zutaten:*
3/8 l	1 1/2 l	Gemüsebrühe (Rezept s. Seite 53)
40 g	160 g	mehlige Kartoffeln (1/2 BE)
10 g	40 g	Sauerrahm
5 g (1 TL)	20 g	frische Kräuter (Kerbel, Oregano)
		Salz, Muskatnuß

Zubereitung:
Kleingeschnittene Kartoffeln in der Gemüsebrühe weich kochen. Mit Salz und frisch geriebener Muskatnuß würzen. Im Mixglas mit Sauerrahm, Kerbel und Oregano pürieren und abschmecken.

EW	F	KH	kcal	BE	Joule	Chol.
1 g	1 g	6 g	40	1/2	168	3 mg

Gemüsetasche mit Kerbelsauce

1 Pers.	*4 Pers.*	*Zutaten:*
45 g	180 g	Hartweizenmehl (3 BE)
5 g	20 g	Olivenöl
30 g	120 g	Zucchini
30 g	120 g	Karotten
30 g	120 g	Sellerie
20 g	80 g	gelbe Paprika
		Salz, Pfeffer, frischer Oregano

Zubereitung:
Aus Weizenmehl und Wasser einen Nudelteig machen, mit Folie abdecken, ruhen lassen, dann dünn ausrollen. Das Gemüse sehr klein schneiden, in einer großen Pfanne mit Olivenöl anschwitzen, weich dünsten, mit Oregano, Salz und Pfeffer würzen und in den Nudelteig füllen. Die Teigtaschen 10 Minuten in Salzwasser kochen und mit Kerbelsauce servieren.

Kerbelsauce

1 Pers.	*4 Pers.*	*Zutaten:*
200 ml	800 ml	Gemüsebrühe
40 g	160 g	mehlige Kartoffeln (1/2 BE)
5 g	20 g	Sauerrahm
2 g (1 TL)	8 g	frischer Kerbel
		Salz, Muskatnuß

Zubereitung:
Kleingeschnittene Kartoffeln mit Gemüsebrühe weich kochen. Im Mixglas mit Sauerrahm, frischem Kerbel, Salz und Muskatnuß pürieren.

EW	F	KH	kcal	BE	Joule	Chol.
7 g	6 g	36 g	240	3 1/2	1008	–

Frische Erdbeeren mit Mandelschaum

1 Pers.	*4 Pers.*	*Zutaten:*
30 g	120 g	Magerquark (10% Fett)
80 g	320 g	Erdbeeren (1/2 BE)
1/2	2	Eigelb
1/2	2	Vanilleschote
		Zitronensaft
7,5 g	30 g	Honig (bei Diabetes 6 g Fruchtzucker) (1/2 BE)
5 g	20 g	Mandelsplitter

Zubereitung:
Erdbeeren halbieren. Magerquark mit Eigelb, Mandelsplitter, Vanille und Honig mischen. Die Erdbeeren untermischen kurz gratinieren bzw. überbacken.

EW	F	KH	kcal	BE	Joule	Chol.
8 g	7 g	12 g	143	1	521	158 mg

Abend:

Brokkoli-Kartoffelauflauf

1 Pers.	*4 Pers.*	*Zutaten:*
75 g	300 g	mehlige Kartoffeln (1 BE)
60 g	240 g	Brokkoli
5 g	20 g	Sauerrahm
5 g (1 EL)	20 g	frische Kräuter (Majoran und Oregano)
15 g	60 g	Tofu (Sojaquark)
1 EL	4 EL	frisches Basilikum
20 g	80 g	Reibkäse (45% F. i. Tr.)
		Salz, Pfeffer, Muskatnuß

Zubereitung:
Das kleingeschnittene Brokkoligemüse und die Kartoffeln separat im Kocheinsatz garen und mit allen Zutaten vermischen. Gut abschmecken. Den Auflauf in eine Form geben und im Ofen bei 220 °C kurz überbacken.

Kräutersauce

1 Pers.	*4 Pers.*	*Zutaten:*
200 ml	800 ml	Gemüsebrühe (Rezept s. Seite 53)
40 g (½ BE)	160 g	Kartoffeln
5 g	20 g	Butter
5 g	20 g	Sauerrahm
2 g (1 TL)	8 g	frische Kräuter

Zubereitung:
Aus Gemüsebrühe, Kartoffeln, Butter, Sauerrahm und Kräutern eine Kräutersauce zubereiten.

EW	F	KH	kcal	BE	Joule	Chol.
12 g	12 g	19 g	234	1½	983	32 mg

Gesamtwerte pro Person

EW	F	KH	kcal	BE	Joule	Chol.
45 g	41 g	131 g	1013	12	4176	216 mg

5. Tagesplan

3 Mahlzeiten – 1019 kcal

Relation:
55% KH
30% F
15% EW

Frühstück:
Kräutertee, Zitrone, Honig
Dinkel- oder Weizenmischbrot
Butter, Marmelade

EW	F	KH	kcal	BE	Joule	Chol.
4 g	9 g	43 g	264	3½	1109	24 mg

Mittag:
Legierte Kümmelsuppe

Saiblingfilet mit Basilikumtomaten
Dampfkartoffeln, Junges Gemüse

Himbeertörtchen

EW	F	KH	kcal	BE	Joule	Chol.
25 g	15 g	41 g	359	3½	1507	244 mg

Abend:
Kerbel-Basensuppe
Gemüserisotto
Bananencreme

EW	F	KH	kcal	BE	Joule	Chol.
9 g	12 g	58 g	396	4	1663	37 mg

Gesamtwerte pro Person

EW	F	KH	kcal	BE	Joule	Chol.
38 g	36 g	142 g	1019	11	4279	305 mg

Frühstück:

1 Pers.	*4 Pers.*	*Zutaten:*
		Kräutertee, Zitrone
5 g	20 g	Honig zum Süßen
50 g	200 g	Dinkel- oder Weizenmischbrot (2 BE)
10 g	40 g	Butter
25 g	100 g	Marmelade (1 BE)

EW	F	KH	kcal	BE	Joule	Chol.
4 g	9 g	43 g	264	3 1/2	1109	24 mg

Mittag:

Legierte Kümmelsuppe

1 Pers.	*4 Pers.*	*Zutaten:*
3/8 l	1 1/2 l	Gemüsebrühe (Rezept s. Seite 53)
50 g	200 g	Sellerie
75 g	300 g	mehlige Kartoffeln (1 BE)
1 g	4 g	Kümmel
5 g	20 g	Butter
5 g	20 g	Sauerrahm
1/2 TL	2 TL	gehackte Petersilie

Zubereitung:
Kleingeschnittene Kartoffeln und Sellerie in Butter anschwitzen und mit Gemüsebrühe aufgießen. Weich kochen und im Mixglas mit Sauerrahm und gemahlenem Kümmel pürieren. Abschmecken und mit gehackter Petersilie garnieren.

EW	F	KH	kcal	BE	Joule	Chol.
2 g	5 g	13 g	100	1	420	15 mg

Saiblingfilet mit Basilikumtomaten

1 Pers.	*4 Pers.*	*Zutaten:*
80 g	320 g	Saibling (oder Forelle)
3 g (1 EL)	12 g	frisches Basilikum
50 g	200 g	Tomaten
110 g (1 1/2 BE)	440 g	Kartoffeln
5 g	20 g	Butter
20 g	80 g	Karotten
20 g	80 g	Petersilienwurzel
20 g	80 g	Sellerieknolle

Zubereitung:
Saiblingfilet mit feingeschnittenem Basilikum, etwas Zitronensaft und wenig Salz würzen. Im Dampf (Kocheinsatz) kurze Zeit garen. Tomaten schälen, entkernen und in kleine Würfel schneiden. In einer Pfanne mit Butter und Basilikumstreifen schwenken.

Kartoffeln im Kocheinsatz dämpfen und zum Saiblingfilet mit Basilikumtomaten servieren. Das Gemüse in sehr feine Streifen schneiden, weich dämpfen und zum Fisch geben.

EW	F	KH	kcal	BE	Joule	Chol.
18 g	7 g	20 g	222	1 1/2	932	52 mg

Himbeertörtchen

1 Pers.	*4 Pers.*	*Zutaten:*
1/2	2	Ei (klein)
7,5 g	30 g	feines Hirsemehl (1/2 BE)
60 g	240 g	Himbeeren für Fruchtmark (1/2 BE)
30 g	120 g	Himbeeren (1/4 BE)
20 ml	80 ml	Sahne (30% Fett)
		Zitronenmelisse, Süßstoff

Zubereitung:
Eigelb mit Süßstoff verrühren, Eiweiß mit Salz steif schlagen. Mit dem Hirsemehl zugleich unterheben. Die Masse auf ein mit Backpapier ausgelegtes Blech 1 cm stark aufstreichen und bei 200 °C 8–10 Minuten backen. Nach dem Erkalten mit einem runden Ausstecher 4 Törtchen ausstechen. Diese mit einer Creme aus pürierten und ganzen Himbeeren, Marmelade und steifgeschlagener Sahne füllen. Mit kleinen Blättchen der Zitronenmelisse garnieren.

EW	F	KH	kcal	BE	Joule	Chol.
5 g	3 g	8 g	37	1	155	177 mg

Abend:

Kerbel-Basensuppe

1 Pers.	*4 Pers.*	*Zutaten:*
3/8 l	1 1/2 l	Gemüsebrühe (Rezept s. Seite 53)
50 g	200 g	Petersilienwurzeln
75 g	300 g	mehlige Kartoffeln (1 BE)
5 g	20 g	frischer Kerbel
5 g	20 g	Butter
5 g	20 g	Sauerrahm
		Vollsalz, Muskatnuß

Zubereitung:
Kleingeschnittene Kartoffeln und Petersilienwurzeln in Butter anschwitzen, mit Gemüsebrühe aufgießen und weichkochen lassen. Im Mixglas mit Kerbel, Sauerrahm und Gewürzen pürieren und gut abschmecken.

EW	F	KH	kcal	BE	Joule	Chol.
3 g	5 g	14 g	111	1	466	18 mg

Gemüserisotto

1 Pers.	*4 Pers.*	*Zutaten:*
100 ml	400 ml	Gemüsebrühe (Rezept s. Seite 53)
30 g	120 g	Reis, roh gewogen (2 BE)
20 g	80 g	Sellerie
20 g	80 g	Karotten
20 g	80 g	Petersilienwurzel
20 g	80 g	Zucchini
5 g	20 g	Butter
3 g (1 EL)	12 g	frische Gartenkräuter (Majoran, Oregano)

Zubereitung:
Den Reis waschen und abtropfen lassen. Das Gemüse putzen, waschen und in kleine Würfel schneiden. In Butter anschwitzen, den Reis dazugeben, mit Gemüsebrühe aufgießen und weichkochen lassen. Zum Schluß die feingehackten Kräuter untermischen und das Risotto mit einem Eisportionierer anrichten.

EW	F	KH	kcal	BE	Joule	Chol.
4 g	5 g	22 g	165	1 1/2	693	12 mg

Bananencreme

1 Pers.	*4 Pers.*	*Zutaten:*
80 g	320 g	Banane (bei Diabetes 100 g Apfel) (1 BE)
125 g	500 g	Joghurt (3,5% Fett) (1/2 BE)
2 (1 TL)	8	frische Minzeblätter

Zubereitung:
Die Bananen zerdrücken und mit dem Joghurt mischen. In Gläser füllen und mit einer Bananenscheibe und einem Minzeblatt garnieren.

EW	F	KH	kcal	BE	Joule	Chol.
2 g	2 g	22 g	120	1 1/2	504	7 mg

Gesamtwerte pro Person

EW	F	KH	kcal	BE	Joule	Chol.
38 g	36 g	142 g	1019	11	4279	305 mg

6. Tagesplan

5 Mahlzeiten – 1187 kcal

Relation:
55% KH
30% F
15% EW

Frühstück:
Kräutertee
Dinkel- oder Weizenmischbrot
Butter
Marmelade

EW	F	KH	kcal	BE	Joule	Chol.
3 g	9 g	40 g	255	3	1071	24 mg

evtl. Zwischenmahlzeit:
Tomatenbrot mit Kresse

EW	F	KH	kcal	BE	Joule	Chol.
4 g	9 g	25 g	196	2	823	24 mg

Mittag:
Klare Gemüsebrühe mit Gemüsestreifen

Gefülltes Seezungenfilet mit Basilikumsauce
Tournierte Kartoffeln
Blattspinat

Joghurt mit frischen Erdbeeren und 25 g Vollwertgebäck

EW	F	KH	kcal	BE	Joule	Chol.
29 g	8 g	60 g	439	5	1844	76 mg

evtl. Nachmittag:
1 Apfel

EW	F	KH	kcal	BE	Joule	Chol.
–	1 g	10 g	54	1	224	–

Abend:
Polenta mit Sauerrahm und Gemüseragout

EW	F	KH	kcal	BE	Joule	Chol.
10 g	6 g	38 g	243	2	1018	15 mg

Gesamtwerte pro Person						
EW	F	KH	kcal	BE	Joule	Chol.
46 g	33 g	173 g	1187	13	4980	139 mg

Frühstück:

1 Pers.	*4 Pers.*	*Zutaten:*
		Kräutertee
50 g	200 g	Weizenmischbrot (2 BE)
10 g	40 g	Butter
25 g	100 g	Marmelade (Diab.) (1 BE)

EW	F	KH	kcal	BE	Joule	Chol.
3 g	9 g	40 g	255	3	1071	24 mg

evtl. Zwischenmahlzeit:
Tomatenbrot mit Kresse

1 Pers.	*4 Pers.*	*Zutaten:*
50 g	200 g	Weizenmischbrot (1 BE)
10 g	40 g	Butter
50 g	200 g	Tomaten
1 g (1/2 TL)	4 g	frische Kresse

EW	F	KH	kcal	BE	Joule	Chol.
4 g	9 g	25 g	196	2	823	24 mg

Mittag:
Klare Gemüsebrühe mit Gemüsestreifen

1 Pers.	*4 Pers.*	*Zutaten:*
1/4 l	1 l	Gemüsebrühe (Rezept s. Seite 53)
10 g	40 g	Karottenstreifen
10 g	40 g	Selleriestreifen
10 g	40 g	Zucchinistreifen
1 g (1/2 TL)	4 g	frischer Kerbel
		Salz, Sojasauce
25 g	100 g	Weizenmischbrot (1 BE)

Zubereitung:
Sehr fein geschnittene Gemüsestreifen im Kocheinsatz weich dämpfen. Gemüsebrühe mit Sojasauce würzen und mit den Gemüsestreifen servieren.

EW	F	KH	kcal	BE	Joule	Chol.
2 g	–	13 g	64	1	269	–

Gefülltes Seezungenfilet mit Basilikumsauce, Blattspinat und Kartoffeln

1 Pers.	*4 Pers.*	*Zutaten:*
80 g	320 g	Seezungenfilet (mit Farce) in Folie
20 ml	80 ml	süße Sahne (evtl. Gemüsebrühe)
10 g	40 g	Karottenwürfel
10 g	40 g	Zucchiniwürfel
1 g	4 g	frischer Dill
110 g	440 g	Kartoffeln (1 1/2 BE)
100 g	400 g	Blattspinat
3 g	12 g	Butter
		Salz, Muskat, weißer Pfeffer
		Zitrone

Zubereitung:
Ca. 1/3 der Seezungenfilets mit der Sahne im Mixer pürieren. Mit Salz, Pfeffer und Muskat würzen und die weichgedämpften Gemüsewürfelchen und feingeschnittenen Dill unterheben. Restliche Seezungenfilets auf eine gebutterte Alufolie legen, mit Salz und Zitronensaft würzen. Mit 2–3 vorgedämpften Spinatblättern belegen. Die Farce auf die Seezungenfilets auftragen und mit Hilfe der Folie einrollen. Im Kocheinsatz ca. 10 Minuten garen, Folie entfernen und in Scheiben schneiden.

Kartoffeln im Kocheinsatz weich dämpfen. Blattspinat in Butter anschwitzen, mit Salz und Muskatnuß würzen und zum Fisch geben. Etwas Basilikumsauce extra dazu reichen.

EW	F	KH	kcal	BE	Joule	Chol.
20 g	6 g	18 g	212	1 1/2	890	65 mg

Basilikumsauce

1 Pers.	*4 Pers.*	*Zutaten:*
200 ml	800 ml	Gemüsebrühe (Rezept s. Seite 53)
40 g	160 g	Kartoffeln (1/2 BE)
15 g	60 g	Petersilienwurzeln
1 g (1/2 TL)	4 g	frisches Basilikum
10 g	40 g	Sauerrahm
		Vollsalz, Muskatnuß

Zubereitung:
Kleingeschnittene Kartoffeln und Petersilienwurzeln in Gemüsebrühe weich kochen, mit Rahm und Basilikum pürieren und mit Salz und Muskat würzen.

EW	F	KH	kcal	BE	Joule	Chol.
1 g	1 g	7 g	40	1/2	168	3 mg

Joghurt mit frischen Erdbeeren

1 Pers.	*4 Pers.*	*Zutaten:*
125 g	500 g	Magerjoghurt (1,5% Fett) (½ BE)
80 g	320 g	frische sonnengereifte Erdbeeren (½ BE)
		frische Minzeblätter
30 g	120 g	Vollwertkuchen

Zubereitung:
Fein zerdrückte Erdbeeren mit Joghurt mischen, in Gläsern anrichten und mit Minzeblättern garnieren.

EW	F	KH	kcal	BE	Joule	Chol.
6 g	1 g	22 g	123	2	517	8 mg

evtl. Nachmittag:

1 Pers.	*4 Pers.*	*Zutaten:*
100 g	400 g	Apfel (1 BE)

EW	F	KH	kcal	BE	Joule	Chol.
–	1 g	10 g	54	1	224	–

Abend:

Polenta mit Sauerrahm und Gemüseragout

1 Pers.	*4 Pers.*	*Zutaten:*
30 g	120 g	Maisgrieß (2 BE)
120 g	480 g	Wasser
5 g	20 g	Butter
5 g	20 g	Sauerrahm
		Salz, Muskat
⅛ l	½ l	Gemüsebrühe
10 g	120 g	Petersilienwurzeln
10 g	40 g	Sellerieknolle
40 g	160 g	geschälte Tomaten
1 g (½ TL)	4 g	frische Kräuter
40 g	160 g	Zucchini
40 g	160 g	Karotten
20 g	80 g	Brokkoli
30 g	120 g	gelbe Rüben
40 g	160 g	Fenchel

Zubereitung:
Den Maisgrieß in Butter anschwitzen, würzen, mit Wasser aufgießen und zugedeckt weich dämpfen (evtl. mit 2 EL Basilikumsauce mischen). Mit einem Eisportionierer anrichten und mit Sauerrahm garnieren.

Petersilienwurzeln und Sellerieknolle klein schneiden, mit Gemüsebrühe aufgießen, salzen und weich kochen. Im Mixglas mit 1 EL Sauerrahm, frischen Kräutern und Tomatenwürfeln pürieren.

Für das Gemüseragout gefällig geschnittenes Gemüse im Kocheinsatz weich dämpfen, mit 3 EL Basensauce (Basilikumsauce) binden und gut abschmecken. Zum Polenta servieren.

EW	F	KH	kcal	BE	Joule	Chol.
10 g	6 g	38 g	243	2	1018	15 mg

Gesamtwerte pro Person

EW	F	KH	kcal	BE	Joule	Chol.
46 g	33 g	173 g	1187	13	4980	139 mg

7. Tagesplan

3 Mahlzeiten – 1084 kcal

Relation:
55% KH
30% F
15% EW

Frühstück:
Kräutertee
Vollwertbrötchen
Butter, Marmelade

EW	F	KH	kcal	BE	Joule	Chol.
4 g	9 g	45 g	273	3	1147	24 mg

Mittag:
Fenchel-Basensuppe

Schollenfilet mit frischen Champignons
und Kartoffeln

Joghurt-Erdbeercreme und Vollwertkuchen

EW	F	KH	kcal	BE	Joule	Chol.
23 g	19 g	61 g	531	5	2230	137 mg

Abend:
Gratiniertes Zucchinigemüse
mit Kressesauce und Ofenkartoffeln

EW	F	KH	kcal	BE	Joule	Chol.
9 g	13 g	29 g	280	2	1174	38 mg

Gesamtwerte pro Person

EW	F	KH	kcal	BE	Joule	Chol.
36 g	41 g	135 g	1084	10	4551	199 mg

Frühstück:

1 Pers.	*4 Pers.*	*Zutaten:*
		Kräutertee
50 g	200 g	Vollwertbrötchen (2 BE)
10 g	40 g	Butter
25 g	100 g	Marmelade (1 BE)

EW	F	KH	kcal	BE	Joule	Chol.
4 g	9 g	45 g	273	3	1147	24 mg

Mittag:

Fenchel-Basensuppe

1 Pers.	*4 Pers.*	*Zutaten:*
3/8 l	1 1/2 l	Gemüsebrühe (Rezept s. Seite 53)
50 g	200 g	Fenchelknolle
5 g	20 g	Sauerrahm/Joghurt
5 g	20 g	Butter
75 g	300 g	mehlige Kartoffeln (1 BE)
		Fenchelgrün, Salz, Muskatnuß

Zubereitung:

Kleingeschnittene Kartoffeln und Fenchel in Butter anschwitzen, mit Gemüsebrühe auffüllen und zugedeckt weich kochen. Im Mixglas mit Joghurt, Fenchelgrün und Sauerrahm pürieren. Mit Salz und Muskatnuß abschmecken.

EW	F	KH	kcal	BE	Joule	Chol.
2 g	5 g	13 g	103	1	433	14 mg

Schollenfilet mit frischen Champignons

1 Pers.	*4 Pers.*	*Zutaten:*
100 g	400 g	Schollenfilet
40 g	160 g	Champignons
1 TL	4 TL	frisches Basilikum
		Vollsalz
		Zitronensaft
30 ml	120 ml	Weißwein
5 g	20 g	Butter
10 ml	40 ml	Sahne (30% Fett)
110 g	440 g	Kartoffeln (1 1/2 BE)
1 TL	4 TL	frischer Kerbel
5 g	20 g	Butter

Zubereitung:
Schollenfilet mit feingeschnittenem Basilikum, Salz und Zitronensaft würzen. Im Kocheinsatz garen. Die Champignons klein schneiden, in einer Pfanne mit Butter und Basilikumstreifen anziehen lassen, mit Weißwein ablöschen und mit Sahne kurz einkochen. Zum Schollenfilet geben.

Die Kartoffeln im Kocheinsatz dämpfen und in Butter mit feingeschnittenem Kerbel schwenken.

EW	F	KH	kcal	BE	Joule	Chol.
14 g	11 g	18 g	261	1 1/2	1096	97 mg

Joghurt-Erdbeercreme

1 Pers.	*4 Pers.*	*Zutaten:*
80 g	320 g	Erdbeeren (1/2 BE)
125 g	500 g	Magerjoghurt (1/2 BE)
3 g	12 g	Agar-Agar (oder Gelatine)
20 g	80 g	süße Sahne
7,5 g	30 g	Honig (bei Diabetes 6 g Fruchtzucker) (1/2 BE)
		2 frische Minzeblätter
30 g	120 g	Vollwertkuchen

Zubereitung:
Erdbeeren mit Honig pürieren, erwärmen und mit Agar-Agar binden. Abkühlen lassen und mit geschlagener Sahne und Joghurt unterheben. In Gläser anrichten und mit Erdbeeren und Minzeblättern garnieren.

EW	F	KH	kcal	BE	Joule	Chol.
5 g	3 g	30 g	167	2 1/2	701	26 mg

Abend:

Gratiniertes Zucchinigemüse mit Kressesauce und Ofenkartoffeln

1 Pers.	*4 Pers.*	*Zutaten:*
80 g	320 g	Zucchini
5 g	20 g	Butter
10 g	40 g	Parmesan
		Vollsalz
20 g	80 g	Tomaten- und Auberginenwürfel
5 ml	20 ml	Sahne (30% Fett)
5 g	20 g	Gartenkresse
60 g	240 g	mehlige Kartoffeln (3/4 BE)

1/4 l	1 l	Gemüsebrühe
20 g	80 g	Sauerrahm
110 g	440 g	Ofenkartoffeln (1 1/2 BE)
5 g	20 g	Butter

Zubereitung:
Zucchini etwas aushöhlen und dämpfen. Auberginen- und Tomatenwürfel und Käse mischen, die Zucchini füllen und kurz gratinieren.

Aus der Gemüsebrühe, Kartoffeln, Kresse und Joghurt eine Basensauce zubereiten (siehe Seite 128).

Die Kartoffeln in Scheiben schneiden, dachziegelförmig in eine gebutterte Form geben und im Ofen backen.

EW	F	KH	kcal	BE	Joule	Chol.
11 g	13 g	29 g	280	2	1174	38 mg

Gesamtwerte pro Person

EW	F	KH	kcal	BE	Joule	Chol.
36 g	41 g	135 g	1084	10	4551	199 mg

8. Tagesplan

5 Mahlzeiten – 964 kcal

Relation:
55% KH
30% F
15% EW

Frühstück:
Kräutertee
Dinkel- oder Weizenmischbrot
Butter
Kräuterquark
Magerschinken

EW	F	KH	kcal	BE	Joule	Chol.
6 g	9 g	26 g	211	2	886	24 mg

evtl. Zwischenmahlzeit:
Haferflockenmüsli

EW	F	KH	kcal	BE	Joule	Chol.
3 g	1 g	16 g	90	1 ½	378	–

Mittag:
Blattsalat
Zucchinisuppe

Pochierte Geflügelbrust mit Wurzelstreifen
Gedämpfte Kartoffeln

EW	F	KH	kcal	BE	Joule	Chol.
25 g	15 g	31 g	258	2 ½	1082	84 mg

evtl. Nachmittag:
Biogardebecher

EW	F	KH	kcal	BE	Joule	Chol.
5 g	–	15 g	86	1 ½	361	8 mg

Abend:
Majoran-Basensuppe
Polentaring mit Gemüseragout

EW	F	KH	kcal	BE	Joule	Chol.
7 g	10 g	44 g	319	4	1340	27 mg

Gesamtwerte pro Person						
EW	F	KH	kcal	BE	Joule	Chol.
46 g	35 g	132 g	964	11 ½	4047	143 mg

Frühstück:

1 Pers.	*4 Pers.*	*Zutaten:*
		Kräutertee
50 g	200 g	Dinkel- oder Weizenmischbrot (2 BE)
10 g	40 g	Butter
20 g	80 g	Magerquark
1 g	4 g	frische Gartenkresse

EW	F	KH	kcal	BE	Joule	Chol.
6 g	9 g	26 g	211	2	886	24 mg

evtl. Zwischenmahlzeit:

Haferflockenmüsli

1 Pers.	*4 Pers.*	*Zutaten:*
62 g	248 g	Magerjoghurt (1/4 BE)
7,5 g	30 g	Haferflocken (1/2 BE)
20 g	80 g	Banane (1/4 BE)
50 g	200 g	Apfel (1/2 BE)

Zubereitung:

Aus allen Zutaten ein Haferflockenmüsli zubereiten.

EW	F	KH	kcal	BE	Joule	Chol.
3 g	1 g	16 g	90	1 1/2	378	–

Mittag:

1 Pers.	*4 Pers.*	*Zutaten:*
40 g	160 g	Blattsalat (Kopfsalat)
3 g	12 g	kaltgepreßtes Distelöl
3 g	12 g	Balsamico-Essig
		Salz

Zubereitung:

Blattsalat mit Essig, Öl und Salz anmachen.

EW	F	KH	kcal	BE	Joule	Chol.
1 g	3 g	1 g	32	0	135	–

Zucchinisuppe

1 Pers.	*4 Pers.*	*Zutaten:*
$^3/_8$ l	1 $^1/_2$ l	Gemüsebrühe (Rezept s. Seite 53)
75 g	300 g	Zucchini
75 g	300 g	Kartoffeln (1 BE)
5 g	20 g	Butter
5 g	20 g	Sauerrahm
1 g ($^1/_2$ TL)	4 g	Liebstöckel
		Vollsalz, Muskatnuß

Zubereitung:
Kleingeschnittene Kartoffeln und Zucchini in Butter anschwitzen, mit Gemüsebrühe auffüllen und weich kochen. Im Mixglas mit Sauerrahm und Liebstöckel pürieren. Mit Salz und Muskat abschmecken.

EW	F	KH	kcal	BE	Joule	Chol.
4 g	5 g	13 g	121	1	502	15 mg

Pochierte Geflügelbrust mit Wurzelstreifen

1 Pers.	*4 Pers.*	*Zutaten:*
100 g	400 g	Hühnerbrust
20 g	80 g	Petersilienwurzel
20 g	80 g	Sellerieknolle
20 g	80 g	Zucchini
		Gemüsebrühe zum Pochieren
110 g	440 g	Kartoffeln (1 $^1/_2$ BE)
2 g	8 g	Butter zum Bepinseln
1 g ($^1/_2$TL)	4 g	frische Petersilie

Zubereitung:
Hühnerbrust in der Gemüsebrühe pochieren. Wurzelgemüse und Zucchini in feine Streifen schneiden und im Kocheinsatz weich dämpfen.

Die Kartoffeln dämpfen und mit Butter und Petersilie schwenken.

EW	F	KH	kcal	BE	Joule	Chol.
21 g	7 g	18 g	121	1 $^1/_2$	507	69 mg

evtl. Nachmittag:
Biogardebecher

1 Pers.	*4 Pers.*	*Zutaten:*
125 g	500 g	Sanoghurt (Magerjoghurt) (1/2 BE)
23 g	92 g	Heidelbeeren (1/4 BE)
40 g	160 g	Erdbeeren (1/4 BE)
7,5 g	30 g	Honig (bei Diabetes 6 g Fruchtzucker) (1/2 BE)

Zubereitung:
Erdbeeren klein schneiden, mit Heidelbeeren und Honig mischen und mit Joghurt in Gläsern servieren.

EW	F	KH	kcal	BE	Joule	Chol.
5 g	–	15 g	86	1 1/2	361	8 mg

Abend:
Majoran-Basensuppe

1 Pers.	*4 Pers.*	*Zutaten:*
3/8 l	1 1/2 l	Gemüsebrühe (Rezept s. Seite 53)
110 g	440 g	mehlige Kartoffeln (1 1/2 BE)
1 g (1/2 TL)	4 g	frischer Majoran
5 g	20 g	Butter
		Vollsalz, Muskatnuß

Zubereitung:
Kleingeschnittene Kartoffeln in Butter anschwitzen, mit Gemüsebrühe auffüllen und weich kochen. Im Mixglas mit Majoran und Sauerrahm pürieren. Mit Salz und Muskatnuß abschmecken. Mit Majoranblättern garnieren.

EW	F	KH	kcal	BE	Joule	Chol.
2 g	4 g	16 g	116	1 1/2	487	12 mg

Polentaring mit Gemüseragout

1 Pers.	*4 Pers.*	*Zutaten:*
30 g	120 g	Polenta (Maisgrieß) (2 BE)
60 cl	240 cl	Gemüsebrühe
20 g	80 g	Sellerie
20 g	80 g	Petersilienwurzel
20 g	80 g	Schwarzwurzel
20 g	80 g	Karotten
20 g	80 g	geschälte und entkernte Tomaten
40 g	160 g	mehlige Kartoffeln (1 1/2 BE)
120 ml	480 ml	Gemüsebrühe
1 g (1/2 TL)	4 g (2 TL)	frischer Thymian
5 g	20 g	Butter
5 g	20 g	Sauerrahm

Zubereitung:
Polenta in Gemüsebrühe garen, mit 2 EL Basensauce mischen und mit einem Eisportionierer anrichten.

Für die Basensauce die Kartoffeln klein schneiden, in Butter anschwitzen und mit Gemüsebrühe aufgießen. Salzen, weich kochen und im Mixglas mit Sauerrahm und Thymianblättern pürieren.

Das Gemüse blättrig schneiden und im Kocheinsatz weich dämpfen. Mit etwas Basensauce binden und zur Polenta anrichten. Mit Sauerrahm garnieren. Restliche Sauce dazu reichen.

EW	F	KH	kcal	BE	Joule	Chol.
5 g	6 g	28 g	203	2 1/2	853	15 mg

Gesamtwerte pro Person

EW	F	KH	kcal	BE	Joule	Chol.
46 g	35 g	132 g	964	11 1/2	4047	143 mg

Menü-Vorschläge bei Erkrankungen des Verdauungstraktes

1. Fenchel-Basensuppe, Mangold-Roulade mit Tofu-Gemüsefüllung, Basilikum-Tomaten, Kartoffelkrapfen, Hirseomelett mit Walderdbeeren (Rezepte siehe Seite 267–269)
2. Stangenselleriesuppe, Brokkoli gratiniert mit Ofenkartoffeln, Kerbelsauce, Maisomelett mit Früchten (Rezepte siehe Seite 270–272)
3. Brokkolisuppe, Champignons auf Blattspinat, Junge Karotten, Dampfkartoffeln, Feigen in Weinschaum (Rezepte siehe Seite 273–274)
4. Kümmelsuppe, Couscous-Gemüseroulade, Gemüsegarnitur, Kräuter-Basensauce, Hirse-Erdbeerroulade (Rezepte siehe Seite 275–277)
5. Löwenzahnsuppe mit Bachkresse, Junge Maiskolben auf Blattspinat mit Kartoffeln und Ruccola-Basensauce, Mangopudding (Rezepte siehe Seite 278–280)
6. Legierte Kümmelsuppe, Gefüllte Zucchini mit Mangold-Spinat, Karotten und Kirschtomaten, Heidelbeer-Quarknockerln (Rezepte siehe Seite 281–282)
7. Hirsesuppe, Gelbe und grüne Zucchini mit Tofufüllung, Tomatenconcasse, neue Kartoffeln, Apfelcreme (Rezepte siehe Seite 283–284)
8. Koriandersuppe, Bulgur-Laibchen (Perlweizen), Sauerrahmsauce mit Majoran, Spinat, Karotten, Spargel, Tiramisu (Rezepte siehe Seite 285–286)
9. Zucchinisuppe, Bodenseefelchen, Basilikumsauce, Kerbelkartoffeln, Waldbeerenschnitte (Rezepte siehe Seite 287–288)
10. Spinatsuppe, Grünkern-Käsenockerln, Kräutersauce, Buntes Gartengemüse, Quarkmus mit Fruchtschaum (Rezepte siehe Seite 289–290)
11. Karottensuppe, Maistortillas mit Gemüseratatouille und Kräutersauce, Rote Grütze (Rezepte siehe Seite 291–292)
12. Dillrahmsuppe, Zanderfilet, gegrillt, Sauerampfersauce, Petersilienkartoffeln, Bayerische Creme (Rezepte siehe Seite 293–294)
13. Petersilienwurzelsuppe, Gegrillte Seezunge und Lachsforelle, Dillsauce, Safrankartoffeln, Vanillecreme mit Erdbeeren (Rezepte siehe Seite 295–296)

14. Majoransuppe, Forellenröllchen mit Basilikumsauce, Petersilienkartoffeln, Reis Trautmannsdorff (Rezepte siehe Seite 297–298)
15. Fenchelsuppe, Putenfleischröllchen, Brokkoli-Flan, Ofenkartoffeln, Kräutersauce, Gofiocreme (Rezepte siehe Seite 299–301)
16. Hirsesuppe mit Gemüse, Putenbrust in Folie gebraten, Kerbelsauce und Kartoffel-Laibchen, Reis Trautmannsdorff (Rezepte siehe Seite 302–304)
17. Stangenselleriesuppe, Gefülltes Hühnerbrüstchen, Kräutersauce, Stürzkartoffeln, Sanddorn-Joghurtcreme (Rezepte siehe Seite 305–307)
18. Spinatsuppe, Sellerieschnitzel, Kräutersauce, Tournierte Kartoffeln, Gemüsegarnitur, Joghurt-Sanddorncreme (Rezepte siehe Seite 308–310)
19. Blattsalat, Fenchelsuppe, Kartoffel-Gemüse-Puffer, Trauben-Sülzchen (Rezepte siehe Seite 311–312)

Menü 1

Fenchel-Basensuppe, Mangold-Roulade mit Tofu-Gemüsefüllung, Basilikum-Tomaten, Kartoffelkrapfen, Hirseomelett mit Walderdbeeren

Fenchel-Basensuppe

1 Pers.	*4 Pers.*	*Zutaten:*
3/8 l	1 1/2 l	Gemüsebrühe (Rezept s. Seite 53)
38 g	150 g	geschälte Kartoffeln
80 g	320 g	geputzter Fenchel
5 g	20 g	Butter
20 g	80 g	Sauerrahm
1 TL	4 TL	frisches Fenchelgrün
		Vollsalz, frisch geriebene Muskatnuß

Zubereitung:
Kartoffeln und Fenchelgemüse klein schneiden. Kartoffeln und Fenchel in Butter anschwitzen, mit Gemüsebrühe aufgießen und weich kochen. Mit Salz und Muskat würzen und im Mixglas pürieren. Sauerrahm und Fenchelgrün zugeben und nochmals kurz mixen.

EW	F	KH	kcal	BE	Joule	Chol.
3 g	6 g	8 g	105	1/2	439	18 mg

Mangold-Roulade mit Tofu-Gemüsefüllung

1 Pers.	*4 Pers.*	*Zutaten:*
40 g	160 g	Mangold-Spinat
60 g	240 g	Tofu (Sojaquark)
30 g	120 g	Karotten
30 g	120 g	Sellerie
30 g	120 g	Zucchini
10 g	40 g	Butter
3 g (1 TL)	12 g	frische Majoranblätter
		Vollsalz, Muskatnuß

Zubereitung:
Tofu mit der Gabel zerdrücken oder fein faschieren. Spinatblätter kurz überdämpfen und mit Salz und Muskatnuß würzen. Karotten, Sellerie und Zucchini sehr klein schneiden und weich dämpfen. Kleingeschnittene Kräuter in Butter anschwitzen und zum Tofu mischen. Die Tofumasse in Spinatblätter wickeln und diese im Dampf erhitzen. Mit Basilikum-Tomaten garnieren.

EW	F	KH	kcal	BE	Joule	Chol.
7 g	12 g	5 g	151	–	632	24 mg

Basilikum-Tomaten

1 Pers.	*4 Pers.*	*Zutaten:*
40 g	160 g	Tomaten
5 g	20 g	Butter
1 g (½ TL)	4 g	frisches Basilikum
		Salz, Pfeffer aus der Mühle

Zubereitung:
Geschälte und entkernte Tomatenwürfel in Butter schwenken und mit frischen Basilikumstreifen mischen. Mit Salz und Pfeffer würzen.

EW	F	KH	kcal	BE	Joule	Chol.
–	4 g	1 g	46	–	192	12 mg

Kartoffelkrapfen

1 Pers.	*4 Pers.*	*Zutaten:*
110 g	440 g	mehlige Kartoffeln
10 g	40 g	Butter
3 g (1 TL)	12 g	frische Majoranblätter
¼	1	Eigelb
		Vollsalz, frisch geriebene Muskatnuß

Zubereitung:
Kartoffeln weich dämpfen, pellen und nicht zu fein reiben. Frische Majoranblätter in Butter anschwitzen und zur Kartoffelmasse geben. Mit Salz und Muskat würzen, Eigelb zugeben und mit einem Eisportionierer anrichten. Bei Oberhitze kurz überbacken.

EW	F	KH	kcal	BE	Joule	Chol.
4 g	12 g	16 g	188	1½	790	130 mg

Hirseomelett mit Walderdbeeren

1 Pers.	*4 Pers.*	*Zutaten:*
15 g	60 g	feines Hirsemehl
3/4	3	Ei
3,7 g	15 g	Honig (bei Diabetes 3 g Fruchtzucker)
40 g	160 g	frische Erdbeeren
1 g (1/2 TL)	4 g	frische Minzeblätter
20 g	80 g	süße Sahne (30% Fett)

Zubereitung:
Eigelb mit Honig schaumig rühren. Eiweiß halbsteif schlagen und mit dem Hirsemehl zugleich unter die Eigelbmasse heben. Die Masse in einen Spritzsack füllen. Kreisförmig kleine Plätzchen auf Pergamentpapier spritzen (dressieren) und bei 200 °C 3–4 Minuten backen. Danach über den Kochlöffelstiel biegen und auskühlen lassen. Mit geschlagener Sahne – vermischt mit Walderdbeeren und mit Honig gesüßt – füllen. Mit Minzeblättern garnieren.

EW	F	KH	kcal	BE	Joule	Chol.
6 g	10 g	16 g	182	1 1/2	762	140 mg

Gesamtwerte pro Person

EW	F	KH	kcal	BE	Joule	Chol.
21 g	44 g	47 g	681	3 1/2	2849	324 mg

Menü 2

Stangenselleriesuppe, Brokkoli gratiniert mit Ofenkartoffeln und Kerbelsauce, Maisomelett mit Früchten

Stangenselleriesuppe

1 Pers.	*4 Pers.*	*Zutaten:*
3/8 l	1 1/2 l	Gemüsebrühe (Rezept s. Seite 53)
38 g	150 g	mehlige Kartoffeln
70 g	280 g	Stangensellerie
20 ml	80 ml	süße Sahne oder Sauerrahm
3 g	12 g	Butter
		Selleriegrün, Vollsalz, Muskatnuß

Zubereitung:
Selleriestangen und Kartoffeln klein schneiden, in Butter anschwitzen, mit Gemüsebrühe auffüllen, salzen und weich kochen. Mit Sahne und Selleriegrün im Mixglas pürieren. Abschmecken.

pro Person

EW	F	KH	kcal	BE	Joule	Chol.
2 g	6 g	8 g	99	1/2	412	21 mg

Brokkoli gratiniert

1 Pers.	*4 Pers.*	*Zutaten:*
80 g	320 g	Brokkoliröschen
40 g	160 g	Mozzarella
10 g	40 g	Butter
		Vollsalz

Zubereitung:
Brokkoli garen, mit zerlassener Butter bepinseln, salzen und mit Mozzarellascheiben belegen. Bei Oberhitze kurz gratinieren.

pro Person

EW	F	KH	kcal	BE	Joule	Chol.
11 g	15 g	2 g	185	–	772	34 mg

Ofenkartoffeln

1 Pers.	*4 Pers.*	*Zutaten:*
110 g	440 g	Kartoffeln
40 ml	160 ml	Milch
10 g	40 g	Butter
		Muskat, Salz

Zubereitung:
Kartoffeln weich dämpfen, evtl. schälen und aushöhlen. Aus Milch, Butter und den Kartoffelstückchen ein Püree machen, mit Salz und Muskat würzen und wieder in die ausgehöhlten Kartoffeln füllen. Im Ofen kurz überbacken bzw. gratinieren.

pro Person

EW	F	KH	kcal	BE	Joule	Chol.
4 g	1 g	18 g	179	1 ½	749	29 mg

Kerbelsauce

1 Pers.	*4 Pers.*	*Zutaten:*
200 ml	800 ml	Gemüsebrühe (Rezept s. Seite 53)
38 g	150 g	mehlige Kartoffeln
25 g	100 g	saure Sahne
5 g	20 g	Butter
5 g (1 EL)	20 g	frisches Kerbelkraut
		Vollsalz

Zubereitung:
Kleingeschnittene Kartoffeln in Butter anschwitzen, mit Gemüsebrühe aufgießen und weich kochen. Im Mixglas mit frischem Kerbel und Sauerrahm pürieren. Nochmals nachwürzen und zum Brokkoli mit Ofenkartoffeln servieren.

pro Person

EW	F	KH	kcal	BE	Joule	Chol.
2 g	7 g	7 g	96	½	403	18 mg

Maisomelett mit Früchten

1 Pers.	*4 Pers.*	*Zutaten:*
½	3	Ei
3,5 g	14 g	Honig (bei Diabetes 3 g Fruchtzucker)
15 g	60 g	Maismehl
		Anis, Vanille natur,
		Sesam, Salz
Füllung:		
20 g	80 g	Erdbeeren
20 g	80 g	Kiwi
20 g	80 g	Heidelbeeren

Zubereitung:
Eigelb mit Honig schaumig rühren. Eiweiß mit einer Prise Salz steif schlagen und mit dem Hirsemehl zugleich unter die Eigelbmasse heben. Die Masse in einen Spritzsack mit runder Tülle füllen und kreisförmige Omeletts auf Backpapier aufspritzen. Mit Sesam bestreuen und im Backofen bei 190 °C ca. 5–7 Minuten backen. Danach über einen Kochlöffelstiel biegen, erkalten lassen und mit den frischen Beeren füllen.

pro Person

EW	F	KH	kcal	BE	Joule	Chol.
2 g	4 g	16 g	134	1 ½	563	155 mg

Gesamtwerte pro Person

EW	F	KH	kcal	BE	Joule	Chol.
21 g	33 g	51 g	693	4	2899	257 mg

Menü 3

Brokkolisuppe, Champignons auf Blattspinat, Junge Karotten, Dampfkartoffeln, Feigen in Weinschaum

Brokkolisuppe

1 Pers.	*4 Pers.*	*Zutaten:*
3/8 l	1 1/2 l	Gemüsebrühe (Rezept s. Seite 53)
75 g	300 g	mehlige Kartoffeln
30 g	120 g	Brokkoli
5 g	20 g	Butter
20 g	80 g	Sauerrahm
2 g (1 TL)	8 g	frische Kräuter
		Vollsalz, Muskatnuß

Zubereitung:
Kartoffeln und Brokkoli klein schneiden, in Butter anschwitzen, salzen, mit Gemüsebrühe auffüllen und weich kochen. Im Mixglas mit Sauerrahm, Salz, Muskat und frischen Kräutern pürieren.

pro Person

EW	F	KH	kcal	BE	Joule	Chol.
3 g	6 g	13 g	122	1	512	18 mg

Champignons auf Blattspinat

1 Pers.	*4 Pers.*	*Zutaten:*
5 g	20 g	Butter
20 ml	80 ml	süße Sahne (30% Fett)
100 g	400 g	frische Champignons
80 g	320 g	frischer Blattspinat
5 g	20 g	Butter
60 g	240 g	Karotten
110 g	440 g	Kartoffeln

Zubereitung:
Spinat putzen, waschen, abtropfen lassen und in einer großen Pfanne mit Butter anschwitzen. Zusammenfallen lassen, mit Salz und Muskatnuß würzen, Sahne zugeben und zugedeckt kurz einkochen lassen.

Halbierte Champignons in einer weiteren großen Pfanne mit Butter anbraten, salzen und auf dem Spinat anrichten. Karotten und Kartoffeln im Kocheinsatz weich dämpfen und dazu geben. Nett anrichten!

pro Person						
EW	F	KH	kcal	BE	Joule	Chol.
8 g	16 g	21 g	257	1 1/2	1084	34 mg

Feigen in Weinschaum

1 Pers.	*4 Pers.*	*Zutaten:*
70 g	280 g	frische Feigen
1/2	2	Eigelb
40 ml	160 ml	Weißwein
7,5 g	30 g	Honig (bei Diabetes 6 g Fruchtzucker)

Zubereitung:
Gut gereifte Feigen schälen und in dünne Scheiben schneiden. Auf einen Dessertteller legen und mit Weißwein übergießen. Dazu Eigelb mit Weißwein und Honig über Wasserdampf aufschlagen.

pro Person						
EW	F	KH	kcal	BE	Joule	Chol.
8 g	15 g	21 g	259	1 1/2	1087	118 mg

Gesamtwerte pro Person						
EW	F	KH	kcal	BE	Joule	Chol.
19 g	37 g	55 g	638	4	2283	170 mg

Menü 4

Kümmelsuppe, Couscous-Gemüseroulade, Gemüsegarnitur, Kräuter-Basensauce, Hirse-Erdbeerroulade

Kümmelsuppe

1 Pers.	*4 Pers.*	*Zutaten:*
3/8 l	1 1/2 l	Gemüsebrühe (Rezept s. Seite 53)
75 g	300 g	mehlige Kartoffeln
45 g	180 g	Sellerie
1 Msp.	1/2 TL	gemahlener Kümmel
2 g (1 TL)	8 g	Petersilie
10 g	40 g	Butter
40 g	160 g	Sauerrahm
		Vollsalz, Muskatnuß

Zubereitung:
Kleingeschnittene Kartoffeln in Butter anschwitzen, mit Gemüsebrühe aufgießen und weichkochen lassen. Im Mixglas mit Sauerrahm, Kümmel und Petersilie pürieren. Mit Vollsalz und Muskatnuß abschmecken.

pro Person

EW	F	KH	kcal	BE	Joule	Chol.
4 g	13 g	14 g	184	1	772	36 mg

Couscous-Gemüseroulade

1 Pers.	*4 Pers.*	*Zutaten:*
2 St.	8 St.	Mangold-Spinatblätter
45 g	180 g	Couscous oder Hartweizen-Perlweizen (Andengetreide)
30 g	120 g	Tofu (Sojaquark)
10 g	40 g	Karotten
10 g	40 g	Zucchini
10 g	40 g	Sellerie
		Sojasauce, Vollsalz
		frische Oreganoblätter

Zubereitung:
Spinatblätter kurz überdämpfen. Couscous (oder Perlweizen) weich kochen. Karotten, Zucchini und Sellerie in kleine Würfel schneiden und im Kocheinsatz weich dämpfen. Mit dem zerdrückten Tofu unter den Couscous mischen, mit Voll-

salz, Oregano und Sojasauce würzen. (Zur besseren Bindung kann man auch ein Eigelb oder 2 EL Basensauce nehmen.) Diese Füllung in Spinatblätter wickeln und im Dampf erhitzen.

pro Person						
EW	F	KH	kcal	BE	Joule	Chol.
6 g	4 g	29 g	175	3	735	–

Kräuter-Basensauce

1 Pers.	*4 Pers.*	*Zutaten:*
200 ml	800 ml	Gemüsebrühe (Rezept s. Seite 53)
38 g	150 g	mehlige Kartoffeln
20 g	40 g	Sauerrahm
2 g (1 TL)	8 g	frische Majoranblätter

Zubereitung:
Die kleingeschnittenen Kartoffeln in Butter anschwitzen, mit Gemüsebrühe aufgießen, weich kochen und mit Sauerrahm und frischen Majoranblättern im Mixglas pürieren.

pro Person						
EW	F	KH	kcal	BE	Joule	Chol.
1 g	2 g	7 g	51	½	214	7 mg

Gemüsegarnitur

1 Pers.	*4 Pers.*	*Zutaten:*
40 g	160 g	Karotten
40 g	160 g	Brokkoli
40 g	160 g	Blumenkohl

Zubereitung:
Karotten, Brokkoli und Blumenkohl im Dampfeinsatz weich dämpfen.

pro Person						
EW	F	KH	kcal	BE	Joule	Chol.
3 g	–	4 g	30	–	124	–

Hirse-Erdbeerroulade

1 Pers.	*4 Pers.*	*Zutaten:*
15 g	60 g	Hirsemehl
1/2	3	Ei
7,5 g	30 g	Honig (bei Diabetes 6 g Fruchtzucker)
80 g	320 g	frische Erdbeeren
30 ml	120 ml	süße Sahne (30% Fett)
		Zitronenschale, Minzeblätter, Salz

Zubereitung:
Eigelb mit Zitronenschale und Honig schaumig rühren. Eiweiß mit einer Prise Salz halbsteif schlagen und mit dem Hirsemehl zugleich unter die Eigelb-Honigmasse heben. Die Masse 1 cm dick auf ein gefettetes Pergamentpapier streichen und bei 180 °C etwa 7–8 Minuten backen. Danach auf ein zweites, bemehltes Papier stürzen, das erste Papier abziehen. Mit dem zweiten Papier einrollen und die Roulade erkalten lassen. Dann ausrollen und mit steifgeschlagener Sahne und den kleingeschnittenen Erdbeeren füllen. Wieder einrollen und in Scheiben schneiden. Mit Erdbeeren und Minzeblättern garnieren.

pro Person

EW	F	KH	kcal	BE	Joule	Chol.
3 g	14 g	22 g	244	2	1021	194 mg

Gesamtwerte pro Person

EW	F	KH	kcal	BE	Joule	Chol.
17 g	33 g	76 g	684	6 1/2	2866	237 mg

Menü 5

Löwenzahnsuppe mit Bachkresse, Junge Maiskolben auf Blattspinat mit Kartoffeln und Ruccola-Basensauce, Mangopudding

Löwenzahnsuppe mit Bachkresse

1 Pers.	*4 Pers.*	*Zutaten:*
3/8 l	1 1/2 l	Gemüsebrühe (Rezept s. Seite 53)
75 g	300 g	mehlige Kartoffeln
40 g	160 g	Sellerie
10 g	40 g	Eigelb
30 g	130 g	Sauerrahm
30 g	130 g	frische Löwenzahnblätter
20 g	80 g	frische Bachkresse
		Vollsalz, Muskatnuß

Zubereitung:
Sellerie und Kartoffeln klein schneiden, in Butter anschwitzen und mit Gemüsebrühe auffüllen. Salzen und weichkochen lassen. Mit Sauerrahm, Löwenzahn und Bachkresse im Mixglas pürieren und mit Muskatnuß abschmecken.

pro Person

EW	F	KH	kcal	BE	Joule	Chol.
6 g	7 g	17 g	147	1	617	120 mg

Junge Maiskolben auf Blattspinat

1 Pers.	*4 Pers.*	*Zutaten:*
120 g	440 g	frische Maiskolben (30 g Maiskörner pro Person)
40 g	160 g	frischer Blattspinat
20 g	80 g	Kirschtomaten
75 g	300 g	Kartoffeln
10 g	40 g	Butter
		Vollsalz, Muskatnuß

Zubereitung:
Kartoffeln garen. Maiskolben in Salzwasser kochen. Blattspinat in einer großen Pfanne mit Butter anschwitzen, zusammenfallen lassen, mit Salz und Muskatnuß würzen und mit etwas Basensauce einkochen lassen. Maiskolben auf Blattspinat anrichten und mit Dampfkartoffeln servieren.

pro Person						
EW	F	KH	kcal	BE	Joule	Chol.
6 g	11 g	31 g	237	1 1/2	995	24 mg

Ruccola-Basensauce

1 Pers.	*4 Pers.*	*Zutaten:*
10 g	40 g	Ruccola (ital. Schnittsalat)
15 g	60 g	Petersilienwurzel
20 g	80 g	Sauerrahm
38 g	150 g	mehlige Kartoffeln
200 ml	800 ml	Gemüsebrühe (Rezept s. Seite 53)
		Vollsalz, Muskatnuß

Zubereitung:
Kartoffeln und Petersilienwurzeln klein schneiden, in Butter anschwitzen, mit Gemüsebrühe aufgießen und weich kochen. Im Mixglas mit Ruccola und Sauerrahm pürieren. Mit Salz und Muskatnuß abschmecken.

pro Person						
EW	F	KH	kcal	BE	Joule	Chol.
2 g	2 g	8 g	60	1/2	250	7 mg

Mangopudding

1 Pers.	*4 Pers.*	*Zutaten:*
80 g	320 g	gut reife Mango
7,5 g	30 g	Honig (bei Diabetes 6 g Fruchtzucker)
60 g	240 g	Magerjoghurt
1	4	Blatt-Gelatine
20 g	80 g	süße Sahne (30% Fett)
1 g	4 g	Zitronenschale
40 g	160 g	frische Erdbeeren
		frische Zitronenmelisse

Zubereitung:
Gelatine in kaltem Wasser einweichen. Mangofrucht pürieren und mit Joghurt vermischen. Gelatineblätter gut ausdrücken und mit dem Honig in einer Pfanne erwärmen. Tropfenweise, aber zügig unter das Joghurtpüree mischen. Steifgeschlagene Sahne zugeben. In kalt ausgespülte Formen füllen und 2 Stunden fest werden lassen. Dann auf Teller stürzen und mit den gemixten Erdbeeren und Honig gesüßt anrichten. Mit Mangospalten und Zitronenmelisse garnieren.

pro Person						
EW	F	KH	kcal	BE	Joule	Chol.
4 g	8 g	22 g	163	2	685	24 mg

Gesamtwerte pro Person						
EW	F	KH	kcal	BE	Joule	Chol.
18 g	28 g	78 g	607	5	2547	175 mg

Menü 6

Legierte Kümmelsuppe, Gefüllte Zucchini, Mangold, Karotten, Kirschtomate, Heidelbeer-Quarknockerln

Legierte Kümmelsuppe

1 Pers.	*4 Pers.*	*Zutaten:*
3/8 l	1 1/2 l	Gemüsebrühe (Rezept s. Seite 53)
75 g	300 g	mehlige Kartoffeln
50 g	200 g	Sellerie
20 g	80 g	Sauerrahm
5 g	20 g	Butter
		gemahlener Kümmel, Vollsalz, Petersilie
		frisch geriebene Muskatnuß

Zubereitung:
Kleingeschnittene Kartoffeln und Sellerie in Butter anschwitzen, mit Gemüsebrühe auffüllen, salzen und weich kochen. Im Mixglas mit Kümmel, Petersilie, Sauerrahm und Muskatnuß pürieren.

pro Person

EW	F	KH	kcal	BE	Joule	Chol.
3 g	6 g	13 g	123	1	516	19 mg

Gefüllte Zucchini mit Mangold-Spinat, Karotten und Kirschtomaten

1 Pers.	*4 Pers.*	*Zutaten:*
70 g	280 g	Zucchini
50 g	200 g	Tofu (Sojaquark)
20 g	80 g	Sauerrahm
3 g (1 TL)	12 g	Wildkräuter (Brennessel, Bachkresse)
75 g	300 g	Kartoffeln
40 g	160 g	Karotten
5 ml	20 ml	Sojasauce
20 g	80 g	Sauerrahm
2 g (1 TL)	8 g	frische Kräuter
60 g	240 g	Mangold-Spinat
10 g	40 g	Butter
40 g	160 g	Kirschtomaten
		Gewürz-Hefeflocken, Vollsalz,
		Muskatnuß

Zubereitung:
Zucchini im Kocheinsatz weich dämpfen. Tofu mit der Gabel zerdrücken, mit gehackten Wildkräutern und Sauerrahm mischen, mit Vollsalz abschmecken und in die Zucchini füllen. Diese dann im Dampf nochmals erhitzen.

Die Kartoffeln und Karotten im Kocheinsatz weich dämpfen. Sojasauce mit Sauerrahm vermischen und mit Gewürz-Hefeflocken und Gartenkräutern abschmecken.

Den Mangold-Spinat klein schneiden, im Kocheinsatz weich dämpfen und in einer großen Pfanne mit Butter schwenken. Mit Vollsalz und Muskatnuß würzen. Die Zucchini auf Spinat anrichten, das Gemüse dazugeben und mit halbierten Kirschtomaten garnieren.

pro Person

EW	F	KH	kcal	BE	Joule	Chol.
10 g	16 g	17 g	257	1	1080	38 mg

Heidelbeer-Quarknockerln

1 Pers.	*4 Pers.*	*Zutaten:*
30 g	120 g	passierter Magerquark
10 g	40 g	Butter
1	4	Eigelb
7,5 g	30 g	Weizenvollwertgrieß
45 g	180 g	Heidelbeeren
20 ml	80 ml	süße Sahne (30% Fett)
		frische Zitronenmelisse, Süßstoff

Zubereitung:
Butter und Eigelb schaumig rühren. Quark und Grieß unterheben, mit Süßstoff süßen und kurz kühl stellen. Nockerln formen und diese ca. 10 Minuten in Salzwasser mehr ziehen als kochen lassen.

Inzwischen Heidelbeeren mit Süßstoff pürieren und steifgeschlagene Sahne unterheben. Zu den gut abgetropften Nockerln servieren. Mit Zitronenmelisse garnieren.

pro Person

EW	F	KH	kcal	BE	Joule	Chol.
9 g	25 g	10 g	299	1	1256	185 mg

Gesamtwerte pro Person

EW	F	KH	kcal	BE	Joule	Chol.
22 g	47 g	40 g	679	3	2852	242 mg

Menü 7

Hirsesuppe, Gelbe und Grüne Zucchini mit Tofufüllung, Tomatenconcassee, Neue Kartoffeln, Apfelcreme

Hirsesuppe

1 Pers.	*4 Pers.*	*Zutaten:*
3/8 l	1 1/2 l	Gemüsebrühe (Rezept s. Seite 53)
15 g	60 g	Hirse
20 g	80 g	Karotten
20 g	80 g	süße Sahne
20 g	80 g	Zucchini
5 g	20 g	Butter
1 g (1/2 TL)	2	Petersilie
		Vollsalz, Muskatnuß

Zubereitung:
Karotten und Zucchini in sehr kleine Würfel schneiden. Hirse waschen, abtropfen lassen, mit Gemüse in Butter anschwitzen, mit Gemüsebrühe aufgießen, salzen und weich kochen. Mit Vollsalz, Sahne und Muskatnuß abschmecken, mit gehackter Petersilie garnieren.

pro Person						
EW	F	KH	kcal	BE	Joule	Chol.
3 g	11 g	12 g	162	1	677	34 mg

Gelbe und grüne Zucchini mit Tofufüllung, Tomatenwürfel, Neue Kartoffeln

1 Pers.	*4 Pers.*	*Zutaten:*
60 g	240 g	Grüne Zucchini
60 g	240 g	Gelbe Zucchini
40 g	160 g	Tofu, passiert
		Zucchinifleisch
20 g	80 g	Sauerrahm
1/2	2	Eigelb
		Vollsalz, Pfeffer aus der Mühle
		frisches Basilikum
5 g (1 EL)	20 g	Olivenöl
60 g	240 g	Tomaten
2 g (1 TL)	8 g	frisches Basilikum
75 g	300 g	Kartoffeln

Zubereitung:
Zucchini der Länge nach halbieren, etwas aushöhlen und im Kocheinsatz kernig weich dämpfen.

Für die Füllung ausgehöhltes Zucchinifleisch sehr fein hacken, mit zerdrücktem Tofu mischen und mit Eigelb, Sauerrahm und feingeschnittenem Basilikum, Salz und Pfeffer abschmecken. Diese Füllung in die ausgehöhlten Zucchini geben (evtl. mit Mozzarella gratinieren).

Die Kartoffeln im Kocheinsatz weich dämpfen.
Die Tomaten schälen, entkernen und in Würfel schneiden. Mit Olivenöl und feingeschnittenem Basilikum in der Pfanne schwenken, salzen und über den Zucchini anrichten.

pro Person

EW	F	KH	kcal	BE	Joule	Chol.
11 g	13 g	15 g	229	1	959	157 mg

Apfelcreme

1 Pers.	*4 Pers.*	*Zutaten:*
25 g	100 g	säuerliche Äpfel
12,5 g	50 g	Bananen (bei Diabetes Apfel)
20 g	80 g	süße Sahne
		evtl. Zimt, Zitronenschale, frische Minzeblätter

Zubereitung:
Äpfel klein schneiden und mit Zitronenschale und Zimt dämpfen, abkühlen lassen und mit zerdrückten Bananen und geschlagener Sahne vermischen. In Gläsern anrichten und mit Apfelspalten und Minzeblättern garnieren.

pro Person

EW	F	KH	kcal	BE	Joule	Chol.
1 g	6 g	6 g	85	1/2	356	22 mg

Gesamtwerte pro Person

EW	F	KH	kcal	BE	Joule	Chol.
15 g	30 g	33 g	476	2 1/2	1992	213 mg

Menü 8

Koriandersuppe, Bulgur-Laibchen (Perlweizen), Sauerrahmsauce mit Majoran, Spinat, Karotten und Spargel, Tiramisu

Koriandersuppe

1 Pers.	*4 Pers.*	*Zutaten:*
$^3/_8$ l	1 $^1/_2$ l	Gemüsebrühe (Rezept s. Seite 53)
75 g	300 g	mehlige, geschälte Kartoffeln
1 Msp.	4 Msp.	gemahlener Koriander
5 g	20 g	Butter
50 g	200 g	Petersilienwurzel
20 g	80 g	Sauerrahm
		Vollsalz, Muskatnuß, frischer Koriander

Zubereitung:
Kleingeschnittene Kartoffeln und Petersilienwurzel in Butter anschwitzen, mit Gemüsebrühe auffüllen, salzen und weich kochen. Im Mixglas mit Koriander, Sauerrahm und Muskatnuß pürieren.

pro Person

EW	F	KH	kcal	BE	Joule	Chol.
4 g	7 g	15 g	134	1	562	19 mg

Bulgur-Laibchen, Sauerrahmsauce mit Majoran, Spinat, Karotten und Spargel

1 Pers.	*4 Pers.*	*Zutaten:*
45 g	180 g	Bulgur-Perlweizen (oder Hirse)
10 g	40 g	Butter
80 ml	350 ml	Gemüsebrühe (Rezept s. Seite 53)
20 g	80 g	Sauerrahm
20 g	80 g	Zucchini
30 g	120 g	Mozzarella (16% F. i. Tr. oder Edamer)
50 g	200 g	Sauerrahm
2 g (1 TL)	8 g	frische Majoranblätter
3 g (1 TL)	12 g	Sonnenblumenöl
2 g (1 TL)	8 g	Gewürz-Hefeflocken
40 g	160 g	Spinat
10 g	40 g	Butter
40 g	160 g	Karotten
40 g	160 g	Spargel
		Vollsalz, Muskatnuß

Zubereitung:
Bulgur-Perlweizen in Butter anschwitzen, mit Gemüsebrühe auffüllen und weich dünsten. Abkühlen lassen, mit gedämpften Zucchiniwürfelchen und feingeriebenem Käse, Sauerrahm und Majoran vermischen und salzen. Laibchen formen, diese auf ein Blech geben und im Ofen oder im heißen Dampf erhitzen oder in einer Pfanne mit Öl braten.

Für die Sauce Sauerrahm mit feingeschnittenen Majoranblättern und Gewürz-Hefeflocken mischen und zu den Laibchen servieren.

Für die Beilage Blattspinat in einer Pfanne mit Butter anschwitzen und zusammenfallen lassen. Mit Vollsalz und Muskatnuß würzen. Spargel weich kochen und Karotten dämpfen. Alles zu den Bulgur-Laibchen anrichten.

pro Person

EW	F	KH	kcal	BE	Joule	Chol.
17 g	34 g	34 g	497	3	2087	86 mg

Tiramisu

1 Pers.	*4 Pers.*	*Zutaten:*
25 g	100 g	dicker Sauerrahm (Schmand)
30 g	120 g	Mascarpone
7,5 g	30 g	Honig (bei Diabetes 6 g Fruchtzucker)
15 g	60 g	ungezuckerte Löffelbiskuits
		Vanille, ein Schuß Rum, Kaffee, Kakaopulver

Zubereitung:
Mascarpone und Sauerrahm verrühren, mit einem Schuß Rum, Vanille und Honig abschmecken. Einen Teil dieser Creme in Gläser füllen, dann das in Kaffee getränkte Löffelbiskuit dazwischengeben und mit restlicher Creme auffüllen. Mit wenig Kakao bestreuen.

pro Person

EW	F	KH	kcal	BE	Joule	Chol.
4 g	17 g	17 g	240	1	1004	38 mg

Gesamtwerte pro Person

EW	F	KH	kcal	BE	Joule	Chol.
25 g	58 g	66 g	871	5	3653	143 mg

Menü 9

Zucchinisuppe, Bodenseefelchen, Basilikumsauce, Kerbelkartoffeln, Waldbeerenschnitte

Zucchinisuppe

1 Pers.	*4 Pers.*	*Zutaten:*
3/8 l	1 1/2 l	Gemüsebrühe (Rezept s. Seite 53)
75 g	300 g	mehlige, geschälte Kartoffeln
30 g	120 g	Zucchini
1 g (1/2 TL)	4 g	frische Kräuter
2 g	8 g	Butter
10 g	40 g	Sauerrahm
10 g	40 g	Zucchinistreifen
		Vollsalz, Muskatnuß

Zubereitung:
Kleingeschnittene Kartoffeln und Zucchini in Butter anschwitzen, mit Gemüsebrühe aufgießen, salzen und weich kochen. Im Mixglas mit Sauerrahm und Gartenkräutern pürieren. Mit Salz und Muskat würzen.

pro Person

EW	F	KH	kcal	BE	Joule	Chol.
3 g	3 g	12 g	89	1	372	9 mg

Bodenseefelchen, Basilikumsauce, Kerbelkartoffeln

1 Pers.	*4 Pers.*	*Zutaten:*
100 g	400 g	Felchenfilet
		Zitronensaft
2 g (1 TL)	8 g	frisches Basilikum
38 g	150 g	mehlige, geschälte Kartoffeln
200 ml	800 ml	Gemüsebrühe
20 g	80 g	Sauerrahm
2 g	8 g	Butter
110 g	440 g	Pellkartoffeln
3 g (1 TL)	12 g	frischer Kerbel
		Vollsalz, Muskatnuß

Zubereitung:
Felchenfilet mit Zitronensaft beträufeln (evtl. etwas salzen) und im Kocheinsatz kurz dämpfen.

Für die Sauce Kartoffeln klein schneiden, in Butter anschwitzen, mit Gemüsebrühe auffüllen und weich kochen. Im Mixglas mit frischem Basilikum und Sauerrahm pürieren. Mit Salz und Muskat würzen. Zum gedämpften Felchenfilet servieren.

Die Kartoffeln weich dämpfen, schälen, mit gehacktem Kerbel bestreuen und würzen.

pro Person						
EW	F	KH	kcal	BE	Joule	Chol.
22 g	7 g	23 g	246	2	1028	65 mg

Waldbeerenschnitte

1 Pers.	*4 Pers.*	*Zutaten:*
7 ½ g	30 g	feines Hirsemehl (Vollwertmehl)
22 g	90 g	frische Heidelbeeren
38 g	150 g	frische Himbeeren
½	2	Ei
30 g	120 g	süße Sahne (30% Fett)
3,5 g	14 g	Honig (bei Diabetes 3 g Fruchtzucker)

Zubereitung:
Eiweiß steif schlagen. Eigelb mit Honig schaumig rühren und Eiweiß mit Hirsemehl zugleich unterheben. Aus dieser Masse mit Hilfe einer Spritztüte kleine Plätzchen auf Pergamentpapier dressieren und diese 3–4 Minuten bei 190 °C backen. Die Plätzchen über den Kochlöffelstiel biegen, abkühlen lassen und mit Schlagsahne und Beeren füllen.

pro Person						
EW	F	KH	kcal	BE	Joule	Chol.
5 g	13 g	13 g	194	1 ¼	811	193 mg

Gesamtwerte pro Person						
EW	F	KH	kcal	BE	Joule	Chol.
30 g	23 g	48 g	529	4 ¼	2222	267 mg

Menü 10

Spinatsuppe, Grünkern-Käsenockerln, Kräutersauce, Buntes Gartengemüse, Quarkmus mit Fruchtschaum

Spinatsuppe

1 Pers.	*4 Pers.*	*Zutaten:*
3/8 l	1 1/2 l	Gemüsebrühe (Rezept s. Seite 53)
75 g	300 g	mehlige Kartoffeln
40 g	160 g	Blattspinat
5 g	20 g	Butter
20 g	80 g	Sauerrahm
5 g (1 EL)	20 g	frische Bachkresse
		Vollsalz, Muskat

Zubereitung:
Kartoffeln klein schneiden, in Butter anschwitzen, salzen und mit Gemüsebrühe aufgießen. Weichkochen lassen. Dann im Mixglas mit frischen Spinatblättern, Sauerrahm und Bachkresse pürieren. Mit Salz und Muskat würzen.

pro Person

EW	F	KH	kcal	BE	Joule	Chol.
3 g	6 g	12 g	121	1	506	17 mg

Grünkern-Käsenockerln, Kräutersauce, Buntes Gartengemüse

1 Pers.	*4 Pers.*	*Zutaten:*
20 g	80 g	Butter
1/4	1	Eigelb
80 g	320 g	Magerquark
10 g	40 g	fein geriebener Käse (45% F. i.Tr.)
20 g	80 g	Grünkernmehl
10 g	40 g	Dinkelmehl
		Muskat, Salz
30 g	120 g	Blumenkohl
30 g	120 g	Brokkoli
30 g	120 g	Zucchini
30 g	120 g	Tomaten
5 g	20 g	Butter
		Salz, Pfeffer, frische Kräuter
38 g	150 g	mehlige Kartoffeln
200 ml	800 ml	Gemüsebrühe
20 g	80 g	Sauerrahm
1 g (1/2 TL)	4 g	frische Gartenkräuter
		Vollsalz, Muskatnuß

Zubereitung:
Butter und Eigelb schaumig rühren, feinen Magerquark, geriebenen Käse, Mehl, Muskatnuß und Salz untermischen. Die Masse im Kühlschrank eine halbe Stunde quellen lassen. In Salzwasser ein Probe-Nockerl kochen und evtl. noch etwas Eigelb oder Mehl zugeben. Restliche Nockerln in Salzwasser mehr ziehen als kochen lassen.

Das vorbereitete Gemüse weich dämpfen, mit Butter bepinseln, salzen und zu den Nockerln anrichten. Mit Tomatenwürfeln garnieren.

Für die Sauce kleingeschnittene Kartoffeln mit Gemüsebrühe weich kochen, im Mixglas pürieren, Sauerrahm und Gartenkräuter mitmixen und mit Salz und Muskatnuß würzen.

pro Person

EW	F	KH	kcal	BE	Joule	Chol.
23 g	33 g	32 g	494	2½	2075	107 mg

Quarkmus mit Fruchtschaum

1 Pers.	*4 Pers.*	*Zutaten:*
20 g	80 g	Doppelrahm-Frischkäse
30 g	120 g	Bröselquark
7½ g	30 g	Honig (bei Diabetes 6 g Fruchtzucker)
10 g	40 g	Sauerrahm
		Vanille, Zitrone, Salz
80 g	320 g	frische Erdbeeren
15 g	60 g	Honig oder 12 g Fruchtzucker
2 St.	8 St.	frische Zitronenmelisseblätter

Zubereitung:
Bröselquark mit Frischkäse, Honig, Zitronenschale, Sauerrahm, Vanille und Salz mischen und mit einem Eisportionierer im Glas anrichten. Erdbeeren mit Honig pürieren und als Fruchtmark dazu geben. Mit Zitronenmelisse garnieren.

pro Person

EW	F	KH	kcal	BE	Joule	Chol.
5 g	7 g	25 g	190	2	798	31 mg

Gesamtwert pro Person

EW	F	KH	kcal	BE	Joule	Chol.
31 g	46 g	69 g	805	5½	3379	156 mg

Menü 11

Karottensuppe, Maistortillas mit Gemüse-Ratatouille und Kräutersauce, Rote Grütze

Karottensuppe

1 Pers.	*4 Pers.*	*Zutaten:*
3/8 l	1 1/2 l	Gemüsebrühe (Rezept s. Seite 53)
70 g	280 g	Karotten
25 g	100 g	Äpfel
5 g	20 g	Butter
10 g	40 g	Sauerrahm
38 g	150 g	mehlige Kartoffeln
		Vollsalz, frischer Kerbel, Muskatnuß

Zubereitung:
Karotten, Kartoffeln und Äpfel klein schneiden, in Butter anschwitzen und mit Gemüsebrühe aufgießen. Salzen und zugedeckt weich kochen. Im Mixglas mit Sauerrahm, Kerbel und frisch geriebener Muskatnuß pürieren.

pro Person

EW	F	KH	kcal	BE	Joule	Chol.
2 g	5 g	12 g	109	1/2	450	13 mg

Maistortillas mit Gemüseratatouille und Kräutersauce

1 Pers.	*4 Pers.*	*Zutaten:*
30 g	120 g	Geschroteter Mais
120 ml	480 ml	Wasser
5 g	20 g	Butter
20 g	80 g	Mozzarella (16% Fett)
1 g (1/2 TL)	4 g	frisches Kerbelkraut
40 g	160 g	frische Champignons
5 g (1 EL)	20 g	Olivenöl
40 g	160 g	Zucchini
30 g	120 g	Auberginen
40 g	160 g	Tomaten
3 g	12 g	frische Oreganoblätter
10 g	40 g	Tomatenmark
2 g (1 TL)	8 g	frische Oreganoblätter
20 g	80 g	Sauerrahm
		Vollsalz

Zubereitung:
Maisschrot in Butter anschwitzen, salzen und mit Gemüsebrühe auffüllen. Aufkochen lassen, Hitze reduzieren und 10 Minuten ausdämpfen lassen. Dann die Polenta in der Mitte des Tellers anrichten, etwas flachdrücken, darauf das Gemüse-Ratatouille verteilen, Mozzarella darauf geben und bei Oberhitze gratinieren.

Für das Gemüse-Ratatouille das schön geschnittene Gemüse mit den geviertelten Champignons in Olivenöl anschwitzen und weich dünsten. Tomatenwürfel zugeben. Mit frischen Oreganoblättern, Vollsalz und Tomatenmark würzen.

Für die Sauce Sauerrahm mit Vollsalz und feingeschnittenen Oreganoblättern mischen und zur Maistortilla servieren.

pro Person

EW	F	KH	kcal	BE	Joule	Chol.
8 g	16 g	11 g	215	2	903	19 mg

Rote Grütze

1 Pers.	*4 Pers.*	*Zutaten:*
40 g	160 g	Erdbeeren
23 g	92 g	Heidelbeeren
32 g	128 g	Himbeeren
1	4	Blatt-Gelatine
3,7 g	15 g	Honig (bei Diabetes 3 g Fruchtzucker)
10 g	40 g	süße Sahne (30% Fett)

Zubereitung:
Gelatine in kaltes Wasser legen. Beeren mit Honig pürieren und passieren. Gelatine über Dampf auflösen, tropfenweise und zügig unter das Fruchtmark mischen. In Glasschalen anrichten und mit einem Tupfer Sahne garnieren.

pro Person

EW	F	KH	kcal	BE	Joule	Chol.
1 g	4 g	8 g	78	1	328	11 mg

Gesamtwerte pro Person

EW	F	KH	kcal	BE	Joule	Chol.
11 g	25 g	31 g	402	3 1/2	1681	45 mg

Menü 12

Dillrahmsuppe, Zanderfilet gegrillt, Sauerampfersauce, Petersilienkartoffeln, Bayerische Creme

Dillrahmsuppe

1 Pers.	*4 Pers.*	*Zutaten:*
3/8 l	1 1/2 l	Gemüsebrühe (Rezept s. Seite 53)
50 g	200 g	Sellerie
75 g	300 g	mehlige Kartoffeln
20 g	80 g	Sauerrahm
5 g	20 g	Butter
2 g (1 TL)	8 g	frischer Dill
		Vollsalz, Muskatnuß

Zubereitung:
Kleingeschnittene Kartoffeln und Sellerie in Butter anschwitzen, salzen, mit Gemüsebrühe auffüllen und weich kochen. Im Mixglas mit frischem Dill und Sauerrahm pürieren. Mit Vollsalz und Muskatnuß abschmecken.

pro Person						
EW	F	KH	kcal	BE	Joule	Chol.
3 g	6 g	13 g	126	1	527	19 mg

Zanderfilet, gegrillt, Sauerampfersauce, Petersilienkartoffeln

1 Pers.	*4 Pers.*	*Zutaten:*
100 g	400 g	Zanderfilet
2 g (1 TL)	8 g	Olivenöl
		Zitronensaft, frische Basilikumblätter
200 ml	800 ml	Gemüsebrühe
38 g	150 g	Kartoffeln
20 g	80 g	Sauerrahm
3 g (1 EL)	12 g	frische Sauerampferblätter
5 g	20 g	Butter
2 g (1 TL)	8 g	Petersilie
112 g	450 g	Kartoffeln

Zubereitung:
Zanderfilet mit Zitronensaft beträufeln, mit kleingeschnittenen Basilikumblättern bestreuen und bei mäßiger Hitze in Olivenöl braten oder grillen.

Für die Sauce kleingeschnittene Kartoffeln in Butter anschwitzen, mit Gemüsebrühe auffüllen, salzen und weichkochen lassen. Im Mixglas mit Sauerampferblättern und Sauerrahm pürieren. Zum Fisch dazugeben.

Die Kartoffeln garen und mit Petersilie bestreut dazu servieren.

pro Person						
EW	F	KH	kcal	BE	Joule	Chol.
23 g	9 g	23 g	273	2	1142	72 mg

Bayerische Creme

1 Pers.	*4 Pers.*	*Zutaten:*
62 ml	1/4 l	Milch
1/2	4	Eigelb
1 Blatt	4 Blatt	Gelatine
30 ml	120 ml	süße Sahne (30% Fett)
2 St.	8 St.	frische Minzeblätter
32 g	130 g	Himbeeren
7,5 g	30 g	Honig (bei Diabetes 6 g Fruchtzucker)
		Vanilleschote

Zubereitung:
Gelatine in kaltes Wasser legen. Milch erwärmen, Eigelb hineinquirlen und ausgedrückte Gelatine darin auflösen. Mit Vanilleschote und Honig abschmecken. Kurz abkühlen lassen und Schlagsahne unterheben. Creme in Gläser füllen und festwerden lassen. Dann Himbeeren pürieren, passieren und über die Creme anrichten. Mit Minzeblättern garnieren.

pro Person						
EW	F	KH	kcal	BE	Joule	Chol.
8 g	20 g	12 g	258	1	1079	168 mg

Gesamtwerte pro Person						
EW	F	KH	kcal	BE	Joule	Chol.
34 g	35 g	48 g	657	4	2748	259 mg

Menü 13

Petersilienwurzelsuppe, Gegrillte Seezunge mit Lachsforelle, Dillsauce, Safrankartoffeln, Vanillecreme mit Erdbeeren

Petersilienwurzelsuppe

1 Pers.	*4 Pers.*	*Zutaten:*
3/8 l	1 1/2 l	Gemüsebrühe (Rezept s. Seite 53)
75 g	300 g	mehlige Kartoffeln
50 g	200 g	Petersilienwurzeln
5 g	20 g	Butter
20 g	80 g	Sauerrahm
		Vollsalz, Muskatnuß
		frische Thymianblätter

Zubereitung:
Kleingeschnittene Kartoffeln und Petersilienwurzeln in Butter anschwitzen, salzen, mit Gemüsebrühe auffüllen und weichkochen lassen. Im Mixglas mit Sauerrahm und Thymianblättern pürieren. Mit Salz und Muskat abschmecken.

pro Person

EW	F	KH	kcal	BE	Joule	Chol.
4 g	6 g	15 g	134	1	541	19 mg

Gegrillte Seezunge und Lachsforelle, Dillsauce, Safrankartoffeln

1 Pers.	*4 Pers.*	*Zutaten:*
50 g	200 g	Lachsforellenfilet
50 g	200 g	Seezungenfilet oder Scholle
		Vollsalz, Zitronensaft, frisches Basilikum
38 g	150 g	Kartoffeln
2 g	20 g	Butter
200 ml	800 ml	Gemüsebrühe
2 g	8 g	Dill
		Vollsalz, Muskatnuß
20 g	80 g	Sauerrahm
150 g	600 g	Kartoffeln
		Safran, Vollsalz

Zubereitung:
Filets mit Zitronensaft beträufeln (nicht salzen), mit feingeschnittenem Basilikum bestreuen und bei mäßiger Hitze grillen oder in Olivenöl braten.

Für die Sauce Kartoffeln klein schneiden, in Butter anschwitzen, mit Gemüsebrühe aufgießen, salzen und weich kochen. Im Mixglas mit Sauerrahm und frischem Dill pürieren. Mit Salz und Muskatnuß abschmecken.

Die Kartoffeln mit etwas Safran in Salzwasser kochen. Sauce und Kartoffeln zum Fisch servieren.

pro Person						
EW	F	KH	kcal	BE	Joule	Chol.
23 g	6 g	29 g	267	2 1/2	1113	72 mg

Vanillecreme mit Erdbeeren

1 Pers.	*4 Pers.*	*Zutaten:*
62 ml	1/4 l	Milch
1 Blatt	3–4 Blatt	Gelatine
20 g	80 g	Eidotter
30 ml	120 ml	süße Sahne (30% Fett)
		Vanilleschote, Süßstoff
120 g	480 g	frische Erdbeeren
		frische Zitronenmelisse
7,5 g	30 g	Honig (bei Diabetes 6 g Fruchtzucker)

Zubereitung:
Gelatine in kaltes Wasser legen. Milch erwärmen, Eigelb einquirlen, mit Honig und Vanilleschote würzen und ausgedrückte Gelatine darin auflösen. Erdbeeren mixen und untermischen. Die Creme abkühlen lassen und vor dem Steifwerden Schlagsahne unterheben. In Gläser füllen und mit einem Tupfer Sahne, Erdbeere und Zitronenmelisse garnieren.

pro Person						
EW	F	KH	kcal	BE	Joule	Chol.
7 g	19 g	17 g	268	1 1/2	1126	171 mg

Gesamtwerte pro Person						
EW	F	KH	kcal	BE	Joule	Chol.
34 g	31 g	61 g	669	5	2780	262 mg

Menü 14

Majoransuppe, Forellenröllchen auf Basilikumsauce, Petersilienkartoffeln, Reis Trautmannsdorff

Majoransuppe

1 Pers.	*4 Pers.*	*Zutaten:*
3/8 l	1 1/2 l	Gemüsebrühe (Rezept s. Seite 53)
75 g	300 g	mehlige Kartoffeln
5 g	20 g	Butter
10 g	40 g	Sauerrahm (10% Fett)
2 g (1 TL)	8 g	frische Majoranblätter
		Vollsalz, Muskatnuß

Zubereitung:
Kleingeschnittene Kartoffeln in Butter anschwitzen, mit Gemüsebrühe auffüllen, salzen und weich kochen. Im Mixglas mit Sauerrahm und Majoranblättern pürieren. Mit Muskatnuß abschmecken.

pro Person						
EW	F	KH	kcal	BE	Joule	Chol.
2 g	5 g	12 g	105	1	440	16 mg

Forellenröllchen mit Basilikumsauce und Petersilienkartoffeln

1 Pers.	*4 Pers.*	*Zutaten:*
80 g	320 g	Forellenfilet
		Zitronensaft
30 g	120 g	Forellenfilet für die Farce
20 ml	80 ml	süße Sahne (30% Fett)
10 g	40 g	Karotten
10 g	40 g	Sellerie
10 g	40 g	Zucchini
		Vollsalz, Muskatnuß
38 g	150 g	Kartoffeln
200 ml	800 ml	Gemüsebrühe
20 g	80 g	Sauerrahm
2 g	8 g	Butter
2 g (1 TL)	8 g	frische Basilikumblätter
110 g	440 g	Kartoffeln
2 g (1 TL)	5 g	Petersilie

Zubereitung:
Karotten, Sellerie und Zucchini in sehr kleine Würfelchen schneiden und weich dämpfen. Forellenfilet mit Zitronensaft beträufeln (evtl. salzen). Forellenfilet für die Farce im Mixer mit Sahne und etwas Basilikum pürieren, mit Vollsalz und Muskatnuß würzen und die Gemüsewürfelchen untermischen. Die Farce auf das Forellenfilet streichen, einrollen und im Kocheinsatz die Röllchen etwa 10 Minuten garen.

Für die Sauce kleingeschnittene Kartoffeln in Butter anschwitzen, mit Gemüsebrühe auffüllen, salzen und weichkochen. Im Mixglas mit Basilikumblättern und Sauerrahm pürieren.

Kartoffeln im Dampftopf dämpfen, mit Butter bepinseln und mit gehackter Petersilie bestreuen. Basilikumsauce und Kartoffeln zum Forellenröllchen servieren.

pro Person

EW	F	KH	kcal	BE	Joule	Chol.
26 g	13 g	24 g	325	2	1365	93 mg

Reis Trautmannsdorff

1 Pers.	*4 Pers.*	*Zutaten:*
15 g	60 g	Vollwertreis
30 ml	120 ml	süße Sahne (30% Fett)
3,7 g	15 g	Honig (bei Diabetes 3 g Fruchtzucker)
20 g	80 g	Erdbeeren
25 g	100 g	Apfel
62 ml	250 ml	Milch
		Vollsalz, Vanille natur, Zitronenmelisse

Zubereitung:
Reis in Milch mit Vanille weich kochen, mit Honig süßen, abkühlen lassen und Schlagsahne untermischen. Äpfel reiben, Erdbeeren fein schneiden und ebenfalls untermischen. In Gläsern anrichten und mit Sahne und frischer Zitronenmelisse garnieren.

pro Person

EW	F	KH	kcal	BE	Joule	Chol.
4 g	12 g	22 g	217	1 1/2	907	41 mg

Gesamtwerte pro Person

EW	F	KH	kcal	BE	Joule	Chol.
32 g	30 g	58 g	647	4 1/2	2712	150 mg

Menü 15

Fenchelsuppe, Putenfleischröllchen, Brokkoli-Flan, Ofenkartoffeln, Kräutersauce, Gofiocreme

Fenchelsuppe

1 Pers.	*4 Pers.*	*Zutaten:*
100 g	400 g	geputzter Fenchel
40 g	160 g	geschälte, mehlige Kartoffeln
$^{3}/_{8}$ l	1 $^{1}/_{2}$ l	Gemüsebrühe (Rezept s. Seite 53)
20 g	80 g	Sauerrahm
		Vollsalz, Muskatnuß

Zubereitung:
Kartoffeln und Fenchel klein schneiden und mit Gemüsebrühe weich kochen. Im Mixglas mit Sauerrahm und frisch geriebener Muskatnuß pürieren. Salzen und mit frischem Fenchelkraut garnieren.

pro Person

EW	F	KH	kcal	BE	Joule	Chol.
4 g	2 g	9 g	76	$^{1}/_{2}$	317	7 mg

Putenfleischröllchen

1 Pers.	*4 Pers.*	*Zutaten:*
60 g	240 g	Putenbrustschnitzel
40 g	160 g	Putenfleisch
je 20 ml	je 80 ml	süße Sahne oder Gemüsebrühe
10 g	40 g	geputzter Mangold-Spinat
10 g	40 g	geschälte Karotten
10 g	40 g	geschälte Sellerieknolle
		Klarsicht-Bratfolie
		Vollsalz, Muskatnuß

Zubereitung:
Putenfleisch klein schneiden und im Mixer mit Sahne und Gemüsebrühe pürieren. Karotten und Sellerie in ganz kleine Würfel schneiden, weich dämpfen und zur Farce mischen. Mit Salz und Muskatnuß würzen.

Putenschnitzel auf Klarsicht-Bratfolie legen, salzen, blanchiertes Mangold-Spinatblatt darauf legen und die Farce aufstreichen. Einrollen, an den Enden festbinden und auf einem Gitter im heißen Ofen bei 220 °C etwa 10–15 Minuten braten. Ausrollen und in fingerdicke Scheiben schneiden.

pro Person						
EW	F	KH	kcal	BE	Joule	Chol.
25 g	2 g	2 g	173	–	723	119 mg

Brokkoli-Flan

1 Pers.	*4 Pers.*	*Zutaten:*
60 g	240 g	geputzter Brokkoli
10 ml	40 ml	süße Sahne
1	4	Eigelb
		Vollsalz, Muskatnuß

Zubereitung:
Brokkoli weich dämpfen und klein hacken. Mit Eigelbdotter, Salz und Muskatnuß abschmecken. In eine ausgebutterte Porzellanform füllen und im Wasserbad im heißen Ofen ca. 10 Minuten garen. Dann mit einem spitzen Messer rundum lockern und aus der Form stürzen.

pro Person						
EW	F	KH	kcal	BE	Joule	Chol.
7 g	13 g	2 g	151	–	633	134 mg

Kräutersauce

1 Pers.	*4 Pers.*	*Zutaten:*
200 ml	800 ml	Gemüsebrühe (Rezept s. Seite 53)
40 g	160 g	geschälte Kartoffeln
10 g	40 g	geschälte Petersilienwurzel
20 g	80 g	Sauerrahm oder süße Sahne
2 g (1 TL)	8 g	frischer Kerbel
		Vollsalz, Muskatnuß

Zubereitung:
Kartoffeln und Petersilienwurzel klein schneiden, mit Gemüsebrühe aufgießen und weich kochen. Mit Sahne und Kerbelkraut im Mixglas pürieren und mit Salz und Muskatnuß würzen.

pro Person						
EW	F	KH	kcal	BE	Joule	Chol.
2 g	2 g	7 g	57	½	238	7 mg

Ofenkartoffeln

1 Pers.	*4 Pers.*	*Zutaten:*
110 g	440 g	ungeschälte Kartoffeln
2 g (1 TL)	8 g	frische Majoranblätter
10 g	40 g	Sauerrahm

Zubereitung:
Kartoffeln mit der Schale in Alufolie wickeln und im heißen Ofen bei 220 °C ca. 45 Minuten backen, bis sie weich sind. Dann die Folie einschneiden, Kartoffeln aufbrechen und mit Sauerrahm, verrührt mit Majoran, füllen.

pro Person						
EW	F	KH	kcal	BE	Joule	Chol.
3 g	1 g	17 g	91	1 1/2	380	3 mg

Gofiocreme

1 Pers.	*4 Pers.*	*Zutaten:*
15 g	60 g	geröstetes Dinkelmehl
1/16 l	1/4 l	Milch
1/16 l	1/4 l	Wasser
7,5 g	30 g	Honig (bei Diabetes 6 g Fruchtzucker)
20 ml	80 ml	süße Sahne (30% Fett)
		Vollsalz

Zubereitung:
Geröstetes Dinkelmehl mit Wasser anrühren und mit Milch ca. 3 Minuten kochen lassen. Etwas Salz und Honig zugeben und die Creme abkühlen lassen. Vor dem Kaltwerden steifgeschlagene Sahne unterheben und die Creme in Schalen anrichten. Mit einem Tupfer Sahne garnieren.

pro Person						
EW	F	KH	kcal	BE	Joule	Chol.
5 g	4 g	19 g	176	1 1/2	739	22 mg

Gesamtwerte pro Person						
EW	F	KH	kcal	BE	Joule	Chol.
46 g	24 g	56 g	724	4	3030	292 mg

Menü 16

Hirsesuppe mit Gemüse, Putenbrust in Folie gebraten, Kerbelsauce und Kartoffel-Laibchen, Reis Trautmannsdorff

Hirsesuppe mit Gemüse

1 Pers.	*4 Pers.*	*Zutaten:*
$^1/_4$ l	1 l	Gemüsebrühe (Rezept s. Seite 53)
15 g	60 g	Goldkernhirse
10 g	40 g	geschälte Karotten
10 g	40 g	geschälte Sellerie
2 g (1 TL)	8 g	frisches Kerbelkraut
3 g	12 g	Butter
5 g	20 g	Sauerrahm
		Vollsalz, Muskatnuß

Zubereitung:
Goldkernhirse in einem Kochtopf mit Butter anschwitzen. Kleingeschnittene Karotten und Selleriewürfelchen dazu geben, kurz mitschwitzen und mit Gemüsebrühe aufgießen. Salzen, weichkochen lassen und zuletzt mit feingeschnittenem Kerbel, Sahne und Muskatnuß gut abschmecken.

pro Person

EW	F	KH	kcal	BE	Joule	Chol.
2 g	4 g	11 g	88	1	368	8 mg

Putenbrust in Folie gebraten

1 Pers.	*4 Pers.*	*Zutaten:*
100 g	400 g	Putenbrust (oder Kalbsrücken)
2 g (1 TL)	8 g	frischer Rosmarin
		Klarsicht-Bratfolie
		Vollsalz

Zubereitung:
Putenbrust mit Vollsalz und Rosmarin würzen und in einen Foliensack legen. Diesen an beiden Enden zubinden. Bei 220 °C im vorgeheizten Ofen auf einem Gitterrost ca. 30 Minuten zart rosa braten.

pro Person

EW	F	KH	kcal	BE	Joule	Chol.
24 g	1 g	–	106	–	444	66 mg

Kerbelsauce

1 Pers.	*4 Pers.*	*Zutaten:*
40 g	160 g	geschälte Kartoffeln
200 ml	800 ml	Gemüsebrühe (Rezept s. Seite 53)
3 g	12 g	Butter
3 g (1 TL)	12 g	frisches Kerbelkraut
10 g	40 g	Sauerrahm
		Vollsalz, Muskatnuß

Zubereitung:
Kleingeschnittene Kartoffeln in einem Kochtopf mit Butter anschwitzen, mit Gemüsebrühe auffüllen, salzen und weichkochen lassen. Im Mixglas mit Sauerrahm, Kerbel und Muskatnuß pürieren.

pro Person

EW	F	KH	kcal	BE	Joule	Chol.
1 g	4 g	7 g	65	½	272	11 mg

Kartoffel-Laibchen

1 Pers.	*4 Pers.*	*Zutaten:*
110 g	440 g	mehlige, ungeschälte Kartoffeln
10 g	40 g	Butter
		Vollsalz, frisch geriebene Muskatnuß

Zubereitung:
Kartoffeln mit der Schale im Dampftopf weich dämpfen, pellen und nicht zu fein reiben oder durchpressen. Die Masse mit Salz, Butter und Muskatnuß gut abschmecken und kleinere Laibchen formen. Oder einfach mit einem Eisportionierer auf ein Backblech anrichten und im Ofen kurz überbacken.

pro Person

EW	F	KH	kcal	BE	Joule	Chol.
2 g	8 g	16 g	153	1½	640	24 mg

Reis Trautmannsdorff

1 Pers.	*4 Pers.*	*Zutaten:*
60 ml	240 ml	Milch mit ⅛ l Wasser gemischt
15 g	60 g	Reis (roh)
10 ml	120 ml	süße Sahne
10 ml	40 ml	frisch gepreßter Orangensaft
20 g	80 g	frische Fruchtwürfelchen
		Süßstoff, Vanille natur, Salz
		frische Zitronenmelisse

Zubereitung:
Reis mit Milch, Wasser, Vanille und Süßstoff weich kochen und auskühlen lassen. Sahne steif schlagen und mit dem Orangensaft und den Früchten zugleich untermischen. In kleine Portionsschalen füllen und dekorieren.

pro Person						
EW	F	KH	kcal	BE	Joule	Chol.
6 g	6 g	16 g	133	1 1/2	559	14 mg

Gesamtwerte pro Person						
EW	F	KH	kcal	BE	Joule	Chol.
35 g	23 g	50 g	545	4 1/2	2283	123 mg

Menü 17

Stangenselleriesuppe, Gefülltes Hühnerbrüstchen, Kräutersauce, Stürzkartoffeln, Sanddorn-Joghurtcreme

Stangenselleriesuppe

1 Pers.	*4 Pers.*	*Zutaten:*
3/8 l	1 1/2 l	Gemüsebrühe (Rezept s. Seite 53)
100 g	400 g	Stangensellerie
40 g	160 g	mehlige, geschälte Kartoffeln
20 g	80 g	Sauerrahm
1 g (1 TL)	4 g	Selleriegrün
10 g	40 g	geschälte und entkernte Tomatenwürfel
		Vollsalz, Muskatnuß

Zubereitung:
Stangensellerie von Fäden befreien (schälen) und mit den Kartoffeln klein schneiden. In Gemüsebrühe weich kochen und mit Sauerrahm im Mixglas pürieren. Mit Salz, Muskatnuß und frischen Kräutern abschmecken. Anrichten und mit Selleriegrün garnieren.

pro Person

EW	F	KH	kcal	BE	Joule	Chol.
3 g	2 g	9 g	69	1/2	289	7 mg

Gefülltes Hühnerbrüstchen

1 Pers.	*4 Pers.*	*Zutaten:*
60 g	240 g	Hühnerbrüstchen
40 g	160 g	Hühner- oder Putenfleisch
je 20 ml	je 80 ml	süße Sahne und Gemüsebrühe
10 g	40 g	Gemüsewürfelchen
		Vollsalz, Muskatnuß

Zubereitung:
Hühnerbrüstchen einschneiden und leicht flachdrücken. Hühnerfleisch mit Sahne im Mixer pürieren. Kleingeschnittene Gemüsewürfelchen erst weich dämpfen, dann untermischen und mit Salz und frisch geriebener Muskatnuß würzen. Diese Farce (evtl. mit einem Spritzsack) auf das Hühnerbrüstchen auftragen und das Brüstchen zusammenschlagen bzw. schließen. In der geölten Pfanne oder auf dem Backblech bei 220 °C ca. 10–12 Minuten braten. Das Brüstchen schräg anschneiden und mit der Sauce anrichten.

pro Person						
EW	F	KH	kcal	BE	Joule	Chol.
23 g	13 g	1 g	210	–	879	88 mg

Kräutersauce

1 Pers.	*4 Pers.*	*Zutaten:*
200 ml	800 ml	Gemüsebrühe
40 g	160 g	mehlige, geschälte Kartoffeln
10 g	40 g	Sauerrahm
2 g	8 g	Butter
2 g (1 TL)	8 g	frische Gartenkräuter
		Vollsalz, Muskatnuß

Zubereitung:
Kartoffeln sehr klein schneiden und in Butter anschwitzen. Mit Gemüsebrühe aufgießen und weich kochen. Salzen, Kräuter und Sauerrahm zugeben und im Mixglas mit Muskatnuß pürieren.

pro Person						
EW	F	KH	kcal	BE	Joule	Chol.
1 g	3 g	7 g	56	½	235	8 mg

Stürzkartoffeln

1 Pers.	*4 Pers.*	*Zutaten:*
110 g	440 g	mehlige, ungeschälte Kartoffeln
2 g	8 g	Butter
		Vollsalz, Muskatnuß

Zubereitung:
Kartoffeln mit der Schale weich dämpfen, pellen und reiben. Mit zerlassener Butter, Salz und Muskatnuß würzen und mit einem Eisportionierer auf ein Blech geben. Im vorgeheizten Ofen bei 220 °C etwa 10 Minuten überbacken und anrichten. Die Stürzkartoffeln können gemeinsam mit den Hühnerbrüstchen in den Ofen geschoben werden.

pro Person						
EW	F	KH	kcal	BE	Joule	Chol.
2 g	2 g	16 g	93	1 ½	391	5 mg

Sanddorn-Joghurtcreme

1 Pers.	*4 Pers.*	*Zutaten:*
60 g	240 g	Magerjoghurt (1% Fett)
5 g	20 g	Sanddornmus
7,5 g	30 g	Honig (bei Diabetes 6 g Fruchtzucker)
10 ml	40 ml	geschlagene süße Sahne (30% Fett)
40 g	160 g	frische Erdbeeren
2 St.	8 St.	frische Minzeblätter

Zubereitung:
Joghurt oder Biogarde mit Sanddornmus, Honig und steifgeschlagener Sahne mischen. In Schalen anrichten und mit frischen Erdbeeren und Minzeblättern garnieren.

pro Person

EW	F	KH	kcal	BE	Joule	Chol.
3 g	4 g	12 g	89	1 ½	374	14 mg

Gesamtwerte pro Person

EW	F	KH	kcal	BE	Joule	Chol.
32 g	24 g	45 g	517	4	2168	122 mg

Menü 18

Spinatsuppe, Sellerieschnitzel, Kräutersauce, tournierte Kartoffeln, Gemüsegarnitur, Joghurt-Sanddorncreme

Spinatsuppe

1 Pers.	*4 Pers.*	*Zutaten:*
75 g	300 g	mehlige, geschälte Kartoffeln
$^3/_8$ l	$1\,^1/_2$ l	Gemüsebrühe (Rezept s. Seite 53)
50 g	200 g	frischer Blattspinat
20 g	80 g	Sauerrahm
		Meersalz, Muskatnuß

Zubereitung:
Die gewürfelten Kartoffeln in der Gemüsebrüche weich kochen. Im Mixglas pürieren, den gewaschenen Blattspinat und Sauerrahm dazugeben und pürieren. Die Suppe evtl. nachwürzen. Mit in Streifen geschnittenem Blattspinat garnieren.

pro Person

EW	F	KH	kcal	BE	Joule	Chol.
4 g	2 g	12 g	84	1	351	6 mg

Sellerieschnitzel

1 Pers.	*4 Pers.*	*Zutaten:*
100 g	400 g	Sellerieknolle
		Meersalz

Zubereitung:
Sellerie putzen und in 0,5 cm dicke Scheiben schneiden. Diese im Kocheinsatz weich dämpfen und anrichten.

pro Person

EW	F	KH	kcal	BE	Joule	Chol.
2 g	–	2 g	18	–	75	–

Tournierte Kartoffeln, Gemüsegarnitur

1 Pers.	*4 Pers.*	*Zutaten:*
110 g	440 g	Kartoffeln
50 g	200 g	Karotten
30 g	120 g	Zucchini
		Meersalz

Zubereitung:
Tournierte (zugeschnittene) Kartoffeln weich dämpfen. Zucchini und Karotten in Scheiben schneiden und im Kocheinsatz weich dämpfen.

pro Person

EW	F	KH	kcal	BE	Joule	Chol.
3 g	–	20 g	96	1 ½	407	–

Kerbelsauce

1 Pers.	*4 Pers.*	*Zutaten:*
38 g	152 g	mehlige, geschälte Kartoffeln
3 g	12 g	Butter
200 ml	800 ml	Gemüsebrühe
2 g (1 TL)	8 g	frischer Kerbel
5 g	20 g	Tomatenwürfel
		Kräutersalz

Zubereitung:
Kleingeschnittene Kartoffelwürfel in Butter anschwitzen, mit Gemüsebrühe aufgießen, weich kochen und im Mixglas pürieren. Vor dem Anrichten Tomatenwürfel und gehackten Kerbel beimengen.

pro Person

EW	F	KH	kcal	BE	Joule	Chol.
1 g	3 g	6 g	52	½	216	7 mg

Joghurt-Sanddorncreme

1 Pers.	*4 Pers.*	*Zutaten:*
125 g	600 g	Joghurt (1% Fett)
4 ml	16 ml	Sanddornsaft
5 ml	20 ml	süße Sahne (30% Fett)
3 g	12 g	Erdbeeren zur Garnierung
1 g	3 g	Gelatineblätter
		Minzeblätter, Süßstoff

Zubereitung:
Gelatine in kaltes Wasser legen. Joghurt mit Sanddornsaft und evtl. Süßstoff verrühren. Gelatineblätter ausdrücken und über Dampf zerlassen, tropfenweise unterrühren. Geschlagene Sahne unterheben und kaltstellen. Mit Erdbeeren und Minzeblättern garnieren.

pro Person						
EW	F	KH	kcal	BE	Joule	Chol.
5 g	1 g	6 g	59	1/2	248	13 mg

Gesamtwerte pro Person						
EW	F	KH	kcal	BE	Joule	Chol.
15 g	6 g	46 g	309	3 1/2	1297	26 mg

Menü 19

Blattsalat, Fenchelsuppe, Kartoffel-Gemüse-Puffer, Trauben-Sülzchen

Blattsalat

1 Pers.	*4 Pers.*	*Zutaten:*
50 g	200 g	Kopfsalat
3 g (1 TL)	12 g	kaltgepreßtes Öl
3 g (1 TL)	12 g	Apfelessig
		Vollsalz

Zubereitung:
Kopfsalat putzen, waschen, abtropfen lassen und anrichten.

pro Person						
EW	F	KH	kcal	BE	Joule	Chol.
1 g	3 g	1 g	33	–	138	–

Fenchelsuppe

1 Pers.	*4 Pers.*	*Zutaten:*
3 g	12 g	Butter
75 g	300 g	Kartoffeln
3/8 l	1 1/2 l	Gemüsebrühe (Rezept s. Seite 53)
50 g	200 g	Fenchenknolle
5 g	20 g	Sauerrahm
5 g	20 g	Fenchelgrün
		Meersalz, frischer Koriander
		Muskatnuß

Zubereitung:
Kleingeschnittene Kartoffel- und Fenchelwürfel in Butter anschwitzen, mit Gemüsebrühe aufgießen und weich kochen. Im Mixglas mit Sauerrahm pürieren, abschmecken. Anrichten und mit Fenchelgrün garnieren.

pro Person						
EW	F	KH	kcal	BE	Joule	Chol.
3 g	3 g	13 g	94	1	395	9 mg

Kartoffel-Gemüse-Puffer

1 Pers.	*4 Pers.*	*Zutaten:*
150 g	600 g	mehlige Kartoffeln
70 g	280 g	Möhren
1/4	1	Eigelb
7,5 g	30 g	Grieß (Dinkel)
5 g (1 EL)	20 g	Olivenöl
		Vollsalz, weißer Pfeffer

Zubereitung:
Gewaschene, geschälte Kartoffeln und Möhren fein reiben und ausdrücken. Eigelb und Grieß (Dinkel) dazugeben. Mit Vollsalz und Pfeffer würzen. Die Puffer in einer Pfanne mit Olivenöl langsam backen. (Geht auch ohne Grieß und Ei!)

pro Person

EW	F	KH	kcal	BE	Joule	Chol.
6 g	9 g	31 g	231	2 1/2	962	115 mg

Trauben-Sülzchen

1 Pers.	*4 Pers.*	*Zutaten:*
70 ml	280 ml	Traubensaft
17 g	64 g	Weintrauben
1 Blatt	3 Blatt	Gelatine
10 ml	40 ml	geschlagene Sahne
		Süßstoff

Zubereitung:
Gelatine in kaltes Wasser legen, ausdrücken und im erwärmten Traubensaft mit Süßstoff auflösen. Trauben schälen, halbieren und dazugeben. Kühlstellen und kurz vor dem Steifwerden geschlagene Sahne unterheben. In Formen anrichten, kühlstellen und stürzen.

pro Person

EW	F	KH	kcal	BE	Joule	Chol.
–	3 g	15 g	94	1 1/4	398	11 mg

Gesamtwerte pro Person

EW	F	KH	kcal	BE	Joule	Chol.
10 g	18 g	60 g	452	4 3/4	1893	136 mg

Herz- und Gefäßkrankheiten

Einführung

Von Prim. Dr. Hubert Wröhlich, Facharzt für Innere Medizin, Krumpendorf/Wörthersee

Die Bedeutung des Lebensstils, insbesondere der Ernährung für die Entstehung bzw. Vermeidung von Herz- und Gefäßkrankheiten

Häufigkeit

In allen westlichen Industriestaaten verursachen Herz- und Gefäßkrankheiten die meisten Erkrankungs- und Todesfälle. Auch in Österreich und in Deutschland gehen mehr als 50% aller Todesfälle zu Lasten von Gefäßkrankheiten in Form von Herzinfarkt, Gehirnschlag und Durchblutungsstörungen anderer lebenswichtiger Organe.

Definition

Unter einer Gefäßkrankheit – Arteriosklerose – versteht man eine zunehmende Verhärtung und Verdickung der Arterienwand mit Elastizitätsverlust und Einengung der Gefäßlichtung. Die Gefäßveränderungen kommen durch Ablagerungen von Fetten und Cholesterin in der Arterienwand mit nachfolgender Verkalkung zustande. Die Folgen dieser Gefäßerkrankung besteht in einer zunehmenden Gefäßverengung – Stenose bzw. im schwersten Fall in einem kompletten Gefäßverschluß. Dadurch kommt es zu einer Beeinträchtigung der Blutzufuhr zu lebenswichtigen Organen, z. B. zum Herzmuskel – Myocard, zum Gehirn, zu den Nieren, zu den Beinarterien usw. Ganz allgemein spricht man dann von einer „Durchblutungsstörung“.

Ursachen

Groß angelegte Untersuchungen haben eine Reihe von Risikofaktoren für die Entwicklung der Arteriosklerose aufgezeigt.

Diese sind:

1. Erhöhtes Gesamtcholesterin
2. Zigarettenrauchen
3. Erhöhter Blutdruck (Hypertonus, über 140/90 mmHG)
4. Zuckerkrankheit (Diabetes mellitus)

5. Fettsucht
6. Rauchen plus Pille
7. Erbliche Faktoren
8. Bewegungsmangel

Cholesterinerhöhung im Blut (Hypercholesterinämie)

Im Rahmen großer Studien wurde statistisch gezeigt, daß das Risiko für eine Gefäßerkrankung, z. B. für Herzinfarkt oder Gehirnschlag, gleichsam mit dem Cholesterinspiegel steigt und andererseits, daß durch eine Senkung des Cholesterinspiegels eine Gefäßerkrankung verhindert werden kann. Entscheidende Bedeutung hat nach neueren Erkenntnissen das sogenannte „gute“ Cholesterin – HDL. Dieser Cholesterinanteil schützt vor einer Gefäßerkrankung, wenn er in einer bestimmten Konzentration im Blut vorhanden bzw. wenn es in einem bestimmten Verhältnis zum Gesamtcholesterin steht. Konkret stellen HDL-Cholesterinwerte am Gesamtcholesteringehalt im Blut über 55 mg/dl ein deutlich vermindertes Gefäßrisiko dar. Dem gegenüber stellt das „böse“ Cholesterin – LDL ein erhöhtes Gefäßrisiko dar, wenn es einen Wert über 190 mg/dl übersteigt.

Zigarettenrauchen

Raucher mit mehr als 20 Zigaretten pro Tag sind dreimal häufiger als Nichtraucher von einem Herzinfarkt oder plötzlichem Herztod betroffen. Nach Verzicht auf den Zigarettenrauch sinkt auch das Risiko für eine Gefäßerkrankung. Raucherinnen, die gleichzeitig empfängnisverhütende Mittel einnehmen („Antibabypille“) haben ein sehr hohes Risiko für einen Herzinfarkt.

Hoher Blutdruck

Der hohe Blutdruck ist ein gesicherter Risikofaktor für die Entwicklung einer Gefäßkrankheit, vor allem eines Schlaganfalls. Das Risiko steigt deutlich an, wenn gleichzeitig noch andere Risikofaktoren wie erhöhtes Cholesterin und Nikotinkonsum vorliegen. Die Höhe des Blutdrucks wird in Millimeter Quecksilbersäule (mm Hg) angegeben. Der Ruheblutdruck beträgt bei jüngeren Menschen im Durchschnitt 120/80 mmHg. Die erste der beiden Zahlen gibt den systolischen (beim Blutauswurf des sich zusammenziehenden Herzens entstehenden) Druckwert an.

Die zweite Zahl gibt den diastolischen (am Ende der Erschlaffungsperiode des Herzmuskels verbleibenden) Druckwert.

Einerseits wird also der Blutdruck im menschlichen Kreislauf durch die Pumpleistung des Herzens bestimmt, andererseits bedingt durch enge Gefäße, welche einen hohen Blutdruck hervorrufen und weite Gefäße einen niederen Blutdruck bewirken.

Zuckerkrankheit

Die Zuckerkrankheit stellt ebenfalls einen gesicherten Risikofaktor für die Entwicklung der Arteriosklerose dar und zwar besonders dann, wenn der Diabetes mellitus schlecht eingestellt ist.

Ganz allgemein ist zu betonen, daß das Übergewicht bzw. die Fettsucht eine Reihe von Risikofaktoren nach sich ziehen. So besitzen Übergewichtige sehr häufig einen hohen Blutdruck und leiden überdurchschnittlich häufig an erhöhten Blutfetten (Cholesterin, Triglyceride), Gicht und Zuckerkrankheit.

Zusammenfassend können wir sagen, daß Gefäßkrankheiten jeden zweiten Menschen betreffen und damit die häufigste Erkrankung der Gegenwart darstellen.

Diese Gefäßkrankheiten sind deshalb so häufig, weil

1. die zur Gefäßkrankheit führenden Risikofaktoren keine Beschwerden machen („ein hoher Cholesterinspiegel tut nicht weh“) und
2. weil die zunehmende Gefäßverkalkung und -verengung über Jahre hindurch völlig unbemerkt („stumm“) abläuft und weil Beschwerden erst nach einer Einengung der ursprünglichen Gefäßweite auf 50 bis 75% auftreten. Das „erste Zeichen“ einer Gefäßkrankheit kann dann bereits ein Herzinfarkt oder ein Gehirnschlag sein.

Aus dem Gesagten ergibt sich, daß Beschwerdefreiheit nicht unbedingt mit einem gesunden Gefäßsystem gleichzusetzen ist und daß nach Risikofaktoren intensiv gefahndet werden muß (Blutdruckmessung, Bestimmung der Blutfette, rechtzeitiger Nikotinverzicht usw.).

Die Arteriosklerose kann praktisch alle Gefäße des menschlichen Körpers befallen.

Arterien (Schlagadern) leiten das mit Sauerstoff und Nährstoffen angereicherte Blut vom Herzen zu den einzelnen Organen und Geweben, z. B. zum Gehirn, zur Niere, zu den Beinen. Nach Abgabe von Sauerstoff und Nährstoffen wird das Blut über die Venen wiederum zum Herzen zurückgeleitet.

Die Arteriosklerose bekommt naturgemäß besonderes Gewicht, wenn sie die Gefäße lebenswichtiger Organe vor allem des Herzens, des Gehirns, der Niere und der Beine (untere Extremitäten) befällt. Die Auswirkungen der Arteriosklerose auf diese Organbereiche sollen im folgenden kurz dargestellt werden.

Auswirkungen der Arteriosklerose auf das Herz

Das Herz stellt einen Hohlmuskel dar, der durch rhythmisches Zusammenziehen und Erschlaffen als Blutpumpe fungiert. Dabei ist der Herzmuskel (Myocard) auf eine ausreichende Blutzufuhr über die Herzkranzgefäßte (Coronargefäße) angewiesen. Diese Herzkranzgefäße heißen deshalb so, weil sie den Herzmuskel wie einen Kranz umspinnen und ihn mit dem nötigen Sauerstoff und den Nährstoffen versorgen.

Es gibt zwei Herzkranzgefäße: Das linke Herzkranzgefäß (linke Coronararterie) teilt sich nach einem kurzen Hauptstamm in zwei Äste, die die Herzvorderwand und -seitenwand mit Blut versorgen; das rechte Herzkranzgefäß (rechte Coronararterie) versorgt die Herzhinterwand mit Blut.

Bei einer Arteriosklerose der Herzkranzgefäße (Coronarsklerose, coronare Herzkrankheit) bekommt der Herzmuskel durch die zunehmende Gefäßverengung zu wenig Blut. Es resultiert ein Sauerstoffmangel im Herzmuskel, der sich in typischer Weise bei körperlichen Anstrengungen in Form der sogenannten Angina pectoris äußert.

Angina pectoris heißt wörtlich übersetzt Brustenge und bezeichnet in charakteristischer Weise einen Zustand, der durch ein beklemmendes Gefühl im Brustraum und durch drückend brennende Beschwerden in der Herzgegend mit Ausstrahlung in den linken Arm gekennzeichnet ist. Die schwerste Form einer Durchblutungsstörung des Herzmuskels, ein Herzinfarkt (Myocardinfarkt) entsteht durch plötzlichen kompletten Verschluß einer Coronararterie bzw. einer ihrer Äste. Ein derartiger Gefäßverschluß kommt meistens dadurch zustande, daß ein bereits hochgradig verengtes Coronargefäß durch ein Blutgerinsel (Thrombus) total verstopft wird. Das zugehörige Myocard wird damit von der Blutzufuhr völlig abgeschnitten, es geht zugrunde und wird im Laufe von Monaten durch eine Narbe oder Schwiele ersetzt. Eine Narbe aber z. B. im Bereich der Herzvorderwand kann sich nicht mehr so gut zusammenziehen wie der normale Herzmuskel und bedeutet daher zwangsläufig eine Verminderung der Pumpkraft des Herzen. Eine Herzschwäche kann die Folge sein.

Ein akuter Herzinfarkt führt zu heftigsten Schmerzen hinter dem Brustbein und im Herzbereich, zu Atemnot, Schweißausbrüchen und Todesangst. Da die Betroffenen durch den plötzlichen Herztod und – vor allem bei großen Herzinfarkten – durch ein Herzversagen gefährdet sind, ist ihre sofortige Aufnahme in einer Herzintensivstation unumgänglich.

Die Folgen einer Verkalkung der Herzkranzgefäße sind demnach schwerwiegend und bestehen in Angina pectoris, Myocardinfarkt, plötzlichem Herztod, Störungen des Herzrhythmus und Schwächung der Pumpfunktion des Herzens.

Auswirkungen der Arteriosklerose auf das Gehirn

Eine Durchblutungsstörung des Gehirns (Cerebralsklerose) äußert sich anfänglich meist in Form von Störungen der Merkfähigkeit. Später kann es durch den Verschluß von Gehirnarterien zum Schlaganfall mit bleibenden Lähmungen und Rollstuhlpflicht kommen. Auch Blutungen in das Gehirn mit Zerstörung von Gehirngewebe, z. B. infolge Platzens eines Gehirngefäßes bei sehr hohem Blutdruck kommen vor.

Auswirkungen der Arteriosklerose auf die Nieren

Eine Verkalkung der Nierengefäße (Nephrosklerose) führt zur Einschränkung der Nierenfunktion und damit zu einer ungenügenden Filterung und Reinigung des Blutes durch die Niere. Besonders schlecht eingestellte Diabetiker laufen Gefahr, ihre Nierenfunktion durch eine zunehmende Gefäßverkalkung zu verlieren. In solchen Fällen ist oft eine „Nierenersatzbehandlung“ z. B. in Form einer Blutwäsche durch eine künstliche Niere (Hämodialyse) oder eine Nierenverpflanzung (Transplantation einer Leichenniere) erforderlich.

Durchblutungsstörungen der Beine

Sogenannte periphere Durchblutungsstörungen äußern sich zunächst beim Gehen in Form von plötzlichen Krämpfen in den Waden oder Oberschenkeln. Die Muskelkrämpfe entstehen dadurch, daß die Muskulatur durch die verengten Gefäße zu wenig Blut bekommt. Die Patienten bleiben infolge der Schmerzattacken kurzzeitig stehen und setzen nach Abklingen der Beschwerden ihre Gehstrecke wieder fort (Schaufensterkrankheit, Stadium II).

Bei Fortschreiten der Gefäßsklerose reicht dann die Durchblutung auch im Ruhezustand nicht mehr aus, die Krämpfe treten dann z. B. in der Nacht im Bett auf – es entsteht das Stadium III. Im Endstadium der Erkrankung – Stadium IV – reicht die Durchblutung für die Ernährung des Beines nicht mehr aus, es kommt zur Schwarzverfärbung und zum Gewebstod zunächst im Bereich der Zehen, später im Bereich des Vorfußes, des Unterschenkels usw. Man spricht vom „Raucherbein“, das letztlich chirurgisch abgenommen werden muß (Amputation).

Ernährung bei Herz- und Gefäßkrankheiten

Die Ernährungsweise des Durchschnittsbürgers hat einen entscheidenden Einfluß auf den Zustand der Körpergefäße. Die übliche Kost ist zu fett, zu salzig, zu cholesterin- und kalorienreich.

Herz- und Gefäßkrankheiten haben ihre Wurzel in diesen aufgezeigten Risikofaktoren. Dazu kommt noch Bewegungsmangel und der vielzitierte „Streß".

Diese heutzutage vielfach praktizierte Fehlernährung verursacht enorme Stoffwechselbelastungen und damit eine schlechtere Ernährung der Körperzellen. Außerdem spielt sie eine maßgebliche Rolle für die Zusammensetzung des Cholesterins und dessen Ablagerung in den Gefäßen.

Entscheidend ist nun der Umstand, daß durch eine Verminderung der Risikofaktoren auch eine Verminderung der Gefäßkrankheiten herbeigeführt werden kann. Statistisch gesehen ist man heute der Auffassung, daß zwei von vier Herzinfarkten vermieden werden könnten, wenn die bestehenden Risikofaktoren rechtzeitig erkannt und behandelt werden können.

Primär ist den meisten Herz- und Gefäßkranken eine Neuorientierung der Ernährungsweise unbedingt zu empfehlen. Den besten Einstieg in eine solche Neuorientierung schafft eine mehrwöchige diätetische Umstellungsbehandlung, wie sie am besten durch eine Fasten- oder Diätkur nach Dr. F. X. Mayr zustande kommen kann. Im Anschluß daran fällt es leicht, die in diesem Buch empfohlene Ernährungsweise mit ebenso gesunden wie schmackhaften Speisen korrekt einzuhalten. Dabei kommt der Auswahl und der Zubereitung der Nahrungsmittel – durch richtige Küchentechnik – eine überragende Rolle zu.

So kann die Menge der Gesamtkalorien auf ein vernünftiges Maß gebracht, der Cholesterinspiegel und die Übersäuerung (s. Seite 322) eher normalisiert, der Kochsalzkonsum und die mit der Nahrung zugeführten Purine problemlos reduziert werden.

Wie dargestellt soll die Kost nicht ausschließlich aber doch für die meisten mehr als bisher lacto-vegetabil orientiert sein, d.h. reich an Gemüsen, Vollwert- und Milchprodukten, Obst, und nur in mäßigen Mengen tierischem Eiweiß. Auch pflanzliche Fette und Öle mit mehrfach ungesättigten Fettsäuren, Butter, Kräuter und heimische Gewürze sind dabei besonders zu berücksichtigen.

Das Wichtigste über den Säure-Basen-Haushalt

Bei allen chronischen Erkrankungen sollte ausreichend getrunken werden, um belastende Säuren auszuscheiden.

Ernährung und Säure-Basen-Haushalt *

Ein Beispiel für noch widerstreitende Meinungen in der Ernährungsphysiologie und Ernährungsmedizin sind Fragen, die mit dem Säure-Basen-Haushalt zusammenhängen. Es ist zwischen Naturheilkunde und klinischer Ernährungsmedizin strittig, inwieweit in der Ernährung ein Überschuß säurebildender Nahrung schädlich sein kann bzw. die Ernährung akzentuiert basenbildend zusammengesetzt sein sollte. Einerseits wird völlig negiert, daß die Nahrung den Säure-Basen-Haushalt entscheidend beeinflussen kann, andererseits wird in der Empfehlung einer basenvalenten Nahrung ein für die Ernährung maßgeblicher Faktor gesehen.

Besonders in den 20er und 30er Jahren hatte die Frage des Einflusses der Ernährung auf den Säure-Basen-Haushalt in der Naturheilkunde eine große Rolle gespielt. Vor allem Ragnar Berg hatte dieses Thema in die Diskussion und den Widerstreit der Meinungen gebracht. Später war es Friedrich F. Sander, der sich mit dem Säure-Basen-Haushalt beschäftigte. Er führte die Methode der Messung des Aziditätsquotienten im Harn ein, um die Alkalireserve im Gesamtorganismus zu bestimmen. Dabei war er zu der Überzeugung gekommen, daß „latente Azidosen" bei der Entwicklung chronischer Krankheiten fast immer beteiligt seien.

Ragnar Berg und F. Sander sind in besonderer Weise daran beteiligt, daß sich in der Naturheilkunde weitgehend die Auffassung durchsetzte, zum Schutze vor Krankheiten und in der Ernährungsbehandlung von Krankheiten eine basenakzentuierte Ernährung für richtig zu halten. Man geht davon aus, daß im Stoffwechsel des Organismus eine bessere Situation gegeben sei, wenn die Ernährung alkalogen wirkt und der Organismus über eine relativ große „Basenreserve" zur Bindung von möglicherweise in größerer Menge anfallender saurer Valenzen verfügt.

Die Frage, ob die Ernährung Vorteile besitzt, wenn sie, nach vielfach in der Naturheilkunde vertretener Auffassung, basenakzentuiert ist, kann nur mit folgenden Feststellungen und Verweis auf bestimmte Erfahrungen versuchsweise beantwortet werden.

1. Festzustellen ist, daß im Stoffwechsel des Organismus Schwierigkeiten auftreten, wenn sich eine azidotische Stoffwechsellage entwickelt.
   Dies ist beispielsweise beim Fasten, bei Diabetes (durch Anreicherung von Ketonsäuren), bei Purinstoffwechselstörungen und Gicht (durch Anreicherung der Harnsäure), bei Herz-Kreislauf-Insuffizienz (durch Sauerstoffmangel und Milchsäureanreicherung in den Geweben) und unter dem Einfluß fettreicher und extrem kohlenhydratarmer Ernährungsformen der Fall.
2. Festzustellen ist, daß der Organismus Ketonsäuren der Harnsäure (wenn diese beim Fasten, bei Diabetes oder Gicht vermehrt sind) über die Niere schlechter ausscheidet, wenn eine Azidose besteht. Andererseits lehrt die Erfahrung, daß sich die renale Ausscheidung von Ketonsäuren und Harnsäure verbessern läßt, wenn bei Diabetes, Purinstoffwechselstörungen oder Gicht eine basenvalente Nahrung verabfolgt wird.
3. Festzustellen ist, daß der Organismus beeinträchtigt wird, wenn vorübergehend eine Laktazidose durch übermäßige Bildung von Milchsäure (bei körperlicher Belastung oder Herz-Kreislauf-Insuffizienz), durch übermäßig intestinale Resorption von D(-)-Milchsäure (bei Dysbakterie) oder auch durch übermäßige Aufnahme von D(-)-Milchsäure aus der Nahrung erfolgt.
4. Zu vermuten ist, daß der Eiweißbedarf des Organismus ökonomischer zu decken ist, wenn bei Niereninsuffizienz (wobei ausschlaggebend ist, daß die Eiweißaufnahme reduziert bleibt) eine basenakzentuierte Nahrung verabfolgt wird.
5. Zu vermuten ist, daß bei Diabetikern Insulin rationeller verwendet wird, wenn die Ernährung reichlicher basenbildende Valenzen aus Gemüse, Kartoffeln und Obst enthält.
6. Zu vermuten ist, daß bei eiweißergänztem Heilfasten Verluste an körpereigenem Eiweiß noch geringer zu halten sind, wenn zum eiweißergänzten Heilfasten basenvalente Molke eingesetzt wird.
7. Zu vermuten ist, daß bei Krebskranken eine günstigere Stoffwechsellage entsteht, wenn deren Alkalireserve durch eine akzentuiert basenvalente Nahrung groß gehalten wird.
8. Festzustellen ist, daß übermäßige Aufnahme von Eiweiß (vorzüglich aus Fleisch) eine azidotische Stoffwechsellage fördert und auch hierdurch dem Organismus abträglich ist.
9. Festzustellen ist, daß eine Ernährung mit erhöhtem Anteil basenbildender Vegetabilien günstige ernährungstherapeutische Ergebnisse erzielen läßt.

10. Festzustellen ist, daß eine basenüberschüssige, vegetabile Rohkost (nach M. Bircher-Benner), in der Ernährungstherapie bei Purinstoffwechselstörungen, Gicht oder rheumatischen Erkrankungen eingesetzt, günstigte Ergebnisse erzielen läßt.
11. Festzustellen ist, daß Ernährungsformen, die bei reichlicher Fett- und extrem niedriger Kohlenhydrat-Aufnahme eine azidotische Stoffwechsellage erzeugen, auf den Gesamtorganismus negative Auswirkungen haben.
12. Zu vermuten ist, daß azidotische Stoffwechsellagen sympathikotrope Zustände begünstigen (unter Umständen auch Schmerzzustände).

Geht man von diesen Erkenntnissen und Erfahrungen aus, empfiehlt sich eine Nahrung, die ausreichend basenvalent ist und eine optimale Alkalireserve im Organismus aufrechterhalten läßt. Dies ist der Fall, wenn die Nahrung relativ reichlich Kartoffeln, Gemüse, basenreiches Obst, basenreiche Trockenfrüchte (ggf. auch basenreiche Molke oder basenreiche Mineralwässer) enthält.

In dieselbe Richtung wirkt, wenn in der Nahrung die Eiweißmenge auf die Deckung des Bedarfes beschränkt und der Verzehr an Fleisch limitiert bleibt. Zu beachten wäre auch, daß in nicht erhitzten Vegetabilien mehr basenbildende Mineralsalze enthalten sind als in gekochter pflanzlicher Nahrung.

Grundsätzliches über den Säure-Basen-Haushalt

Unter dem Säure-Basen-Haushalt ist die Ein- und Ausfuhr sowie der Stoffwechsel der Wasserstoff-Ionen (H^+) und der Hydroxyl-Ionen (OH^-) zu verstehen. Von dem Verhältnis dieser Ionen zueinander hängt das chemische Milieu des Körpers ab.

Dieses ist eine phylogenetisch vorgegebene Größe, deren Konstanthaltung die Grundvoraussetzung für die Existenz und die optimale Funktion des menschlichen Körpers ist.

Aus allem was vom Körper aufgenommen wird, entsteht vorübergehend oder endgültig eine Säure oder Base. (Basen, Laugen oder Alkali stehen den Säuren gegenüber.)

Der Säure-Basen-Haushalt bzw. ein anzustrebendes Gleichgewicht zwischen Säuren und Basen ist ein wichtiger Faktor im biochemischen Betrieb des Organismus. Zur Verhütung und Behandlung chronischer Krankheiten ist ihm Bedeutung beizumessen. Erkenntnisse zum Säure-Basen-Haushalt sind vor allem von Ragnar Berg und F. Sander erarbeitet worden.

---

* H. Anemüller, Ärzteschrift für Naturheilverfahren 6/92, 33. Jahrg.

Ausschlaggebend war die Erkenntnis, daß unsere Regulationssysteme nicht unermüdlich und unerschöpflich funktionieren können, zumal in zunehmendem Maße „Säuren“ (durch Umwelteinflüsse und durch die Nahrung) unseren Organismus überfluten. Gerade dieses „Überfluten“ ist auch die Ursache der Abweichungen der physiologischen und gesunderhaltenden „Basenfluten“, die zur Reinigung des Grundgewebes des Organismus wichtig sind. Sie sind auch der Grundstein für Osteoporose, diverse Degenerationserkrankungen und letztlich auch für Tumorerkrankungen.

Durchschnittlicher Gehalt verschiedener Nahrungsmittel an Säure- bzw. Basenüberschüssen

Nahrungsmittel je 100 g	Säureüberschuß in mval
Getreide, Nüsse	−9
Fleisch, Fisch, Ei	−10
Käse, Topfen	−15
	Basenüberschuß in mval
Gemüse, Kartoffel	+7
Obst	+7
Milch	+5

Bei allen chronischen Erkrankungen sollte ausreichend getrunken werden, um belastende Säuren auszuscheiden.

Ursachen der Übersäuerung

- Fehler im Bereich der ernährungsbeeinflussenden Faktoren.
  Mangelhaftes Kauen und zu geringes Einspeicheln fördert die Kostzersetzung im Verdauungsapparat (Essen mit „Ablenkungsmanöver“, z. B. essen und gleichzeitig fernsehen, Zeitung lesen, telefonieren, hastiges Essen im Gehen oder Stehen). Kostzersetzung bedeutet nicht Verdauung, sondern Gärung. Gärung wiederum macht Säure und Säure muß durch Basen (Basenraub) abgepuffert werden.
  Jede Nahrungsaufnahme ohne Berücksichtigung der „Organuhr“ oder auch nur übermäßige Mahlzeiten benötigen mehr Verbrauch an basischen Verdauungssekreten.

Die Aufnahme überwiegend säureüberschüssiger oder säurebildender Nahrungsmittel führt ebenfalls zu Übersäuerung. Basenbildende oder -überschüssige Nahrungsmittel werden oft vernachlässigt.

Wichtige säureüberschüssige und -bildende Nahrungsmittel:
Fleisch, Fleischwaren aller Art, Innereien, Fleischsuppe, Eiklar (Eidotter ist basisch), Käse (je schärfer und salziger, desto saurer), Fabrikzucker und dessen Produkte, stark kohlensäurehaltige Getränke, Kaffee, gehärtete, raffinierte Fette.

Basenüberschüssige und -bildende Nahrungsmittel:
Kartoffeln, Milch, Rahm, Blattgemüse, Wurzelgemüse, Gemüsefrüchte, Obst, Mandeln, Dörrobst, Wild- und Gewürzkräuter, Basentee (Basensuppe).

- Fehler in der Flüssigkeitszufuhr
  Die heutzutage zu geringe Aufnahem von sog. „leeren Flüssigkeiten" (Wasser, mildes Mineralwasser, Kräutertee) führt zu verringerter Schlacken- bzw. Säurenausschwemmung über Niere, Darm, Haut und Lungen. So wie wir heute wenig bewußt essen und weniger essen sollten, müßten wir mehr und öfter Wasser trinken.
- Fehler in der Lebensweise
  Es mangelt dem heutigen „Normalverbraucher" an ausreichender Bewegung in frischer Luft und gesunder Arbeit „im Schweiße seines Angesichts". Wir sollten mindestens täglich einmal richtig zum Schwitzen kommen, entweder durch körperliche Arbeit oder sportliche Betätigung, um unser Ausscheidungsorgan Haut richtig zum Entsäuern zu bringen.

Die Übersäuerung wird erfolgreich bekämpft durch:

1. Intensivdiät nach F. X. Mayr* (mit Milch, Semmel und Basensuppen). Sie wirkt grundlegend entlastend – entschlackend – entsäuernd.
2. Vermeidung der Kardinalfehler der Ernährungsweise mit Pflege der Eßkultur und Pflege des halbvollen Bauches! Damit wird auch die säuernde Darmgärung weitgehend ausgeschaltet. Jedes Zuviel übersäuert!
3. Umstellung der Ernährungsweise mit Bevorzugung der basenbildenden und Einschränkung der säurebildenden Kost. Sinnvolle Speisenkombination von säure- und basenbildenden Nahrungsmitteln.
4. Reichliches Trinken an bekömmlichen Flüssigkeiten, besonders an bitteren (basischen) Heilpflanzentees und basischen Mineralwässern.

---

* Dr. E. Rauch/P. Mayr, Milde Ableitungs-Diät, Karl F. Haug Verlag, Heidelberg

5. Mehr Bewegung an frischer Luft, d.h. mehr Kohlensäure-Ausatmung über die Lungen (entscheidender Faktor der Säure-Basen-Regulation!).
6. Entsäuerung über die Haut (Trockenbürsten, Wechselduschen, Baden, Schwimmen, sonstige Wasseranwendungen, Sauna, Schwitzen usw.).
7. Bewußte positive Lebenseinstellung, gezielte positive Autosuggestion („saure" Gedanken machen den Stoffwechsel sauer!).
8. Gezielte und kontrollierte Basentherapie.

Säure-Basen-Tabelle der Nahrungsmittel *

I. Säurewirkung durch

a) Säurelieferanten (Sie führen Säuren zu oder lassen sie im Stoffwechsel entstehen wie Harnsäure.)

Fleisch: Geflügel, Wild, Würste, Speck, Innereien, Rindsuppe (Bouillon), Fleischextrakt; Fisch (am wenigsten Lachs); Weichtiere (Muscheln, Schnecken); Krustentiere (Krabben, Hummer).

Käse, Quark.

Ei, Eierspeisen.

Hülsenfrüchte, insbesondere Linsen, Erbsen (Ausnahme: Sojabohnen sind basisch).

Sonstige: Erdnüsse, Spargel, Rosenkohl, Artischocken, Senf, Essig.

Bohnenkaffee (Kaffeesäure!), Alkohol, besonders Likör, am wenigsten Bier, kohlensäurehaltige Getränke, Sekt.

b) Säureförderer durch Basenentzug („Basenräuber")

Fabrikzucker, Süßigkeiten, Konfekt, Schokolade, Speiseeis usw.

Getreide, Weißmehl und Weißmehlprodukte, Gebäck, Teigwaren, Nudeln, Makkaroni, Kuchen usw.; auch Vollwertgetreide, Vollkornbrot, Grau- und Schwarzbrot, Vollreis, Buchweizen, Roggen, Gerste, Weizen. Am wenigsten säuernd: Hirse (= neutral), Dinkel, Mais, Haferflocken.

Fette und Öle, Konsummargarine, billige Salatöle und Fritierfett.

Industriekost, alle durch industrielle Bearbeitung, Haltbarmachung, Sterilisierung veränderte oder mit chemischen Zusätzen versehene Nahrungsmittel, Konservenpräparate, Industrie- und Limonadengetränke, Sirup.

Saures Obst, saure Beerenfrüchte, Zitrusfrüchte, Früchtetee, Fruchtsäfte.

II. Basenwirkung durch Basenspender (Sie führen Basen zu oder lassen im Stoffwechsel Basen entstehen bzw. puffern Säuren ab.)

Kartoffeln, besonders Pellkartoffeln (nicht Pommes frittes!)

Milch, Vorzugsmilch, Rahm, Sahne.

Blattgemüse, Salate, Mangold, Spinat, Endivien, Zucchini, Sellerie.

Wurzelgemüse, Karotten, Radieschen, schwarzer Rettich, Rüben, Petersilienwurzel (alles, was in der Erde wächst ist besonders basisch).
Gemüse und Gemüsefrüchte, Gurke, Kürbis, Melone, Blumenkohl, Kohlrabi, Kraut, Kichererbsen, Paprika, auch Sellerie, Zwiebel, Knoblauch, Kastanien, Sojabohnen, Gemüsesuppen, Oliven.
Obst (nur wenn voll ausgereift, nicht sauer schmeckend und nur in kleinen Mengen verzehrt), Apfel, Birne, Pfirsich, Beerenobst, desweiteren Dörrobst (getrocknete Feigen, Rosinen, Korinthen), Banane.
Solche Nahrungsmittel gehen im Körper Verbindungen mit basisch wirkenden Substanzen ein und beseitigen ihre basische Wirkung.
Gewürz- und Wildkräuter (einheimisch), Dill, Sellerie, Kresse, Schnittlauch, Majoran, Thymian, Rosmarin, Salbei, Oregano; Löwenzahn, Brennessel u. a.
Sonstiges: Melasse, Blut, Pilze, Kokosnüsse, Haselnüsse, Mandeln (Mandelmilch), Eidotter, Lecithin.
Mineralwässer basisch (Kohlensäure aussprudeln). Milde, nicht sauer schmekkende Heilpflanzentees, schwarzer Tee in kleiner Menge.

III. Nahrungsmittel im Säure-Basen-Gleichgewicht
Wasser, naturbelassene, kaltgepreßte Fette und Öle, Butter, Hirse, Sauerkraut.

Sinnvolle Kombination der säure- und basenspendenden Kost *

> Kombinieren Sie säurespendende Kost tunlichst mit Basenspendern! Meiden Sie die Kombination mehrerer säurespendender Nahrungsmittel miteinander! Essen sie also zu Fleisch oder Fisch Kartoffeln, Gemüse, Salat usw., aber nicht Teigwaren wie Nudeln, Spätzle und auch nicht Reis!

Ganz verkehrt ist die traditionell übliche Gasthauskost und die Haubenküche (Nouvelle Cuisine). Dabei wird fälschlicherweise bei sämtlichen Mahlzeiten in fast allen Menügängen Fleisch oder Fisch serviert, noch dazu in zu großen Mengen, oft mit weiteren Säurespendern kombiniert, und mit Gemüseportionen, die im Verhältnis viel zu klein sind. Wenn der Salat (basisch) auch noch mit Weinessig (sauer), billigem Salatöl (säurebildend) und Zucker (säurebildend) angemacht wird, verstärkt er außerdem die übersäuernde Wirkung der Mahlzeit.

* Rauch, E., Die F. X. Mayr-Kur und danach gesünder leben, Karl. F. Haug Verlag, Heidelberg

	Gute Kombination	
Fleischgerichte		Gemüsesuppe (Basensuppe)
Fisch		Salat
Wurstwaren	Sauer + Basisch	Kartoffeln
Eierspeisen		Gemüse
Käse		Gemüsesauce mit Rahm
		Gewürzsauce
		Frischkräuter
Getreidegerichte wie		Gemüsebrühe
Buchweizenauflauf		Basensauce mit Rahm
Dinkelfrikadelle		Basensuppe
Haferschnitzel	Sauer + Basisch	Sojasauce
Maisauflauf		Wurzelgemüse, Frischkräuter
Reisspeisen		Salate
Saures Obst		Gemüsefrüchte
		Apfelcreme mit Schlagrahm

	Schlechte Kombination	
		Rinderbrühe
		(Bouillon, Consommé)
Fleischgerichte		Teigwaren
Wurstwaren		auch Vollwertteigwaren
Eierspeisen	Sauer + Sauer	Spätzle usw.
Käse		Reis, auch Vollreis
Quark		Gebäck, Kuchen u.a.
Süßspeisen		
		Sauermilch in größeren
		Mengen
		Saures Obst
Weißmehlprodukte wie		Rinderbrühe
Semmelknödel		Fleisch und Wurstwaren
Nudel		Eier
Spaghetti usw., Reis		Käse, Quark
Weißbrot, Semmeln	Sauer + Sauer	Bohnenkaffee
Süßspeisen		Colagetränke, Limonaden
Fertig-Pudding		Fruchtsäfte
(Vollwert-Kuchen)		Wein, Schnaps
Torten		

Konsequenzen und Ergänzungen

- Unsere Kost sollte reicher an Basenbildnern als an Säurebildnern sein.
- Säurebildner sind durch eine größere Menge an Basenbildnern auszugleichen.
- Raffinierte Kohlenhydrate wie Zucker, Weißmehlprodukte, werden zu Recht als biologisch „leere Kalorienträger" bezeichnet. Sie sind ebenso Säurespender wie Vollwertgetreide. Sie werden sehr rasch, sozusagen schubweise in das Blut aufgenommen und belasten dadurch den Blutzucker mehr als das nur langsam resorbierte Vollwertgetreide. Letzteres ist durch seinen hohen Gehalt an Inhaltsstoffen biologisch viel wertvoller, soll aber durch richtige Zubereitung möglichst leicht aufschließbar gemacht werden (z. B. Mahlen in Feinsteinstellung, einweichen, keimen lassen usw.) und nicht mit anderen Getreidesorten im gleichen Gericht gemischt werden, da es sonst zu schwer verdaulich wird und zu stark säuern würde. Säurespendende Vollwertspeisen sollen stets mit einem Basenbildner (Gemüse, Salat, Frischkräuter, Rahm, Banane, Trockenfrüchte, etwas Obst usw.) kombiniert werden.
- Mais, Dinkel, Haferflocken, Hirse in richtiger Zubereitung sind besonders wertwolle, relativ leicht verdauliche, wenig säuernde Getreidearten.
- Vollwertbrote wie Knäcke, Graham, selbstgebackene Brote aus feinstgemahlenem Vollwertmehl sind meist viel bekömmlicher als schwere Vollkornbrote mit ganzen Körnern.
- Naturbelassene, kaltgepreßte Öle mit hochungesättigten Fettsäuren sind für alle Kaltanwendungen, Salate, Aufstriche und zum Nachfetten beim Servieren gekochter Speisen (z. B. Basensuppen, Getreidespeisen) als wertvolle Energiespender regelmäßig und nicht zu sparsam zu verwenden. Sie werden meist sehr gut vertragen.
- Butter gehört zu den wertvollsten Fetten, sie ist leicht verdaulich und stellt eine gute Ergänzung zu den kaltgepreßten Ölen dar. Der Cholesteringehalt der Butter ist zu vernachlässigen (20 g Butter enthalten 48 mg Cholesterin), da man ohnehin keine großen Buttermengen verzehren kann. Die Anti-Butter-Strategie ist verkehrt, Butter enthält auch Stoffe, die u. a. der Produktion von Sexualhormonen dienen.
- Rohgemüse, insbesondere Wurzelgemüse (Karotten, rote Rüben, Petersilie usw.) sind wertvolle, leicht verdauliche und starke Basenspender. Sie gehen schwerer in Gärung über als Früchte und werden mengenmäßig besser vertragen.
- Die üblichen Rinderbrühen (Bouillon, Consommé) sind Harnsäurespender. Wenn sie Weißmehlprodukte beinhalten wie Nudel, Nockerl usw., verstärkt sich die Säurewirkung. Basische Suppenkräuter (Petersilie usw.) und Gemüseeinlagen (Karotten usw.) wirken abschwächend. Am besten sind Basensuppen.

Die leichte Vollkost bei Herz- und Kreislauferkrankungen

Tagespläne, Seite 332
Menü-Vorschläge, Seite 349

Es gelten die gleichen Grundsätze wie bei der leichten Vollkost für den Verdauungstrakt (siehe Seite 218).

Bei sämtlichen Menü-Vorschlägen wurde hier auf die Nachspeisen verzichtet. Diese sind zahlreich im Rezeptteil für den Diabetiker enthalten, aber auch im Rezeptteil für Erkrankungen des Verdauungstraktes.

Maßgebend für den Einzelfall ist stets die Anordnung des behandelnden Arztes und die individuelle Verträglichkeit. Es kann auch eine Flüssigkeitsbeschränkung verordnet werden.

Da in der üblichen Tageskost ca. 3–5 g versteckte Salze enthalten sind, wird auf zusätzliches Salzen der Speisen verzichtet. Zum Würzen werden viele frische Kräuter verwendet.

Wie bei der leichten Vollkost für Erkrankungen des Verdauungstraktes dürfen die Speisen nicht blähungsfreudig sein, weil ein voller Magen auf das Herz drückt. Daher wird vorerst auch auf Rohkost und Salate verzichtet.

Die leichte Vollkost bei Herz- und Kreislauferkrankungen (siehe auch Einführung Seite 313)

- Ohne Zweifel besteht die wirkungsvollste Behandlung chronischer Erkrankungsformen in kurzfristigen Fasten- oder anderen intensiv diätetischen Kurformen (s. Seite 202), bevor man zu einer leichten Vollkost übergeht.
- Aufgabe der leichten Vollkost ist es, unspezifische Intoleranzen im Bereich des Verdauungstraktes, d.h. Beschwerden (Druck, Völlegefühl, Schmerzen, Übelkeit, Blähungen, Neigung zu Durchfällen etc.) zu vermeiden, die nach der Nahrungsaufnahme beim Gesunden, aber insbesondere bei den verschiedensten Erkrankungen der Gastrointestinalorgane, auftreten können.
- Beim Einsatz tierischer Lebensmittel wie Fleisch, Wurst, Käse etc. muß der Gehalt an Fett, Cholesterin, Purin und eventuell auch Kochsalz berücksichtigt werden. Fleisch sollte daher knapp bemessen werden. Die Eiweißzufuhr liegt mit 15 Energieprozent an der Obergrenze der Empfehlung für Gesunde. Fleisch sollte daher nicht mehr als 100 g Rohgewicht haben und nicht öfter als 2–3mal pro Woche gegessen werden.
- Die allgemeinen Empfehlungen für die Fettzufuhr liegen bei 25–30 Energieprozent. Generell sollten kaltgepreßte Pflanzenöle und ungehärtete Pflanzenfette mit einem hohen Anteil an mehrfach ungesättigten Fettsäuren bevorzugt werden. Die Butter kann als edelstes tierisches Aufstrichfett in entsprechender Menge ihren Platz finden.
- Mit den verbleibenden 55 Energieprozent für Kohlenhydrate ist die Grenze des praktisch Möglichen erreicht. Im Speisezettel sollten stärkehaltige Lebensmittel bevorzugt und der Zuckeranteil gering gehalten werden. Leicht bekömmliche feine Vollwertmehle und Kartoffeln sollten bevorzugt eingesetzt werden.
- Eine ausreichende Ballaststoffaufnahme (25–30 g/Tag) wirkt häufig der Obstipation entgegen. Zuviel Ballaststoffe führen aber eher zu Unverträglichkeiten. Daher sollte bei einer leichten Vollkost der Ballaststoffanteil individuell berücksichtigt werden.
- Eine hohe Kochsalzzufuhr führt praktisch immer, insbesondere bei genetischer Prädisposition (Anfälligkeit), zum Bluthochdruck. Das Ausmaß der Drucksteigerung ist jedoch unterschiedlich. Der Natriumbedarf des Erwachsenen ist mit 2–3 g Kochsalz pro Tag gedeckt. In der Regel kann der Salzkonsum pro Tag und Person bis zu 15 g ansteigen.

- Die streng kochsalzarme Diät ist relativ schwer zu realisieren. Sie kommt kaum noch zur Anwendung. Die mäßig kochsalzarme Diät ist überwiegend für die ambulante Behandlung geeignet. Die Verwendung von diätetischen Lebensmitteln mit geringem Kochsalzgehalt kann unter Umständen hilfreich sein.
- Eine eingeschränkte Aufnahme von Kochsalz (NaCl) bzw. Natrium (Na) führt zur Verminderung des Blutvolumens, erleichtert die Strömung des Blutes, senkt erhöhte Blutdruckwerte und entlastet das Herz.
- Kaliumreiche und natriumarme Gemüsekost verbessert die Fließeigenschaft des Blutes und die Mikrozirkulation in den Geweben.
- Begrenzung der Fettmenge verbessert die Fließgeschwindigkeit des Blutes. Öle und Fette mit höherem Gehalt an hochungesättigten Fettsäuren (Omega-6-Typ, Omega-3-Typ) hemmen die Zusammenballung von Blutplättchen und erweitern die Blutgefäße.
- Eine Begrenzung der Nahrungsmenge bzw. Energiezufuhr führt zur Entlastung des Blutkreislaufs.

1. Tagesplan ohne Kochsalz

3 Mahlzeiten – 1300 kcal

Relation:
55% KH
30% F
15% EW

Frühstück:
Kräutertee
Dinkel- oder Weizenmischbrot
Butter, Karotten, Vitaminaufstrich
Apfel

EW	F	KH	kcal	BE	Joule	Chol.
4 g	6 g	40 g	277	3 ½	1163	12 mg

Mittag:
Fenchelsuppe

Gedämpftes Saiblingfilet im Zucchinimantel
Basilikumsauce
Safrankartoffeln, Blattspinat

Erdbeercreme

EW	F	KH	kcal	BE	Joule	Chol.
25 g	17 g	45 g	588	3 ½	2470	106 mg

Abend:
Quinoa mit Sauerrahm und Tomatensauce
Gemüsegarnitur

Joghurt-Mandarinentörtchen

EW	F	KH	kcal	BE	Joule	Chol.
14 g	18 g	49 g	435	4	1827	178 mg

Gesamtwerte pro Person

EW	F	KH	kcal	BE	Joule	Chol.
43 g	41 g	134 g	1300	11	5460	296 mg

Frühstück:

1 Pers.	*4 Pers.*	*Zutaten:*
		Kräutertee
50 g	200 g	Dinkel- oder Weizenmischbrot (2 BE)
30 g	120 g	Karotten, Vitaminaufstrich*
5 g	20 g	Butter
150 g	600 g	Apfel (1 ½ BE)

EW	F	KH	kcal	BE	Joule	Chol.
4 g	6 g	40 g	277	3 ½	1163	12 mg

Mittag:

Fenchelsuppe

1 Pers.	*4 Pers.*	*Zutaten:*
⅜ l	1 ½ l	Gemüsebrühe (Rezept s. Seite 53)
40 g	160 g	mehlige Kartoffeln (½ BE)
100 g	400 g	Fenchelknolle
10 ml	40 ml	süße Sahne
		Fenchelgrün, Muskatnuß

Zubereitung:

Kleingeschnittene Kartoffeln und Fenchel in Gemüsebrühe weich kochen. Im Mixglas mit Sahne und Fenchelgrün pürieren. Mit Muskat abschmecken.

EW	F	KH	kcal	BE	Joule	Chol.
3 g	4 g	8 g	114	½	480	11 mg

Gedämpftes Saiblingfilet im Zucchinimantel

1 Pers.	*4 Pers.*	*Zutaten:*
80 g	320 g	Saiblingfilet
60 g	240 g	Zucchini
je 1 g (½ TL)	4 g	Basilikum und Kerbel
2 g	8 g	Butter
		Zitronensaft
125 ml	500 ml	Gemüsebrühe
10 g	40 g	Petersilienwurzel
38 g	152 g	Kartoffeln (½ BE)

* 50 g gedämpfte Karotten pürieren und mit Butterflocken, Zitrone, Sesam und Hefeflocken abschmecken.

10 ml	40 ml	süße Sahne
2 g (1 TL)	8 g	frisches Basilikum
110 g	440 g	Kartoffeln (1 ½ BE)
		Safran
80 g	320 g	Blattspinat
3 g	12 g	Butter

Zubereitung:
Saibling mit feingeschnittenem Basilikum, Zitronensaft und Kerbel würzen und im Kocheinsatz dämpfen. Zucchini in feine Streifen schneiden und in Butter anschwenken.

Aus der Gemüsebrühe eine Basilikum-Basensauce zubereiten (Rezept s. Seite 174). Kartoffeln in Safranwasser kochen.

Blattspinat in Butter schwenken und zusammenfallen lassen. Den Saibling auf Spinat anrichten. Zucchinistreifen und Safrankartoffeln dazugeben.

EW	F	KH	kcal	BE	Joule	Chol.
20 g	6 g	26 g	362	2	1520	73 mg

Erdbeercreme

1 Pers.	*4 Pers.*	*Zutaten:*
80 g	320 g	Erdbeeren (½ BE)
20 ml	80 ml	süße Sahne
7,5 g	30 g	Honig (bei Diabetes 6 g Fruchtzucker)
1	4	Blatt-Gelatine
		Vanille natur
2 St.	8 St.	frische Minzeblätter

Zubereitung:
Gelatine in kaltes Wasser legen. Erdbeeren pürieren, erwärmen und Gelatine darin auflösen. Honig und Vanille zugeben. Abkühlen lassen und zuletzt geschlagene Sahne unterheben. In Gläser füllen und mit Minzeblättern garnieren.

EW	F	KH	kcal	BE	Joule	Chol.
2 g	7 g	11 g	112	1	470	22 mg

Abend:

Quinoa mit Sauerrahm und Tomatensauce

1 Pers.	*4 Pers.*	*Zutaten:*
30 g	120 g	Quinoa (2 BE)
60 ml	240 ml	Gemüsebrühe (Rezept s. Seite 53)
5 g	20 g	Butter
20 g	80 g	Sauerrahm
1 g	4 g	Zitronensaft
2 g	8 g	frischer Kerbel
10 g	40 g	Tomatenmark
100 g	400 g	Tomaten
200 ml	800 ml	Gemüsebrühe
10 g	40 g	Sellerie
10 g	40 g	Karotten
10 g	40 g	Petersilienwurzel
5 g	20 g	Butter
30 g	120 g	Brokkoliröschen
30 g	120 g	Zucchini
30 g	120 g	junge Karotten
30 g	120 g	grüne Spargelspitzen
30 g	120 g	Schwarzwurzeln
5 g	20 g	Butter

Zubereitung:

Quinoa in Butter anschwitzen, mit Gemüsebrühe aufgießen und 15 Minuten ausdämpfen lassen (evtl. mit etwas Sauerrahm binden). Mit einem Eisportionierer anrichten.

Aus Sauerrahm, Kerbel und Zitrone eine Sauce machen und über das Quinoa geben.

Für die Tomatensauce das Wurzelgemüse und die Tomaten in Butter anschwitzen, mit Gemüsebrühe weich kochen und mit Tomatenmark abschmecken. Mit Basilikumstreifen, Salz, Pfeffer und Muskatnuß würzen.

Das restliche Gemüse im Kocheinsatz weich dämpfen und mit Butter bepinseln; als Gemüsegarnitur anrichten.

EW	F	KH	kcal	BE	Joule	Chol.
9 g	12 g	30 g	283	2	1191	44 mg

Joghurt-Mandarinentörtchen

1 Pers.	*4 Pers.*	*Zutaten:*
1/2	2	Vollei
7,5 g	30 g	feines Hirsemehl (1/2 BE)
3 g	12 g	Honig (bei Diabetes 3 g Fruchtzucker) (1/4 BE)
40 g	160 g	Magerjoghurt
1	4	Blatt-Gelatine
1 g (1/4 TL)	4 g	Zitronensaft
3 g (1 TL)	12 g	Mandarinensaft
10 ml	40 ml	süße Sahne
3 g	12 g	Honig (bei Diabetes 3 g Fruchtzucker) (1/4 BE)
60 g	240 g	Mandarinen ohne Schale (1/2 BE)

Zubereitung:
Für den Biskuitboden Eiweiß mit einer Prise Salz steif schlagen. Eigelb mit Honig gut cremig rühren. Beide Massen zusammengeben und das Hirsemehl unterheben. Auf ein mit Papier ausgelegtes Backblech streichen (1 cm stark) und bei 190 °C ca. 8 Minuten backen. Kurz erkalten lassen und runde Törtchen ausstechen. Den Ausstecher als Stütze für die Creme verwenden.

Die Creme aus Joghurt mit Gelatine, Honig und Saft absteifen lassen und geschlagene Sahne unterheben. Creme auf die Biskuitböden füllen und mit Mandarinenspalten garnieren. Im Kühlschrank fest werden lassen und den Ausstecher entfernen.

EW	F	KH	kcal	BE	Joule	Chol.
5 g	6 g	19 g	152	1 1/2	636	134 mg

Gesamtwerte pro Person

EW	F	KH	kcal	BE	Joule	Chol.
43 g	41 g	134 g	1300	10 1/2	5460	296 mg

2. Tagesplan ohne Kochsalz

5 Mahlzeiten – 1210 kcal

Relation:
55% KH
30% F
15% EW

Frühstück:
Malzkaffee mit Milch
Vollwertbrot, Butter, Honig

EW	F	KH	kcal	BE	Joule	Chol.
5 g	17 g	37 g	319	3	1339	48 mg

evtl. Zwischenmahlzeit:
Müsli aus Haferflocken
Magerjoghurt und Erdbeeren

EW	F	KH	kcal	BE	Joule	Chol.
6 g	2 g	18 g	119	2	499	7 mg

Mittag:
Spinatcremesuppe

Pochiertes Putenröllchen
mit Gemüsefüllung und Kräutersauce
Zucchini und Dampfkartoffeln

Bratapfelcreme

EW	F	KH	kcal	BE	Joule	Chol.
28 g	13 g	59 g	508	3 3/4	2134	94 mg

evtl. Nachmittag:
Vollwertbrot mit Tomate und Hüttenkäse

EW	F	KH	kcal	BE	Joule	Chol.
4 g	1 g	27 g	133	2	559	–

Abend:
Amaranthring mit Gemüseragout

EW	F	KH	kcal	BE	Joule	Chol.
4 g	5 g	14 g	131	1	548	12 mg

Gesamtwerte pro Person

EW	F	KH	kcal	BE	Joule	Chol.
47 g	38 g	155 g	1210	11 3/4	5079	161 mg

Frühstück:

1 Pers.	*4 Pers.*	*Zutaten:*
		Malzkaffee mit Milch
60 g	240 g	Vollwertbrot (2 BE)
20 g	80 g	Butter
15 g	60 g	Honig (bei Diabetes 12 g Fruchtzucker) (1 BE)

EW	F	KH	kcal	BE	Joule	Chol.
5 g	16 g	37 g	319	3	1340	48 mg

evtl. Zwischenmahlzeit:
Müsli

1 Pers.	*4 Pers.*	*Zutaten:*
125 g	600 g	Magerjoghurt (1% Fett) (1/2 BE)
15 g	60 g	kaltgewalzte und geröstete Haferflocken (1 BE)
80 g	320 g	Erdbeeren (1/2 BE)

Zubereitung:
Aus allen Zutaten ein Müsli bereiten.

EW	F	KH	kcal	BE	Joule	Chol.
6 g	2 g	18 g	119	2	500	7 mg

Mittag:
Spinatcremesuppe

1 Pers.	*4 Pers.*	*Zutaten:*
3/8 l	1 1/2 l	Gemüsebrühe (Rezept s. Seite 53)
75 g	300 g	mehlige Kartoffeln (1 BE)
60 g	240 g	frische Spinatblätter
10 g	40 g	Sauerrahm
		Muskatnuß

Zubereitung:
Kleingeschnittene Kartoffeln in Gemüsebrühe weich kochen und mit den Spinatblättern im Mixglas pürieren. Mit Sauerrahm und frisch geriebener Muskatnuß abschmecken.

EW	F	KH	kcal	BE	Joule	Chol.
3 g	1 g	12 g	74	1	310	4 mg

Pochiertes Putenröllchen mit Gemüsefüllung und Kräutersauce, Zucchini und Dampfkartoffeln

1 Pers.	*4 Pers.*	*Zutaten:*
80 g	320 g	frische Putenbrust (Schnitzel)
40 g	160 g	klein geschnittenes Putenfleisch für die Füllung
20 g	80 g	Karotten
1 EL	4 EL	frischer Kerbel
20 g	80 g	Sellerie
30 ml	120 ml	Gemüsebrühe (Farce)
200 ml	800 ml	Gemüsebrühe (Rezept s. Seite 53)
40 g	160 g	Kartoffeln (1/2 BE)
1 g (1/2 TL)	4 g	frische Gartenkräuter
10 g	40 g	Sauerrahm
		Muskatnuß
110 g	440 g	Kartoffeln, geschält (1 1/2 BE)
60 g	240 g	Zucchini, klein
2 g	8 g	Butter

Zubereitung:
Aus der Putenbrust Schnitzel schneiden und dünn klopfen. Aus dem restlichen Putenfleisch und Gemüsebrühe im Mixer eine Farce (Fleischpüree) herstellen und den Kerbel untermengen. Karotten und Sellerie sehr klein schneiden, dämpfen und zur Farce geben. Das Putenschnitzel auf ausgebutterte Folie legen, mit der Farce füllen, zusammenrollen und im vorgeheizten Ofen bei 220 °C ca. 10 Minuten garen. Danach in dicke Scheiben schneiden.

Für die Kräutersauce kleingeschnittene Kartoffeln mit Gemüsebrühe weich kochen und mit Sauerrahm, Muskat und Kräutern mixen.

Kartoffeln und Zucchini dämpfen, in Butter schwenken und als Beilage reichen.

EW	F	KH	kcal	BE	Joule	Chol.
24 g	5 g	38 g	332	2	1194	68 mg

Bratapfelcreme

1 Pers.	*4 Pers.*	*Zutaten:*
50 g	200 g	Apfel (1/2 BE)
20 ml	80 ml	süße Sahne
3,5 g	14 g	Honig (bei Diabetes 3 g Fruchtzucker) (1/4 BE)
2 St.	8 St.	frische Zitronenmelisse

Zubereitung:
Apfel im Rohr braten, Haut entfernen und Apfel pürieren. Abkühlen lassen, mit geschlagener Sahne und Honig abschmecken. In Gläser füllen und mit Apfelspalte und Melissenblättern garnieren.

EW	F	KH	kcal	BE	Joule	Chol.
1 g	7 g	9 g	102	3/4	428	22 mg

evtl. Nachmittag:
Vollwertbrot mit Tomate und Gemüseaufstrich

1 Pers.	*4 Pers.*	*Zutaten:*
60 g	240 g	Vollwertbrot (2 BE)
20 g	80 g	Gemüseaufstrich
50 g	200 g	Tomaten

EW	F	KH	kcal	BE	Joule	Chol.
4 g	1 g	27 g	133	2	559	–

Abend:
Amaranthring mit Gemüseragout

1 Pers.	*4 Pers.*	*Zutaten:*
15 g	60 g	Amaranth-Getreide (1 BE)
110 ml	440 ml	Gemüsebrühe (Rezept s. Seite 53)
40 g	160 g	Karotten
40 g	160 g	Sellerie
40 g	160 g	Zucchini
50 g	200 g	Tomaten
10 g	40 g	Tomatenmark
5 g	20 g	Butter
1/16 l	1/4 l	Kräutersauce (Rezept s. Seite 166)
1 g (1/2TL)	4 g	frisches oder in Öl eingelegtes Basilikum

Zubereitung:
Amaranth-Getreide mit Gemüsebrühe dünsten. Das Gemüse gefällig schneiden und je nach Garzeit nacheinander im Kocheinsatz dämpfen. Mit Butter und feingeschnittenem Basilikum schwenken und mit 3 EL Kräutersauce binden.

EW	F	KH	kcal	BE	Joule	Chol.
4 g	5 g	14 g	131	1	548	12 mg

Gesamtwerte pro Person						
EW	F	KH	kcal	BE	Joule	Chol.
47 g	38 g	155 g	1210	11 ¾	5079	161 mg

3. Tagesplan ohne Kochsalz

5 Mahlzeiten – 1147 kcal

Relation:
55% KH
30% F
15% EW

Frühstück:
Kräutertee
Vollwertbrot
Butter
Putenschinken

EW	F	KH	kcal	BE	Joule	Chol.
4 g	4 g	21 g	198	2	832	48 mg

evtl. Zwischenmahlzeit:
Joghurt mit frischen Früchten
Zwieback

EW	F	KH	kcal	BE	Joule	Chol.
4 g	1 g	27 g	130	2 1/4	547	–

Mittag:
Sellerie-Basensuppe

Gefülltes Hühnerbrüstchen mit Rosmarinsauce
Kartoffel-Laibchen, buntes Gemüse

Mango-Joghurtpudding

EW	F	KH	kcal	BE	Joule	Chol.
28 g	21 g	50 g	513	3 3/4	2149	122 mg

evtl. Nachmittag:
Tee
Knäckebrot, Quark, Tomate, Kresse

pro Person

EW	F	KH	kcal	BE	Joule	Chol.
6 g	1 g	22 g	119	2	495	–

Abend:
Tee
Reis mit Gemüseragout

EW	F	KH	kcal	BE	Joule	Chol.
5 g	7 g	26 g	187	2	774	19 mg

Gesamtwerte pro Person

EW	F	KH	kcal	BE	Joule	Chol.
47 g	34 g	146 g	1147	12	4797	189 mg

Frühstück:

1 Pers.	*4 Pers.*	*Zutaten:*
		Kräutertee
50 g	200 g	Mischbrot (2 BE)
10 g	40 g	Butter
40 g	160 g	fettarmer Rinderschinken

EW	F	KH	kcal	BE	Joule	Chol.
4 g	4 g	21 g	198	2	832	48 mg

evtl. Zwischenmahlzeit:

Joghurt mit Früchten und Zwieback

1 Pers.	*4 Pers.*	*Zutaten:*
15 g	60 g	Zwieback (1 BE)
50 g	200 g	Apfel ($^1/_2$ BE)
50 g	160 g	Banane (bei Diabetes Apfel) ($^1/_2$ BE)
2 EL	8 EL	Magerjoghurt

EW	F	KH	kcal	BE	Joule	Chol.
4 g	1 g	27	130	2	547	–

Mittag:

Sellerie-Basensuppe

1 Pers.	*4 Pers.*	*Zutaten:*
$^3/_8$ l	1 $^1/_2$ l	Gemüsebrühe (Rezept s. Seite 53)
		Muskatnuß
75 g	300 g	mehlige Kartoffeln (1 BE)
75 g	300 g	Sellerieknolle
5 g	20 g	Butter
10 g	40 g	Sauerrahm
		Selleriegrün, Muskatnuß

Zubereitung:

Kleingeschnittene Kartoffeln und Sellerie in Butter anschwitzen, mit Gemüsebrühe aufgießen und weich kochen. Im Mixglas mit Sauerrahm, Muskat und Selleriegrün pürieren.

EW	F	KH	kcal	BE	Joule	Chol.
3 g	5 g	13 g	117	1	486	12 mg

Gefülltes Hühnerbrüstchen mit Rosmarinsauce, Kartoffel-Laibchen, buntes Gemüse

1 Pers.	*4 Pers.*	*Zutaten:*
80 g	320 g	Hühnerbrust
20 g	80 g	Hühnerfleisch für die Farce
je 10 ml	40 ml	süße Sahne und Gemüsebrühe
10 g	40 g	Karotten
10 g	40 g	Zucchini
		Muskat
		frischer Kerbel
40 g	160 g	mehlige Kartoffeln (1 BE)
3 g	12 g	Butter
		frischer Rosmarin
15 g	60 g	Sauerrahm
1/8 l	1/2 l	Gemüsebrühe (Rezept s. Seite 53)
		Muskatnuß
110 g	440 g	Kartoffeln (1 1/2 BE)
2 g	8 g	Butter
30 g	120 g	Spinatblätter
40 g	160 g	Karotten
30 g	120 g	Sellerieknolle
		Muskat, Thymian

Zubereitung:
Ausgebeinte Hühnerbrust mit Hilfe einer Folie flachdrücken. Aus Hühnerfleisch und Sahne im Mixer mit scharfem Messer eine Farce mixen. Kerbel und kleingeschnittenes gedämpftes Gemüse unter die Farce heben und diese in das Brüstchen füllen. Das Brüstchen zuklappen und in einer Form im Backofen garen.

Für die Sauce kleingeschnittene Kartoffeln in Butter anschwitzen, salzen, mit Gemüsebrühe aufgießen und weich kochen. Rosmarinzweig kurz mitkochen, dann herausnehmen. Im Mixglas mit Sauerrahm und Muskatnuß pürieren.

Das Gemüse dämpfen und in Butter schwenken. Die Kartoffeln mit Schale dämpfen, pellen und grob reiben. Mit frischen Thymianblättern und Muskatnuß würzen, Gemüse und gehackte Spinatblätter zugeben. Laibchen formen und im Ofen kurz überbacken.

EW	F	KH	kcal	BE	Joule	Chol.
23 g	14 g	27 g	335	2	1407	84 mg

Mango-Joghurtpudding

1 Pers.	*4 Pers.*	*Zutaten:*
45 g	180 g	Joghurt (1/4 BE)
40 g	160 g	gut reife Mango (1/2 BE)
40 g	160 g	frische Erdbeeren (1/4 BE)
1 Blatt	4 Blatt	Gelatine
20 ml	80 ml	süße Sahne
		Vanille, Zitrone

Zubereitung:
Mango und Erdbeeren mit Vanille, Zitrone und Joghurt pürieren. Geschlagene Sahne unterheben und in Gläsern anrichten. Mit Mangospalten und Zitronenmelisse garnieren.

EW	F	KH	kcal	BE	Joule	Chol.
2 g	2 g	10 g	61	1	256	26 mg

evtl. Nachmittag:

Knäckebrot, Quark, Tomate, Kresse

1 Pers.	*4 Pers.*	*Zutaten:*
30 g	120 g	Knäckebrot (2 BE)
20 g	80 g	Magerquark
50 g	200 g	geschälte Tomaten
		Kresse

EW	F	KH	kcal	BE	Joule	Chol.
6 g	1 g	22 g	119	2	495	–

Abend:

Reis mit Gemüseragout

1 Pers.	*4 Pers.*	*Zutaten:*
80 ml	320 ml	Wasser
30 g	120 g	Reis (2 BE)
7 g	28 g	Butter
30 g	120 g	Champignons
50 g	200 g	geschälte Tomaten
50 g	200 g	Zucchini
30 g	120 g	Möhren
1 TL	4 TL	frische Basilikumblätter

Zubereitung:
Das Gemüse klein schneiden, Champignons vierteln, Tomaten schälen und entkernen. Alles in Butter anschwitzen, Reis dazugeben, salzen und mit Wasser aufgießen. Zugedeckt ausdünsten lassen und zuletzt Streifen von Basilikumblättern unterziehen.

EW	F	KH	kcal	BE	Joule	Chol.
5 g	7 g	26 g	187	2	774	19 mg

Gesamtwerte pro Person

EW	F	KH	kcal	BE	Joule	Chol.
47 g	34 g	146 g	1147	12	4797	189 mg

Menü-Vorschläge (salzlos) für Herz-Kreislauf-Kranke

1. Mangold-Basensuppe, Kartoffelpizza mit Tomaten, Champignons und Mozzarella, Nußcreme (Rezepte siehe Seite 350–351)
2. Stangenselleriesuppe, Dinkel-Quarkkrapfen mit Zucchini-Nudeln, Schneenockerln mit Erdbeeren (Rezepte siehe Seite 352–353)
3. Selleriesuppe, Hirse-Gemüseschnitzel, Kräutersauce, Buntes Gemüse, Tiramisu-Creme (Rezepte siehe Seite 354–355)
4. Kartoffelsuppe, Rahm-Kümmelkartoffeln mit Gemüse, Hirsecreme (Rezepte siehe Seite 356–357)
5. Dinkelgrießsuppe, Tofu-Gemüselasagne mit Blattspinat und Kräutersauce, Maiskuchen mit Banane (Rezepte siehe Seite 358–359)
6. Koriandersuppe, Kartoffelroulade mit Blattspinat und Champignons, Hirsetörtchen (Rezepte siehe Seite 360–361)
7. Frischkräutersuppe, Zucchini-Nudeln mit Basilikumsauce, Ofenkartoffeln, Apfelcreme (Rezepte siehe Seite 362–363)
8. Hirsesuppe mit Gemüse, Fenchel-Gemüseauflauf mit Kräutersauce, geschwenkte Tomaten-Champignons, Quarkschmarren (Rezepte siehe Seite 364–365)
9. Kartoffelsuppe mit Minzeblättchen, Gemüseroulade mit Thymiansauce, Buntes Wurzelgemüse, Früchtereis (Rezepte siehe Seite 366–367)
10. Frühlingssuppe mit Löwenzahn, Gefülltes Schollenfilet, Kerbelsauce, Junge Karotten, Petersilienkartoffeln, Birnencreme mit Hirse (Rezepte siehe Seite 368–369)
11. Sauerrahm-Kümmelsuppe, Zandersoufflé, Dillkartoffeln, Basilikumsauce, Hirseroulade mit Erdbeeren (Rezepte siehe Seite 370–371)
12. Basensuppe, Lachsschnitte, Sauce hollandaise mit Basensauce, Dampfkartoffeln, Quarksoufflé (Rezepte siehe Seite 372–373)
13. Liebstöckel-Basensuppe, Gegrillte Seeteufelmedaillons, Basilikumsauce, Kartoffeln, Grießflammeri (Rezepte siehe Seite 374–375)

Menü 1

Mangold-Basensuppe, Kartoffelpizza mit Tomaten, Champignons und Mozzarella, Nußcreme

Mangold-Basensuppe

1 Pers.	*4 Pers.*	*Zutaten:*
3/8 l	1 1/2 l	Gemüsebrühe (Rezept siehe Seite 53)
75 g	300 g	mehlige Kartoffeln
5 g	20 g	Butter
20 g	80 g	Sauerrahm
30 g	120 g	Mangold-Spinat
		Muskatnuß

Zubereitung:
Kleingeschnittene Kartoffeln und Mangold-Spinat in Butter anschwitzen, mit Gemüsebrühe auffüllen und weich kochen. Im Mixglas mit Sauerrahm und frisch geriebener Muskatnuß würzen. Nicht salzen!

EW	F	KH	kcal	BE	Joule	Chol.
3 g	6 g	12 g	120	1	505	19 mg

Kartoffelpizza mit Tomaten, Champignons und Mozzarella

1 Pers.	*4 Pers.*	*Zutaten:*
150 g	600 g	mehlige Kartoffeln
50 g	200 g	Mozzarella
50 g	200 g	frische Champignons
20 g	80 g	Zucchini
40 g	160 g	Auberginen
1 TL	2 TL	Tomatenmark
		frische Oreganoblätter
		Muskatnuß

Zubereitung:
Geschälte Kartoffeln fein reiben, ausdrücken und mit frisch geschnittenen Oreganoblättern und Muskatnuß würzen. Nicht salzen!
Die Kartoffelmasse (ohne Ei) in einer Pfanne mit Olivenöl flachdrücken und beidseitig bei mäßiger Hitze goldbraun braten, evtl. kurz warmhalten.

Für die Füllung kleingeschnittene Auberginen, Zucchini und Champignons weich dünsten und zuletzt geschälte und entkernte Tomatenwürfel untermischen.

Das weichgedünstete Gemüse auf die Kartoffelfladen geben, mit Mozzarella belegen und im heißen Ofen überbacken. Dazu evtl. etwas Basensauce (Rezept s. Seite 128) reichen.

EW	F	KH	kcal	BE	Joule	Chol.
15 g	10 g	25 g	240	2	1002	18 mg

Nußcreme

1 Pers.	*4 Pers.*	*Zutaten:*
62 ml	¼ l	Vollmilch
7,5 g	30 g	Honig (bei Diabetes 6 g Fruchtzucker)
1½ Blatt	4 Blatt	Gelatine
½	2	Eigelb
22 g	88 g	Nüsse
30 ml	120 ml	süße Sahne
		Vanille natur
		Zitronenschale

Zubereitung:
Gelatine in kaltes Wasser legen. Milch mit gehackten Nüssen, Vanille und Zitronenschale erwärmen und ausgedrückte Gelatine darin auflösen. Honig und Eigelb einquirlen und die Creme kühlstellen. Kurz vor dem Festwerden die steifgeschlagene Sahne unterheben, in Gläsern anrichten und mit Sahne und Nüssen garnieren.

EW	F	KH	kcal	BE	Joule	Chol.
8 g	28 g	13 g	337	1	1410	168 mg

Gesamtwerte pro Person

EW	F	KH	kcal	BE	Joule	Chol.
26 g	44 g	50 g	695	4	2917	205 mg

Menü 2

Stangenselleriesuppe, Dinkel-Quarkkrapfen mit Zucchini-Nudeln, Schneenockerln mit Erdbeeren

Stangenselleriesuppe

1 Pers.	*4 Pers.*	*Zutaten:*
3/8 l	1 1/2 l	Gemüsebrühe (Rezept s. Seite 53)
40 g	160 g	mehlige Kartoffeln
40 g	160 g	Stangensellerie
30 g	120 g	Sauerrahm (10% Fett)
5 g	20 g	Butter
10 g	40 g	Selleriegrün

Zubereitung:
Kleingeschnittene Kartoffeln und Stangensellerie in Butter anschwitzen, mit Gemüsebrühe aufgießen und weich kochen. Im Mixglas mit Sauerrahm und frischem Selleriegrün pürieren. Nicht salzen!

EW	F	KH	kcal	BE	Joule	Chol.
2 g	7 g	4 g	90	1/2	378	22 mg

Dinkel-Quarkkrapferl, Zucchini-Nudeln

1 Pers.	*4 Pers.*	*Zutaten:*
40 g	160 g	Dinkelweizen ganz oder Perlweizen
30 g	120 g	Bröselquark (Schichtkäse)
20 g	80 g	Sauerrahm
2 g (1 TL)	8 g	frische Majoranblätter
10 g	40 g	Butter
100 g	400 g	Zucchini
1 g (1/2 TL)	4 g	frischer Thymian

Zubereitung:
Dinkel oder Perlweizen in Gemüsebrühe weich kochen und mit Quark, Sauerrahm und feingeschnittenen Majoranblättern vermischen. Diese Masse warm stellen und mit einem Eisportionierer anrichten.

Zucchini erst in längliche Scheiben, dann in sehr feine Streifen schneiden. In einer großen Pfanne mit Butter zugedeckt weich dünsten, mit frischen Thymianblättern würzen und zu den Dinkelkrapferln servieren.

EW	F	KH	kcal	BE	Joule	Chol.
11 g	12 g	28 g	267	2	1121	26 mg

Schneenockerln

1 Pers.	*4 Pers.*	*Zutaten:*
½	2	Eiweiß
6 g	24 g	Fruchtzucker
80 g	320 g	gut reife Erdbeeren
		Vanille, Milch
		frische Zitronenmelisse

Zubereitung:
Eiweiß mit Fruchtzucker steif schlagen, mit Hilfe zweier Eßlöffel Nockerln formen und diese etwa 5 Minuten in Milch kochen. Auf einem Küchentuch abtropfen lassen. Auf einem Teller mit Erdbeeren servieren und mit Zitronenmelisse garnieren. (Die Hälfte der Erdbeeren klein würfeln, die andere Hälfte pürieren.)

EW	F	KH	kcal	BE	Joule	Chol.
2 g	–	5 g	58	1	244	–

Gesamtwerte pro Person

EW	F	KH	kcal	BE	Joule	Chol.
15 g	19 g	37 g	415	3½	1743	48 mg

Menü 3

Selleriesuppe, Hirse-Gemüseschnitzel, Kräutersauce, Buntes Gemüse, Tiramisu-Creme (ohne Ei)

Selleriesuppe

1 Pers.	*4 Pers.*	*Zutaten:*
3/8 l	1 1/2 l	Gemüsebrühe (Rezept s. Seite 53)
80 g	320 g	Sellerieknolle
5 g (1 EL)	20 g	Selleriegrün
5 g	20 g	Butter
10 g (1 EL)	40 g	Sauerrahm
40 g	150 g	Kartoffeln

Zubereitung:
Kleingeschnittenen Sellerie und Kartoffeln in Butter anschwitzen, mit Gemüsebrühe aufgießen und zugedeckt bei nicht zu starker Hitze weichkochen lassen. Im Mixglas mit Selleriegrün und Sauerrahm pürieren. Nicht salzen!

EW	F	KH	kcal	BE	Joule	Chol.
2 g	5 g	7 g	89	1/2	372	16 mg

Hirse-Gemüseschnitzel, Kräutersauce, Buntes Gemüse

1 Pers.	*4 Pers.*	*Zutaten:*
30 g	120 g	Hirse
10 g	40 g	Butter
20 g	80 g	Karotten
20 g	80 g	Sellerie
20 g	80 g	Zucchini
2 g (1 TL)	8 g	frische Kräuter (Majoran, Thymian)
		gemahlene Muskatnuß
20 g	80 g	Sauerrahm
40 g	150 g	Kartoffeln
200 ml	800 ml	Gemüsebrühe
20 g	80 g	Sauerrahm
2 g (1 TL)	8 g	gemischte frische Kräuter
40 g	160 g	Karotten
40 g	160 g	Mangold-Spinat
40 g	160 g	Auberginen
5 g	20 g	Olivenöl

Zubereitung:
Karotten, Sellerie und Zucchini in sehr kleine Würfelchen schneiden. Hirse waschen, abtropfen lassen, mit den Gemüsewürfelchen in Butter anschwitzen, mit Gemüsebrühe auffüllen und etwa 15–20 Minuten weichdämpfen lassen. Sauerrahm und feingeschnittene Kräuter unterheben, mit einem Eisportionierer auf Teller anrichten und wie ein Schnitzel formen.

Für die Sauce kleingeschnittene Kartoffeln in Gemüsebrühe weich kochen und mit Sauerrahm und frischen Kräutern im Mixglas pürieren.

In Scheiben geschnittene Karotten weich dämpfen. Auberginen in kleine Würfel schneiden, in Olivenöl anschwitzen, Mangold-Spinat und gedämpfte Karotten zugeben und zugedeckt weichdünsten lassen. Mit etwas Kräutersauce mischen und zum Hirse-Gemüseschnitzel servieren.

EW	F	KH	kcal	BE	Joule	Chol.
7 g	17 g	31 g	303	2 1/2	1273	39 mg

Tiramisu-Creme

1 Pers.	*4 Pers.*	*Zutaten:*
20 g	80 g	Sauerrahm
20 g	80 g	Mascarpone
20 ml	80 ml	süße Sahne (30% Fett)
6 g	24 g	ungezuckerte Löffelbiskuits
1 Spritzer	4 Spritzer	Rum
		Vanille, Malzkaffee, Kakao
7,5 g	30 g	Honig (bei Diabetes 6 g Fruchtzucker)

Zubereitung:
Mascarpone und Sauerrahm mit Honig verrühren, mit einem Spritzer Rum und Vanille würzen. Steifgeschlagene Sahne unterheben. Die Creme halbvoll in Gläser füllen und in Kaffee getränkte Biskuits auflegen. Mit restlicher Creme auffüllen und mit wenig Kakao bestreuen.

EW	F	KH	kcal	BE	Joule	Chol.
2 g	27 g	13 g	225	1	941	57 mg

Gesamtwerte pro Person

EW	F	KH	kcal	BE	Joule	Chol.
11 g	49 g	51 g	617	4	2586	112 mg

Menü 4

Kartoffelsuppe, Rahm-Kümmelkartoffeln mit jungen Karotten, Spargel und Blattspinat, Hirsecreme

Kartoffelsuppe

1 Pers.	*4 Pers.*	*Zutaten:*
3/8 l	1 1/2 l	Gemüsebrühe (Rezept s. Seite 53)
75 g	300 g	mehlige Kartoffeln
2 g (1 TL)	8 g	frische braune Minze
40 g	160 g	Stangensellerie
20 g	80 g	Sauerrahm (10% Fett)
5 g	20 g	Butter
		frisch geriebene Muskatnuß

Zubereitung:
Kleingeschnittene Kartoffeln und Stangensellerie in Butter anschwitzen, mit Gemüsebrühe aufgießen und weich kochen. Im Mixglas mit Minzeblättern, Sauerrahm und Muskatnuß pürieren. Nicht salzen!

EW	F	KH	kcal	BE	Joule	Chol.
3 g	7 g	13 g	121	1	507	19 mg

Rahm-Kümmelkartoffeln mit jungen Karotten, Spargel und Blattspinat

1 Pers.	*4 Pers.*	*Zutaten:*
150 g	450 g	geschälte Kartoffeln
1/6 l	1/4 l	Milch
50 ml	200 ml	süße Sahne (30% Fett)
40 g	160 g	Karotten
40 g	160 g	Spargel
40 g	160 g	Blattspinat
5 g	20 g	Butter

Zubereitung:
Kartoffeln in Scheiben schneiden und dachziegelartig in eine ausgebutterte Form oder aufs Blech legen. Mit Milch und Sahne übergießen und bei 180 °C etwa eine halbe Stunde im Ofen garen. Mit gemahlenem Kümmel bestreuen.

Den Blattspinat in einer Pfanne mit Butter weich dünsten. Spargel in Salzwasser weich kochen und Karotten dämpfen. Das Gemüse zu den Kartoffeln servieren.

EW	F	KH	kcal	BE	Joule	Chol.
8 g	21 g	30 g	364	2 1/4	1529	79 mg

Hirsecreme

1 Pers.	*4 Pers.*	*Zutaten:*
1/16 l	1/4 l	Milch
7,5 g	30 g	Honig (bei Diabetes 6 g Fruchtzucker)
20 ml	80 ml	süße Sahne (30% Fett)
15 g	60 g	Hirse (Goldkernhirse)
		Vanille

Zubereitung:
Hirse mit Vanille in Milch weich kochen, Honig zugeben, evtl. im Mixglas pürieren und die Creme erkalten lassen. Zum Schluß steifgeschlagene Sahne unterheben.

EW	F	KH	kcal	BE	Joule	Chol.
4 g	9 g	21 g	179	1 3/4	784	36 mg

Gesamtwerte pro Person

EW	F	KH	kcal	BE	Joule	Chol.
15 g	37 g	64 g	662	5	2784	134 mg

Menü 5

Dinkelgrießsuppe, Tofu-Gemüselasagne, Blattspinat, Kräutersauce, Maiskuchen mit Banane

Dinkelgrießsuppe

1 Pers.	*4 Pers.*	*Zutaten:*
15 g	60 g	Dinkelgrieß
3/8 l	1 1/2 l	Gemüsebrühe (Rezept s. Seite 53)
20 g	80 g	Karotten
5 g	20 g	Butter
20 g	80 g	Petersilienwurzel
10 ml	40 ml	süße Sahne
1 g (1/2 TL)	4 g	frisches Kerbelkraut

Zubereitung:
Kleingeschnittenes Gemüse in Butter anschwitzen. Dinkelgrieß zugeben, mit Gemüsebrühe aufgießen und weich kochen. Mit Sahne und Kerbel abschmecken. Nicht salzen!

EW	F	KH	kcal	BE	Joule	Chol.
3 g	8 g	12 g	130	1	548	23 mg

Tofu-Gemüselasagne, Blattspinat, Kräutersauce

1 Pers.	*4 Pers.*	*Zutaten:*
3 g (3 TL)	12 g	Olivenöl
20 g	80 g	Mozzarella
20 g	80 g	Tomatenmark
20 g	80 g	Sauerrahm
50 g	200 g	frischer Tofu (Sojaquark)
30 g	120 g	Zucchinischeiben
30 g	120 g	geschälte Auberginenscheiben
		Zitronensaft
50 g	200 g	Blattspinat
5 g	20 g	Butter
200 ml	800 ml	Gemüsebrühe (Rezept s. Seite 53)
40 g	160 g	Kartoffeln
2 g	8 g	frischer Oregano und Basilikum
20 g	80 g	Sauerrahm

Zubereitung:
Auberginen- und Zucchinischeiben mit Zitronensaft beträufeln und beidseitig in Olivenöl anbraten. Für die Füllung Tofu mit einer Gabel fein zerdrücken und mit Sauerrahm, feingeschnittenen Kräutern und Tomatenmark vermischen. Auberginen- und Zucchinischeiben schichtweise mit Tofu in eine feuerfeste Form oder aufs Blech geben und zuletzt mit Mozzarellascheiben belegen. Im Ofen erhitzen bis der Käse zerläuft. Mit einem scharfen Messer portionieren.

Blattspinat in einer Pfanne mit Butter weich dünsten. Mit Muskatnuß würzen. Zur Tofu-Gemüselasagne reichen.

Für die Sauce kleingeschnittene Kartoffeln in Gemüsebrühe weich kochen und mit Sauerrahm und frischen Kräutern pürieren.

EW	F	KH	kcal	BE	Joule	Chol.
13 g	17 g	11 g	247	1/2	1037	38 mg

Maiskuchen mit Banane

1 Pers.	*4 Pers.*	*Zutaten:*
1	3	Eier
15 g	60 g	Maisvollwertmehl
7,5 g	30 g	Honig (bei Diabetes 6 g Fruchtzucker)
10 g	40 g	Butter
40 g	200 g	Banane (bei Diabetes Erdbeeren)
		Vanille, Zitrone

Zubereitung:
Eiweiß steif schlagen. Eigelb mit Honig, Vanille und Zitronenschale schaumig rühren und beides mit dem Maisvollwertmehl und der lauwarmen Butter mischen. Die Masse auf ein gefettetes Pergamentpapier streichen, mit Bananenscheiben belegen und bei 170 °C etwa 15 Minuten backen.

EW	F	KH	kcal	BE	Joule	Chol.
10 g	15 g	26 g	276	2 1/4	1159	284 mg

Gesamtwerte pro Person						
EW	F	KH	kcal	BE	Joule	Chol.
26 g	40 g	49 g	653	3 3/4	2744	345 mg

Menü 6

Koriandersuppe, Kartoffelroulade mit Blattspinat und Champignons, Hirsetörtchen

Koriandersuppe

1 Pers.	*4 Pers.*	*Zutaten:*
3/8 l	1 1/2 l	Gemüsebrühe (Rezept s. Seite 53)
75 g	300 g	Kartoffeln
20 g	80 g	Petersilienwurzeln
20 g	80 g	Sellerie
1 Msp.	4 Msp.	gemahlener Koriander
20 g	80 g	Sauerrahm
1 g	4 g	frischer Kerbel

Zubereitung:
Kleingeschnittene Kartoffeln, Sellerie und Petersilienwurzeln in Butter anschwitzen, mit Gemüsebrühe aufgießen und weich kochen. Im Mixglas mit Sauerrahm, Koriander und frischem Kerbel pürieren. Nicht salzen!

EW	F	KH	kcal	BE	Joule	Chol.
3 g	2 g	13 g	86	1	363	7 mg

Kartoffelroulade, Blattspinat, Champignons

1 Pers.	*4 Pers.*	*Zutaten:*
150 g	600 g	mehlige Kartoffeln
evtl. 1/2	2	(Eigelb)
15 g	60 g	Weizenvollmehl
7,5 g	30 g	Weizengrieß
10 g	40 g	Butter
20 g	80 g	Petersilienwurzeln
20 g	80 g	Karotten
20 g	80 g	Zucchini
3 g (1 TL)	12 g	frische Majoranblätter
80 g	320 g	frischer Blattspinat oder Tiefkühlware
5 g	20 g	Butter
		Muskatnuß
40 g	160 g	Champignons
5 g	20 g	Butter
180 ml	700 ml	Gemüsebrühe
40 g	160 g	Selleriewurzel
8 ml	32 ml	süße Sahne
3 g (1 TL)	12 g	frischer Kerbel

Zubereitung:
Gedämpfte Kartoffeln schälen, passieren und mit Eigelb, Grieß und Weizenmehl vermischen. Sehr klein geschnittene Karotten-, Sellerie- und Zucchiniwürfelchen weich dämpfen. In Butter mit frischen Majoranblättern und Muskatnuß schwenken und zur Kartoffelmasse mischen. Auf einer nassen Stoffserviette ausrollen, mit Majoranblättern bestreuen und mit Hilfe der Serviette einrollen. An beiden Enden zubinden und in Salzwasser 15–20 Minuten kochen. Die Serviette entfernen und die Roulade in dickere Scheiben schneiden.

Blattspinat in einer Pfanne mit Butter anschwitzen, mit Muskatnuß würzen, weich dünsten (evtl. etwas Sauce dazugeben) und zur Roulade servieren. Die geviertelten Champignons in einer Pfanne mit Butter schwenken und über der Roulade anrichten.

Für die Sauce kleingeschnittene Selleriewürfel in Gemüsebrühe weich kochen und mit Kerbel und Sahne im Mixglas pürieren.

EW	F	KH	kcal	BE	Joule	Chol.
14 g	19 g	43 g	467	3 1/2	1961	62 mg

Hirsetörtchen

1 Pers.	*4 Pers.*	*Zutaten:*
40 g	3	Eier
15 g	60 g	feines Hirsemehl
7,5 g	30 g	Honig (bei Diabetes 6 g oder Fruchtzucker)
40 g	160 g	frische Erdbeeren
20 ml	80 ml	süße Sahne
		Minzeblätter

Zubereitung:
Eier trennen. Eiweiß steif schlagen, Eigelb mit Honig schaumig rühren und beides mit Hirsemehl mischen. Die Masse daumendick auf ein mit Pergamentpapier ausgelegtes Blech streichen und bei 180 °C im Ofen etwa 6–8 Minuten backen. Kleine Plätzchen ausstechen und diese mit steifgeschlagener Sahne und Erdbeeren füllen. Mit Minzeblättern garnieren.

EW	F	KH	kcal	BE	Joule	Chol.
7 g	12 g	19 g	216	1 3/4	907	280 mg

Gesamtwerte pro Person

EW	F	KH	kcal	BE	Joule	Chol.
24 g	33 g	75 g	709	6 1/4	3231	349 mg

Menü 7

Frischkräutersuppe, Zucchini-Nudeln mit Basilikumsauce, Ofenkartoffeln, Apfelcreme

Frischkräutersuppe

1 Pers.	*4 Pers.*	*Zutaten:*
3/8 l	1 1/2 l	Gemüsebrühe (Rezept s. Seite 53)
75 g	300 g	mehlige Kartoffeln
40 g	160 g	Petersilienwurzeln
3 g (1 TL)	12 g	gemischte frische Kräuter
40 g	160 g	Sauerrahm
		geriebene Muskatnuß

Zubereitung:
Kleingeschnittene Kartoffeln und Petersilienwurzeln in Butter anschwitzen, mit Gemüsebrühe aufgießen und weich kochen. Im Mixglas mit frischen Gartenkräutern (Majoran, Thymian, Kerbel), Sauerrahm und frisch geriebener Muskatnuß pürieren. Nicht salzen!

EW	F	KH	kcal	BE	Joule	Chol.
4 g	4 g	14 g	118	1	494	14 mg

Zucchini-Nudeln, Basilikumsauce, Ofenkartoffeln

1 Pers.	*4 Pers.*	*Zutaten:*
150 g	600 g	Zucchini
20 g	80 g	Butter
1 g (1/2 TL)	4 g	Oreganoblätter
40 g	160 g	geschälte Tomaten
40 g	160 g	Kartoffeln
200 ml	800 ml	Gemüsebrühe
20 g	80 g	Sauerrahm
3 g (1 TL)	12 g	frisches Basilikum
110 g	440 g	Kartoffeln
5 g	20 g	Butter
2 g (1 TL)	8 g	frische Majoranblätter

Zubereitung:
Zucchini erst längs in dünne Scheiben, dann in feine Nudeln schneiden. In einer großen Pfanne mit Butter anschwitzen und zugedeckt garen. Mit kleingeschnittenen Oreganoblättern würzen und mit erwärmten Tomatenwürfeln garnieren.

Für die Sauce kleingeschnittene Kartoffeln in Butter anschwitzen, mit Gemüsebrühe auffüllen und weich kochen. Im Mixglas mit Basilikumblättern und Sauerrahm pürieren.

Die Kartoffeln weich dämpfen und in einer Pfanne mit Butter und kleingeschnittenen Majoranblättern schwenken. In eine Form füllen und gratinieren.

EW	F	KH	kcal	BE	Joule	Chol.
6 g	24 g	24 g	337	2	1416	57 mg

Apfelcreme

1 Pers.	*4 Pers.*	*Zutaten:*
50 g	200 g	Äpfel
7,5 g	30 g	Honig (bei Diabetes 6 g Fruchtzucker)
20 ml	80 ml	süße Sahne
1	4	Minzeblättchen

Zubereitung:
Äpfel weich dämpfen und mit Honig pürieren. Erkalten lassen und steifgeschlagene Sahne unterheben. In Gläsern anrichten und mit einem Tupfer Sahne und frischen Minzeblättchen garnieren.

EW	F	KH	kcal	BE	Joule	Chol.
1 g	6 g	13 g	112	1	470	28 mg

Gesamtwerte pro Person

EW	F	KH	kcal	BE	Joule	Chol.
11 g	34 g	51 g	567	4	2380	99 mg

Menü 8

Hirsesuppe mit Gemüse, Fenchel-Gemüseauflauf mit Kräutersauce, Geschwenkte Tomaten-Champignons, Quarkschmarren

Hirsesuppe mit Gemüse

1 Pers.	*4 Pers.*	*Zutaten:*
3/8 l	1 1/2 l	Gemüsebrühe (Rezept s. Seite 53)
15 g	60 g	Hirse
20 g	80 g	Karotten
20 g	80 g	Petersilienwurzeln
20 g	80 g	Zucchini
5 g	20 g	Butter
2 g (1 TL)	8 g	gehackte Petersilie

Zubereitung:
Sehr klein geschnittenes Gemüse mit der gewaschenen Hirse in Butter anschwitzen, mit Gemüsebrühe auffüllen und weich kochen. Mit der Petersilie garnieren. Nicht salzen!

EW	F	KH	kcal	BE	Joule	Chol.
3 g	4 g	12 g	106	1	445	12 mg

Fenchel-Gemüseauflauf mit Kräutersauce, Geschwenkte Tomaten-Champignons

1 Pers.	*4 Pers.*	*Zutaten:*
110 g	440 g	Kartoffeln
60 g	240 g	Fenchel
20 g	80 g	Karotten
20 g	80 g	Zucchini
40 g	160 g	Sauerrahm
evtl. 1	4	(Eigelb)
30 g	120 g	Mozzarella
10 g	40 g	frisches Fenchelkraut
200 ml	800 ml	Gemüsebrühe
38 g	150 g	Kartoffeln
5 g	20 g	frische Kräuter
20 g	80 g	Sauerrahm
30 g	120 g	Champignons
30 g	120 g	Tomaten
5 g	20 g	Butter

Zubereitung:
Zuerst Fenchel und Karotten, dann Zucchini in Scheiben schneiden und weich dämpfen. Kartoffeln in der Schale kochen, schälen und in Scheiben schneiden. Alles in einer Schüssel mit Sauerrahm und Fenchelkraut mischen. Die Masse in eine gebutterte Form füllen, mit Mozzarellascheiben belegen und im Ofen erhitzen (gratinieren) bis der Käse zerläuft.

Für die Sauce kleingeschnittene Kartoffeln in Gemüsebrühe weich kochen und mit frischen Kräutern und Sauerrahm mixen.

Geviertelte Champignons in einer Pfanne mit Butter schwenken und mit Tomatenwürfeln mischen. Zum Auflauf servieren.

EW	F	KH	kcal	BE	Joule	Chol.
17 g	23 g	28 g	463	2	1945	28 mg

Quarkschmarren

1 Pers.	*4 Pers.*	*Zutaten:*
60 g	240 g	Bröselquark (Schichtkäse)
50 g	3	Eier
15 g	60 g	Weizengrieß
30 g	120 g	Sauerrahm
1/4 TL	1 TL	Maizena (Maisstärke)
		Süßstoff, Zitronenschale, Vanille

Zubereitung:
Alle Zutaten (außer Eiweiß) verrühren und etwa 20 Minuten ruhen lassen. Zuletzt steifgeschlagenen Eischnee unterheben. Die Masse in eine ausgebutterte Form füllen und bei 150 °C ca. 15 Minuten backen. Dazu paßt Fruchtmark.

EW	F	KH	kcal	BE	Joule	Chol.
16 g	10 g	14 g	205	1	861	266 mg

Gesamtwerte pro Person

EW	F	KH	kcal	BE	Joule	Chol.
36 g	37 g	54 g	774	4	3043	300 mg

Menü 9

Kartoffelsuppe mit Minzeblättchen, Gemüseroulade mit Thymiansauce, Buntes Wurzelgemüse, Früchtereis

Kartoffelsuppe mit Minzeblättchen

1 Pers.	*4 Pers.*	*Zutaten:*
3/8 l	1 1/2 l	Gemüsebrühe (Rezept s. Seite 53)
75 g	300 g	mehlige Kartoffeln
20 g	80 g	Sauerrahm
2 g (1 TL)	8 g	frische Minzeblättchen
5 g	20 g	Butter
40 g	160 g	geschälter Stangensellerie
		frisch geriebene Muskatnuß

Zubereitung:
Geschälte, kleingeschnittene Kartoffeln und Sellerie in Butter anschwitzen, mit Gemüsebrühe aufgießen und zugedeckt weich kochen. Im Mixglas mit Sauerrahm und frischen Minzeblättchen pürieren und mit Muskatnuß abschmecken.

EW	F	KH	kcal	BE	Joule	Chol.
3 g	8 g	13 g	144	1	605	19 mg

Gemüseroulade mit Thymiansauce, Buntes Wurzelgemüse

1 Pers.	*4 Pers.*	*Zutaten:*
15 g	60 g	Weizengrieß
110 g	440 g	Kartoffeln
20 g	80 g	Zucchini
20 g	80 g	Karotten
30 g	2 St.	Eier
3 g (1 TL)	12 g	frische Majoranblätter
200 ml	800 ml	Gemüsebrühe
40 g	150 g	Kartoffeln
20 g	80 g	Sauerrahm
3 g (1 TL)	12 g	frische Thymianblätter
5 g	20 g	Butter
40 g	80 g	Petersilienwurzeln
40 g	80 g	Karotten

Zubereitung:
Karotten und Zucchini in sehr kleine Würfel schneiden und im Kocheinsatz weich dämpfen. Kartoffeln ebenfalls dämpfen, schälen und passieren. Mit Eigelb, Grieß und feingeschnittenen Majoranblättern zu einem Teig vermischen. Bei Bedarf auch etwas Eiweiß zugeben. Den Teig auf einem feuchten Küchentuch ausrollen und die Gemüsewürfelchen darauf verteilen. Mit dem Küchentuch einrollen, an beiden Enden zubinden und 20 Minuten in Salzwasser kochen. Ausrollen und in dicke Scheiben schneiden. Mit Thymiansauce und Wurzelgemüse servieren.

Für die Sauce die kleingeschnittenen Kartoffeln mit Gemüsebrühe weich kochen und mit Sauerrahm und Thymian pürieren.

Petersilienwurzeln und Karotten im Dampftopf weich dämpfen und der Gemüseroulade beilegen.

EW	F	KH	kcal	BE	Joule	Chol.
11 g	10 g	36 g	283	3	1189	172 mg

Früchtereis

1 Pers.	*4 Pers.*	*Zutaten:*
1/16 l	1/4 l	Milch
15 g	60 g	Reis
3,7 g	15 g	Honig (bei Diabetes 3 g Fruchtzucker)
20 ml	80 ml	süße Sahne
32 g	130 g	Kiwi
40 g	160 g	frische Erdbeeren
		Vanille, natur

Zubereitung:
Reis in der Milch mit Vanille kochen, Honig und kleingeschnittene Früchte dazugeben und erkalten lassen. Steifgeschlagene Sahne unterheben und in Gläsern anrichten. Mit einem Tupfer Sahne und kleingeschnittenen Früchten garnieren.

EW	F	KH	kcal	BE	Joule	Chol.
4 g	9 g	22 g	195	2	814	22 mg

Gesamtwerte pro Person

EW	F	KH	kcal	BE	Joule	Chol.
18 g	27 g	71 g	622	6	2008	213 mg

Menü 10

Frühlingssuppe mit Löwenzahn, Gefülltes Schollenfilet, Kerbelsauce, Junge Karotten, Petersilienkartoffeln, Birnencreme mit Hirse

Frühlingssuppe mit Löwenzahn und Bachkresse

1 Pers.	*4 Pers.*	*Zutaten:*
3/8 l	1 1/2 l	Gemüsebrühe (Rezept s. Seite 53)
75 g	300 g	mehlige Kartoffeln
30 g	120 g	Stangensellerie
5 g (1 EL)	20 g	frischer Löwenzahn und Bachkresse
20 g	80 g	Sauerrahm
5 g	20 g	Butter

Zubereitung:
Kleingeschnittene Kartoffeln und Stangensellerie in Butter anschwitzen, mit Gemüsebrühe aufgießen und zugedeckt weich kochen. Kurz vor dem Garwerden Bachkresse und Löwenzahn zugeben und alles im Mixglas mit Sauerrahm pürieren. Nicht salzen!

EW	F	KH	kcal	BE	Joule	Chol.
3 g	8 g	13 g	143	1	600	19 mg

Gefülltes Schollenfilet mit Kerbelsauce, Junge Karotten und Petersilienkartoffeln

1 Pers.	*4 Pers.*	*Zutaten:*
60 g	240 g	Schollenfilet
		Zitronensaft
40 g	160 g	Schollenfilet (für die Füllung)
30 ml	120 ml	süße Sahne
2 g	8 g	frische Basilikumblätter
200 ml	800 ml	Gemüsebrühe
2 g (1 TL)	8 g	frischer Kerbel
10 g	40 g	Sauerrahm
38 g	150 g	Kartoffeln
110 g	440 g	Kartoffeln
50 g	250 g	Junge Karotten
1 g (1/2 TL)	4 g	Petersilie
5 g	20 g	Butter

Zubereitung:
Schollenfilet mit Zitronensaft beträufeln und mit feingeschnittenem Basilikum bestreuen. Restliches Schollenfilet (für die Füllung) klein schneiden und mit Sahne und Basilikum pürieren. Diese Füllung auf das Schollenfilet streichen und taschenförmig zusammenklappen. Im Dampf garen (Kocheinsatz mit Deckel).

Für die Sauce kleingeschnittene Kartoffeln in Butter anschwitzen, mit Gemüsebrühe auffüllen und weich kochen. Mit Sauerrahm und frischem Kerbel im Mixglas pürieren.

Kartoffeln weich dämpfen und in Butter mit Petersilie schwenken. Junge Karotten ebenfalls dämpfen und dazu servieren.

EW	F	KH	kcal	BE	Joule	Chol.
22 g	16 g	27 g	348	2	1462	82 mg

Birnencreme mit Hirse

1 Pers.	*4 Pers.*	*Zutaten:*
62 ml	1/4 l	Milch
15 g	60 g	Hirse
50 g	200 g	Birnen
20 ml	80 ml	süße Sahne
7,5 g	30 g	Honig (bei Diabetes 6 g Fruchtzucker)
		Zimt

Zubereitung:
Hirse waschen und in der Milch weich kochen. Birne schälen und weich dämpfen. Beides im Mixer mit Honig pürieren, erkalten lassen und Schlagsahne unterheben. In Gläsern anrichten und mit einem Tupfer Sahne und Zimt garnieren.

EW	F	KH	kcal	BE	Joule	Chol.
4 g	9 g	27 g	202	2 1/4	848	28 mg

Gesamtwert pro Person

EW	F	KH	kcal	BE	Joule	Chol.
29 g	33 g	67 g	693	5 1/4	2910	129 mg

Menü 11

Sauerrahm-Kümmelsuppe, Zandersoufflé, Dillkartoffeln, Basilikumsauce mit Tomaten, Hirseroulade mit Erdbeeren

Sauerrahm-Kümmelsuppe

1 Pers.	*4 Pers.*	*Zutaten:*
3/8 l	1 1/2 l	Gemüsebrühe (Rezept s. Seite 53)
110 g	440 g	Kartoffeln
1 Msp.	1 TL	gemahlener Kümmel
60 g	250 g	Sauerrahm
5 g	20 g	Butter
2 g (1 TL)	8 g	frischer Kerbel

Zubereitung:
Kleingeschnittene Kartoffeln in Butter anschwitzen, mit Gemüsebrühe auffüllen und weich kochen. Im Mixglas mit Sauerrahm, Kümmel und Kerbel pürieren.

EW	F	KH	kcal	BE	Joule	Chol.
4 g	10 g	19 g	186	1 1/2	777	30 mg

Zandersoufflé, Dillkartoffeln, Basilikumsauce mit Tomaten

1 Pers.	*4 Pers.*	*Zutaten:*
60 g	240 g	Zanderfilet
		Zitronensaft, frische Basilikumblätter
40 g	160 g	Zanderfilet zum Mixen
30 ml	120 ml	süße Sahne
10 g	40 g	Zucchini
10 g	40 g	Karotten
2 g (1 TL)	8 g	frisches Basilikum
38 g	150 g	mehlige Kartoffeln
200 ml	800 ml	Gemüsebrühe
10 g	40 g	Sauerrahm
3 g (1 TL)	12 g	frische Basilikumblätter
20 g	80 g	Tomatenwürfel
110 g	440 g	Kartoffeln
2 g (1 TL)	8 g	Dill
2 g	8 g	Butter

Zubereitung:
Zanderfilet mit Zitronensaft marinieren und mit feingeschnittenem Basilikum bestreuen. Für die Füllung restlichen Zander mit Sahne pürieren (Mixer mit Messer) und die sehr klein geschnittenen und gedämpften Zucchiniwürfelchen untermischen. Das Zanderfilet rundum in eine kleine ausgebutterte Form legen, die Füllung mit Hilfe eines Spritzsackes in die Mitte geben und glattstreichen. 10–15 Minuten im Wasserbad pochieren. Aus der Form stürzen.

Kleingeschnittene Kartoffeln in Butter anschwitzen, mit Gemüsebrühe aufgießen und mit Sauerrahm und Basilikumblättern pürieren. Geschälte und entkernte Tomatenwürfel unterheben.

Kartoffeln im Kocheinsatz weich dämpfen, mit zerlassener Butter bepinseln und mit gehacktem Dill bestreuen.

EW	F	KH	kcal	BE	Joule	Chol.
24 g	13 g	20 g	212	1 ½	890	67 mg

Hirseroulade mit Erdbeeren

1 Pers.	*4 Pers.*	*Zutaten:*
25 g	1 ½	Eier
7,5 g	30 g	Hirsemehl
3,8 g	15 g	Honig (bei Diabetes 3 g Fruchtzucker)
30 ml	120 ml	süße Sahne
40 g	160 g	Erdbeeren
		Zitronenschale
2 kleine	8 kleine	Minzeblätter

Zubereitung:
Eigelb mit Honig und Zitronenschale schaumig rühren. Eiweiß steif schlagen und mit dem Hirsemehl gleichzeitig unter die Eigelb-Honigmasse heben. Auf ein mit Pergamentpapier ausgelegtes Blech aufstreichen und etwa 8 Minuten bei 180 °C backen. Auf ein zweites bemehltes Papier stürzen und einrollen. Nach dem Erkalten mit Schlagsahne und gewürfelten Erdbeeren füllen. Mit einem Sägemesser schneiden und mit Minzeblättern garnieren.

EW	F	KH	kcal	BE	Joule	Chol.
5 g	13 g	12 g	184	1	769	185 mg

Gesamtwerte pro Person

EW	F	KH	kcal	BE	Joule	Chol.
33 g	36 g	51 g	582	4	2436	282 mg

Menü 12

Basensuppe, Lachsschnitte, Sauce hollandaise mit Basensauce, Dampfkartoffeln, Quarksoufflé

Basensuppe

1 Pers.	*4 Pers.*	*Zutaten:*
3/8 l	1 1/2 l	Gemüsebrühe (Rezept s. Seite 53)
75 g	30 g	mehlige Kartoffeln
20 g	80 g	Karotten
20 g	80 g	Sellerie
20 g	80 g	Brokkoli
5 g	20 g	Butter
10 g	40 g	Sauerrahm
2 g (1 TL)	8 g	frische Küchenkräuter oder in Öl eingelegte Kräuter

Zubereitung:
Kleingeschnittene Kartoffeln und Gemüse in Butter anschwitzen, zugedeckt weich kochen und im Mixglas mit Sauerrahm und frischen Kräutern pürieren. Nicht salzen!

EW	F	KH	kcal	BE	Joule	Chol.
3 g	5 g	14 g	118	1	490	19 mg

Lachsschnitte, Sauce hollandaise mit Basensauce, Dampfkartoffeln

1 Pers.	*4 Pers.*	*Zutaten:*
100 g	400 g	Lachsschnitte
150 g	600 g	Kartoffeln
10 g	40 g	Eigelb
10 ml	40 ml	Weißwein
30 g	120 g	Butter
2 EL	8 EL	Basensauce (Rezept s. Seite 128)
		Zitronensaft

Zubereitung:
Die Lachsschnitte mit Zitronensaft beträufeln und im Dampf (Kocheinsatz mit Deckel) etwa 5–7 Minuten garen. Kartoffeln ebenfalls im Dampftopf weich garen.

Eigelb mit Weißwein über Wasserdampf schaumig schlagen und die fingerwarm zerlassene Butter langsam aber kräftig unterrühren. Mit 2 EL Basensauce strecken und zum Fisch servieren.

EW	F	KH	kcal	BE	Joule	Chol.
27 g	46 g	23 g	630	2	2646	164 mg

Quarksoufflé

1 Pers.	*4 Pers.*	*Zutaten:*
62 g	250 g	Quark
1/2	2	Eigelb/Eiweiß
3,7 g	15 g	Honig (bei Diabetes 3 g Fruchtzucker)
7,5 g	30 g	Maisstärke
18 ml	70 ml	Milch
33 g	140 g	Sauerrahm
		Zitronenschale
		Vanilleschote
60 g	240 g	Erdbeeren
3 g	12 g	Fruchtzucker

Zubereitung:
Alle Zutaten miteinander verrühren. Eiweiß mit Fruchtzucker steif schlagen und zuletzt unterheben. In ausgebutterte Förmchen füllen. Diese ins Wasserbad setzen und im Backofen bei 170 °C ca. 15 Minuten garen. Mit gemixter Erdbeersauce servieren.

EW	F	KH	kcal	BE	Joule	Chol.
15 g	8 g	18 g	217	1 1/4	911	142 mg

Gesamtwerte pro Person

EW	F	KH	kcal	BE	Joule	Chol.
45 g	59 g	55 g	965	4	4027	325 mg

Menü 13

Liebstöckel-Basensuppe, gegrillte Seeteufelmedaillons, Basilikumsauce, Kartoffeln, Grießflammeri

Liebstöckel-Basensuppe

1 Pers.	*4 Pers.*	*Zutaten:*
3/8 l	1 1/2 l	Gemüsebrühe (Rezept s. Seite 53)
110 g	440 g	geschälte Kartoffeln
20 g	80 g	saure Sahne
2 g (1 TL)	8 g	frisches Liebstöckel

Zubereitung:
Kleingeschnittene Kartoffeln in Gemüsebrühe weich kochen und mit Sauerrahm und frischem Liebstöckel im Mixglas pürieren. Nicht salzen!

EW	F	KH	kcal	BE	Joule	Chol.
3 g	2 g	17 g	101	1 1/2	423	7 mg

Gegrillte Seeteufelmedaillons, Basilikumsauce, Kartoffeln

1 Pers.	*4 Pers.*	*Zutaten:*
100 g	400 g	Seeteufelfilet
2 g (1 TL)	8 g	Öl zum Grillen
		Zitronensaft
200 ml	800 ml	Gemüsebrühe
40 g	160 g	Kartoffeln
2 g	8 g	frisches Basilikum
20 g	80 g	Sauerrahm
110 g	440 g	geschälte Kartoffeln
5 g	20 g	Butter
2 g (1 TL)	8 g	Kerbel

Zubereitung:
Seeteufelfilet zu Medaillons schneiden und diese mit Zitronensaft und feingeschnittenem Dill marinieren. Auf der Grillplatte oder in der Pfanne mit Öl braten.

Für die Sauce kleingeschnittene Kartoffeln in Butter anschwitzen, mit Gemüsebrühe auffüllen und zugedeckt weichkochen lassen. Im Mixglas mit Sauerrahm und Basilikum pürieren und zum Fisch servieren.

Kartoffeln tournieren (zuschneiden) und im Kocheinsatz dämpfen. Mit Butter und Kerbel schwenken.

EW	F	KH	kcal	BE	Joule	Chol.
21 g	9 g	23 g	268	2	1126	80 mg

Grießflammeri

1 Pers.	*4 Pers.*	*Zutaten:*
62 ml	¼ l	Milch
15 g	60 g	Weizengrieß
30 ml	120 ml	süße Sahne
3,7 g	15 g	Honig (bei Diabetes 3 g Fruchtzucker)
40 g	160 g	Erdbeeren
		Zimt, Vanille
		Zitronenmelissenblättchen

Zubereitung:
Grieß in kalte Milch mit Vanille einrühren und etwa 5 Minuten langsam weich kochen, dabei öfter umrühren. Mit Honig süßen, abkühlen lassen und steifgeschlagene Sahne sowie kleingewürfelte Erdbeeren unterheben. In Glasschalen anrichten und mit etwas Zimt, einem Tupfer Sahne und Zitronenmelisseblättchen garnieren.

EW	F	KH	kcal	BE	Joule	Chol.
5 g	10 g	25 g	229	2	962	39 mg

Gesamtwerte pro Person

EW	F	KH	kcal	BE	Joule	Chol.
29 g	21 g	65 g	598	5½	2511	126 mg

Zeitgemäße Küchentechnik

Tips für Einkauf und Lagerung von Lebensmitteln

Küchentechnik

Zubereitung – grundsätzliche Überlegungen

Der lebende Organismus steht in einem ständigen Austausch von Stoffen mit der Natur. Er verbraucht zur Lebenserhaltung tierische und pflanzliche Produkte, roh wie die Natur sie bietet oder durch Kochkunst zu Speisen verarbeitet.

Daß der Mensch eben auch gekochte Speisen wählt, hat viele Gründe.

Am Beginn der Kochkunst steht die Auswahl der Lebensmittel. Hierbei steht die Qualität an erster Stelle. Wir unterscheiden die hygienische, die sensorische und die ernährungsphysiologische Qualität eines Lebensmittels.

Diese Qualitäten lassen sich durch die Vor- und Zubereitung der Nahrung positiv und negativ beeinflussen.

Deshalb kommt der richtigen Behandlung von Lebensmitteln große Bedeutung zu.

Zweck der Vorbereitung von Nahrungsmitteln

Unerwünschte Teile können durch Putzen bzw. Abschaben, Aussortieren, Schälen usw. entfernt werden.

Das Säubern ist das Befreien von Schmutzkeimen und Schädlingen. Gemüse, vor allem aber Blattsalate kurz in ausreichend Wasser waschen und abtropfen.

Durch Füllen, Schneiden, Raspeln usw. kann man besonders beim Gemüse formgebende Effekte erzielen (Aussehen).

Durch Quellen kann man die Zubereitungsdauer verkürzen (z. B. bei Getreide).

Um das Nahrungsgut für die weitere Zubereitung zu zerkleinern, um die Verdauungsarbeit zu erleichtern und um damit die Ausnutzung der Nährstoffe zu erhöhen.

Gründe für Garverfahren

Ein großer Teil der Zellen, besonders bei pflanzlichen Produkten wird aufgelockert und weitgehend aufgeschlossen, dadurch werden Nährstoffe freigelegt bzw. den Verdauungsenzymen der Zutritt erleichtert, wodurch dann der Zellinhalt besser ausgenutzt werden kann (z. B. Carotinausnutzung).

Gewisse Nährstoffe werden in leichter verdauliche Form überführt (z. B. geronnenes Eiweiß) oder überhaupt erst der Verdauung zugänglich gemacht (z. B. Kartoffel und Hülsenfrüchte).

Durch das Erhitzen werden unerwünschte Begleitstoffe unwirksam gemacht:

a) giftige Begleitstoffe wie Solanin (Kartoffel)
b) Stoffe, die die Verdaulichkeit beeinträchtigen
c) Enzyme, die wichtige Nährstoffe abbauen können

Zellulose, Pektine und die Gerüste anderer pflanzlicher Nahrungsmittel werden in eine, den Verdauungstrakt weniger reizende Form gebracht, dadurch wird die Bekömmlichkeit erhöht.

Durch die Hitzeeinwirkung werden Röst- und Aromastoffe entwickelt, diese geben den Speisen oft neue und eigene geschmackliche Noten. Wirkt auch appetitanregend, d. h. die Speichelproduktion wird erhöht, dadurch kommt es zu einer besseren Verdauung der Nahrung.

Mitunter werden durch höhere Temperaturen Stoffe freigelegt und entwickelt, die anregend auf den Organismus wirken z. B. Kaffee, Tee, Extraktivstoffe des Fleisches.

Die Mehrzahl der auf den Lebensmitteln haftenden Keime können durch Garen vernichtet werden.

Regeln für die Zubereitung der Speisen

- Die Wirkstoffverluste durch längeres Einwirken von Wasser und Hitze vermeiden.
- Regeln für Waschen und Garen von Lebensmitteln beachten.
- Geeignete Garungstechniken wählen.
- Speisen durch Zusatz von Kräutern aufwerten.
- Speisen gut und abwechslungsreich würzen, um Appetit und Verdauung anzuregen (nicht nur salzen).
- Fett sparsam verwenden und nicht überhitzen.

Vorbereitungstechniken*

Vorbereitungs-technik	*Erklärung*	*Arbeitsregeln*
Putzen	Entfernen wertloser Bestandteile: abschneiden, entsteinen	Putzen mit Hilfe eines Messers durchführen. Nahrungsmittel dabei nicht im Wasser liegen lassen.
Schälen	Entfernen feinhäutiger Schalen	Pflanzliche Nahrungsmittel werden mit dem Messer oder einer Schälmaschine geschält – möglichst dünn schälen.
Waschen	Entfernen von Schmutz	Waschen immer vor dem Zerkleinern der Nahrungsmittel durchführen. In kaltem, stehendem Wasser möglichst schnell waschen.
Wässern	Entfernen unerwünschter wasserlöslicher Stoffe	Salzheringe z. B. werden gewässert. Hier muß jedoch beachtet werden, daß auch wertvolle Inhaltsstoffe auslaugen werden!
Blanchieren	Kurzfristige Hitzebehandlung roher Nahrungsmittel in kochendem Wasser, Wasserdampf oder in heißem Fett	Nahrungsmittel – Gemüse, Obst – vor dem Tiefkühlen blanchieren. Die Oberflächenenzyme werden hierdurch zerstört.
Schneiden	Zerkleinern der Nahrungsmittel in Stücke, Würfel, Scheiben, Streifen oder Stifte	Zum Schneiden stehen verschiedene Spezialgeräte zur Verfügung. Nahrungsmittel erst kurz vor der Weiterverarbeitung zerkleinern.
Raspeln	Zerkleinern der Nahrungsmittel in feine längliche Teile	Zum Raspeln stehen ebenfalls verschiedene Geräte zur Verfügung. Raspeln für Gemüse – für Rohkostsalate anwenden.
Reiben/Hacken	Zerkleinern in kleinste Stückchen	Zum Reiben und Hacken stehen verschiedene Spezialgeräte zur Verfügung. Geriebene oder gehackte Nahrungsmittel sind leichter verdaulich.

Garmachungstechniken I*

Garmachungs-techniken	*Erklärung*	*Wärme wird übertragen durch*	*Temperatur*
Kochen	Kochen ist ein Garen in viel siedender Flüssigkeit.	Flüssigkeit	100 °C
Dämpfen	Dämpfen ist ein Garen in Wasserdampf.	Wasserdampf	100 °C
Dünsten	Dünsten ist ein Garen im eigenen Saft unter Zugabe von wenig Fett zur Aromabildung.	Flüssigkeit/ Fett	100 °C
Schmoren	Schmoren ist ein Garen durch Anbraten in heißem Fett und ein Weitergaren nach Zugabe von wenig kochender Flüssigkeit.	Fett/Flüssigkeit	200/100 °C
Braten	Braten ist ein Garen und Bräunen in heißem Fett.	Fett	180–200 °C
Backen	Backen ist ein Garen in heißer Luft.	Luft	160–250 °C
Fritieren	Fritieren ist ein Garen im heißen Fettbad.	Fett	180–200 °C
Grillen	Grillen ist ein Garen durch Strahlungshitze mit oder ohne Fettzugabe.	Strahlungshitze	350 °C

Garmachungstechniken II*

Garmachungs-techniken	*benötigte Geräte*	*geeignete Nahrungsmittel*	*Bewertung*
Kochen	gut schließende Töpfe	wasserarme, stärkereiche Nahrungsmittel wie Teigwaren, Backobst	Nährstoffverluste treten ein, das Kochwasser läuft aus; **Kochwasser mitverwenden.**
Dämpfen	gut schließende Töpfe mit Siebeinsatz, Dampfdrucktopf	Gemüse, Kartoffel, Fisch, zartes Fleisch	Schonende Garmachungstechnik, durch den Wasserdampf werden **kaum Nährstoffe** aus den Nahrungsmitteln **herausgezogen.**

Garmachungs-techniken	*benötigte Geräte*	*geeignete Nahrungsmittel*	*Bewertung*
Dünsten	flache, gut schließende Töpfe, hitzebeständige Folie	wasserreiche Nahrungsmittel wie Gemüse, Obst, Fisch, zartes Fleisch	**Schonende Garmachungstechnik,** nur **geringe Verluste** treten auf; Garen in Alufolie wird auch als Dünsten bezeichnet.
Schmoren	Edelstahltöpfe, Bratgeschirr, Römertöpfe	große Fleischstücke mit festem Bindegewebe oder hohem Fettgehalt, gefüllte Gemüse	**Hitzeempfindliche Vitamine** werden **zerstört,** wasserlösliche Nährstoffe gehen nicht verloren, da der Saft mitverwendet wird.
Braten	Stielpfanne oder Töpfe aus hitzebeständigem Material, Bratfolie	feinfasriges Fleisch, Fisch, Kartoffel	**Hitzeempfindliche Vitamine** werden **zerstört,** sonst kaum Nährstoffverluste, Röststoffe bilden sich durch das Fett, der Energiegehalt ist erhöht.
Backen	Backofen	Backwaren, Auflaufmassen	**Hitzeempfindliche Vitamine** werden **zerstört,** sonst kaum Verluste
Fritieren	Fettbad in hitzebeständigen Töpfen	Gebäck, Kartoffel, kleine panierte Fleischstücke	**Speisen schwer verdaulich,** fettreich. Fett nach drei- bis viermaligem Gebrauch erneuern.
Grillen	Grillgeräte, eingebauter Grill im Herd	kleine Fleischstücke und Fischstücke, Geflügel, Obst, Gemüse	Garen ohne oder mit geringer Fettzugabe, Bildung von Röststoffen. Schmackhafte und zugleich energiearme Speisen. **Hitzeempfindliche Vitamine** werden **zerstört.**

Veränderung der Nahrungsbestandteile *

Nahrungsbestandteile	*Veränderung durch Hitze*	*Bewertung*	*Veränderung durch Wasser*	*Bewertung*
Zucker	stärkere Hitze: Karamelbildung (ca. 170 °C)	geringere Süßkraft	gelöst	eventuell Verluste
Stärke	quillt und verkleistert (ca. 65 °C); stärkere Hitze: Dextinbildung (ca. 180 °C)	leichter verdaulich	herausgeschwemmt	eventuell Verluste
Zellulose	stärkere Hitze: teilweise gesprengt	leichter verdaulich	unverändert	kleine Veränderungen
Fette	geschmolzen, stärkere Hitze: Fettzersetzung (ca. 200 °C)	gesundheitsschädlich	unverändert	kleine Veränderungen
Albumine Globuline Klebereiweiß	Denaturierung (Gerinnung) stärkere Hitze: Quellwasser wird abgegeben, Röststoffbildung (ca. 140 °C)	leichter verdaulich, schwerer verdaulich, Zerstörung essentieller Aminosäuren	Albumine und Globuline werden herausgeschwemmt	eventuell Verluste
Kollagene	gelöst	leichter verdaulich	in heißem Wasser herausgelöst	Herauslösen meist beabsichtigt
Vitamine	Hitzeempfindliche Vitamine werden zerstört: C, B_1, B_2	Vitaminverluste besonders: C, B_1, B_2	Wasserlösliche Vitamine werden herausgelöst: C, B	Vitaminverluste besonders: C, B_1, B_2
Mineralstoffe	unverändert	keine Veränderung	herausgelöst	eventuell Verluste

Verderb von Lebensmitteln*

Physikalische Veränderungen

Ursache	*Folgen*	*Beispiele*
zu geringe Luftfeuchtigkeit	Austrocknen der Lebensmittel	Brot, Kuchen
zu hohe Luftfeuchtigkeit	Feuchtwerden der Lebensmittel	Kekse, Salz
zu große Kälte (Frost)	Zellwände der Lebensmittel werden zerstört	Kartoffeln, Obst

Verhinderung von phsysikalischen Veränderungen

Die Lebensmittel müssen bei einer Luftfeuchtigkeit gelagert werden, die dem Wassergehalt der Lebensmittel entspricht.

Lagerung

Im Kühlschrank bei +2 °C bis +6 °C und einer Luftfeuchtigkeit von 60–70%,
im Keller bei +12 °C bis +14 °C und einer Luftfeuchtigkeit von 70–80%,
in der Speisekammer bei +18 °C bis +20 °C und einer Luftfeuchtigkeit von 50–60%.

Biochemische Veränderung*

Ursache	*Folgen*	*Beispiele*
Enzyme, die in den Lebensmitteln enthalten sind	Eiweiß: Fäulnis	Fisch, Hackfleisch
	Fette: Ranzigwerden	Butter, Öle
	Vitamine: Zerstörung	Obst, Gemüse

Verhinderung von biochemischer Veränderung

Durch **Hitze** – 70 °C – werden die lebensmitteleigenen Enzyme zerstört.
Durch **Kälte – Einfrieren –** werden die lebensmitteleigenen Enzyme unwirksam; durch Kühle wird ihre Wirksamkeit herabgesetzt.

Mikrobiologische Veränderungen*

Ursachen	*Folgen*	*Beispiele*
Schimmelpilze	**Schimmel** Gewisse Schimmelpilze enthalten giftige Stoffe, die Krebs erregen	**erwünscht:** z. B. bei Käse **unerwünscht:** z. B. bei Brot, Obst, Nüssen
Hefen	**Gärung** Hefen bauen Zucker zu Alkohol und Kohlendioxid ab.	**erwünscht:** z. B. bei Hefeteig **unerwünscht:** z. B. bei Fruchtsäften, Kompott
Bakterien z. B. Milchsäurebakterien z. B. Fäulniserreger	**Sauerwerden** Es entstehen keine giftigen Stoffe **Fäulnis** Die Eiweißstoffe werden teilweise in giftige Stoffe verwandelt	**erwünscht:** z. B. bei Sauermilch, Sauerkraut **unerwünscht:** z. B. bei Fleisch, Fisch

Verhinderung von mikrobiologischen Veränderungen
Mikroorganismen benötigen zum Leben Wasser, Wärme, Nahrung und teilweise Luft.
Durch **Hitze** – mindestens 80 °C – werden Mikroorganismen abgetötet.
Durch **Entzug der Lebensbedingungen** – z. B. Wasserentzug, Gefrieren – werden die Mikroorganismen unwirksam gemacht.

Beachtet werden sollte:

- Lebensmittel lange roh lagern.
- Einige Lebensmittel müssen vor dem Gefrieren blanchiert werden.
- Durch starkes Erhitzen werden Mikroorganismen abgetötet und lebenseigene Enzyme zerstört.

Durch Konservieren werden die Mikroorganismen unwirksam gemacht bzw. abgetötet.

* Tabellen aus: Schroedel Schulbuchverlag GmbH Hannover. Ernährungslehre zeitgemäß praxisnah. Wien 1990.

Einkauf, Lagerung, Zubereitung von Gemüse und Obst

Einkauf und Lagerung

Unbehandeltes, möglichst sonnengereiftes Gemüse und Obst nach Jahreszeit bürgt für beste Qualität.

Beim Einkauf von Obst und Gemüse sollte man stets auf die Frische achten, da eine längere Lagerung immer zu Vitaminverlusten und auch erhöhtem Abfall führt. Lagern Gemüse und Obst vor den Geschäften oder auf Märkten, so sind sie bei entsprechender Sonneneinstrahlung schnell welk, ganz abgesehen von einer möglichen Belastung mit Schadstoffen.

Obst und Gemüse lassen sich im allgemeinen nur kurzfristig lagern. Hierbei sollte man den Kühlschrank bzw. kühle Kellerräume oder eine Speisekammer bevorzugen. Hilfreich ist häufig auch das Einpacken in eine Frischhaltefolie oder in feuchte Küchentücher. Wurzelgemüse und Kernobst lassen sich relativ lange lagern, da sie gegen Verdunstung einigermaßen geschützt sind. Die Lagerung sollte jedoch stets getrennt geschehen, da Obst und Gemüse sich gegenseitig beeinflussen, wodurch eine Qualitätsminderung hervorgerufen wird. Eine längerfristige Haltbarkeit ist nur durch Konservierung möglich, bei der es verschiedene Verfahren gibt.

Hinweise zur Nahrungszubereitung

Frisches Obst und Gemüse weisen den höchsten Wirkstoffgehalt auf. Bei der küchentechnischen Verarbeitung ergeben sich dann allerdings im allgemeinen Wirkstoffverluste, die je nach Zubereitungsart unterschiedlich sein können. Nach neueren Erkenntnissen ist das Dünsten – Garen in wenig Wasser oder ohne Wasserzusatz bei Temperaturen knapp unter 100 °C – am schonendsten. Hierbei bleiben Vitamine, Mineralstoffe, Geschmacks- und Farbstoffe weitestgehend erhalten.

Die Höhe der Mineralstoffverluste ist von der Wassermenge der Zubereitungsart abhängig. Je mehr Wasser zum Garen notwendig ist, um so größer sind die Verluste, wenn dieses Wasser weggeschüttet wird. Angesichts der Schadstoffbelastung unserer Lebensmittel aus konventionellem Anbau ist es allerdings empfehlenswert, Kochwasser wegzuschütten und Mineralstoffverluste in Kauf zu nehmen.

Wasserlösliche Stoffe, wie z. B. Nitrate, werden beim Garprozeß gelöst und gehen ins Kochwasser über. Daher nach Möglichkeit ungespritztes Gemüse verwenden.

Bei der Vorbereitung von Obst und Gemüse ist darauf zu achten, daß sie gründlich und unzerkleinert gewaschen werden. Eine frühzeitige Zerkleinerung erhöht wegen der größeren Oberfläche die Verluste an Mineralstoffen und Vitaminen. Auch langes Wässern ist aus diesem Grund zu vermeiden. Im Hinblick auf die Schadstoffbelastung ist bei der Vorbereitung von konventionell angebautem Obst und Gemüse zu bedenken, daß die Lebensmittel, sofern es sich ergibt, geschält bzw. äußere Blätter entfernt werden sollten.

Zu beachten ist:

Gemüse und Obst gründlich waschen, aber so kurz wie möglich!
Immer erst nach dem Waschen zerkleinern!

Vitamin-C-Verlust beim Garen

Lebensmittel	*Kochen*	*Dünsten*	*Druckgaren*
Kartoffel	16%	7%	27%
Sellerie	51%	25%	66%
Spinat	66%	18%	35%
Rosenkohl	34%	15%	22%
Blumenkohl	35%	7%	23%

Nach Beendigung des Garprozesses sollten Obst und Gemüse unverzüglich verzehrt bzw. kühl aufbewahrt werden. Lange Warmhaltezeiten sind zu vermeiden. Dabei leiden nämlich nicht nur der Geschmackswert, sondern auch der Wirkstoffgehalt. Bei nitrathaltigem Gemüse, so z. B. vor allem bei Spinat, können Bakterien ihre Tätigkeit entfalten und Nitrat in Nitrit verwandeln. Kocht zum Beispiel Spinat bei Zimmertemperatur zwei Tage lang, erhöht sich der aus dem Nitrat gebündelte Nitratgehalt auf das 1000- bis 5000fache der Ausgangswerte. Darum sollten auch Spinatreste nicht wieder aufgewärmt werden.

Vitamin- und Mineralstoffverlust beim Kochen von Kartoffeln

Kartoffel	*Vitaminverlust*		*Mineralstoffverlust*	
ungeschält	B_1 11%	C 9%	Kalium 0,4%	Eisen 2%
geschält	B_1 32%	C 15%	Kalium 20%	Eisen 26%

Gute Fleischqualität z. B. ist abhängig von der Pflege, Haltung und Fütterung der Tiere, der Fisch ist aus möglichst unbelasteten Gewässern am besten, das Gemüse unbehandelt und frisch geerntet, das Getreide ungespritzt und das Obst – je nach Jahreszeit – sonnengereift.

Die gut gereinigten Schalen von ungespritztem Gemüse können für die Gemüsebrühe (s. Seite 53) weiter verwendet werden.

Nährwerttabelle

Calciumwerte pro 100 g Lebensmittel

Milch, Milchprodukte u. Eier		
	Schafmilch	183 mg
	Kuhmilch 3,5% Fett	120 mg
	Joghurt 3,5% Fett	120 mg
	Kondensmilch 4% Fett	336 mg
	Kondensmilch gezuckert	238 mg
	Schlagsahne 30% Fett	80 mg
	Saure Sahne	110 mg
	Appenzeller 50% Fett	800 mg
	Emmentaler 45% Fett	1100 mg
	Feta 45% Fett	380 mg
	Mozzarella	632 mg
	Camembert 30% Fett	600 mg
	Ziegenkäse 45% Fett	430 mg
	1 Hühnerei 60 g	32 mg
Gemüse, Kräuter		
	Brennessel	190 mg
	Brunnenkresse roh	180 mg
	Gartenkresse roh	214 mg
	Blumenkohl roh	220 mg
	Grünkohl gekocht	160 mg
	Löwenzahnblatt	173 mg
	Petersilienblatt	245 mg
	Petersilienwurzel	39 mg
Hülsenfrüchte, Samen, Nüsse		
	Sojabohne	201 mg
	Mandeln	252 mg
	Haselnuß	225 mg
	Sesam Samen	783 mg

Quelle: Die große Nährwerttabelle von GU 1995/96

Phosphorgehalt pro 100 g Lebensmittel

Milch, Milchprodukte u. Eier	
Kuhmilch 3,5% Fett	92 mg
Schafmilch	115 mg
Ziegenmilch	103 mg
Kondensmilch 4% Fett	262 mg
Schlagsahne 30% Fett	63 mg
Saurer Rahm	88 mg
Emmentaler 45% Fett	700 mg
Parmesan 35% Fett	950 mg
Tilsiter 45% Fett	500 mg
Camembert 30% Fett	330 mg
Feta 45% Fett	370 mg
1 Hühnerei 60 g	115 mg
Fische, Meerestiere	
Lachs	266 mg
Forelle	242 mg
Seelachs	300 mg
Schleie	156 mg
Scholle	198 mg
Miesmuschel	250 mg
Hummer	234 mg
Fleisch u. Geflügel	
Kalbfleisch o. Fett	130 mg
Rindfleisch o. Fett	194 mg
Schweinefleisch o. Fett	204 mg
Huhn	200 mg
Truthahn junges Tier	238 mg
Gemüse, Kräuter	
Artischocke gek.	101 mg
Erbsen gek.	91 mg
Fenchel	51 mg
Bleichsellerie	48 mg
Brunnenkresse	64 mg
Gartenkresse	38 mg

Phosphorgehalt pro 100 g Lebensmittel

Getreide, Hülsenfrüchte, Samen u. Nüsse	
Amaranth	582 mg
Gerste entpelzt	342 mg
Dinkel	411 mg
Hirse entpelzt	310 mg
Naturreis	325 mg
Reis poliert	94 mg
Linsen	412 mg
Soyabohne	550 mg
Erdnuß frisch	341 mg
Mandel	454 mg
Haselnuß	330 mg
Walnuß	410 mg

Magnesiumgehalt pro 100 g Lebensmittel

Milch, Milchprodukte u. Eier		
	Schlag, Obers	10 mg
	Saure Sahne	12 mg
	Doppelrahmkäse	6 mg
	Feta 45% Fett i. Tr.	25 mg
	Mozzarella	24 mg
	Appenzeller	36 mg
	Bergkäse	43 mg
	Edamer 30% Fett	40 mg
	1 Hühnerei 60 g	7 mg
Fische u. Meerestiere		
	Forelle	27 mg
	Heilbutt	28 mg
	Goldbarsch	20 mg
	Lachs	29 mg
	Austern	40 mg
	Garnele	67 mg
	Steckmuschel	63 mg
Fleisch u. Geflügel		
	Kalbfleisch ohne Fett	16 mg
	Rindfleisch ohne Fett	21 mg
	Schweinefleisch ohne Fett	27 mg
	Huhn	37 mg
	Truthahn	27 mg
Gemüse		
	Bleichsellerie	12 mg
	Kartoffel	20 mg
	Petersilienwurzel	26 mg
	Porree	18 mg
	Spargel gekocht	15 mg
	Zuckermais gekocht	36 mg

Magnesiumgehalt pro 100 g Lebensmittel

Obst – Honig	
Apfel	6 mg
Banane	36 mg
Erdbeere	15 mg
Himbeere	30 mg
Kirschen	8 mg
Kiwi	24 mg
Melone	20 mg
Bienenhonig	3 mg
Getreide – Trockenprodukte	
Amaranth	308 mg
Dinkel	130 mg
Gerste	114 mg
Haferflocken	135 mg
Hirse	170 mg
Reis natur	157 mg
Reis poliert	64 mg
Kakaopulver fettarm	500 mg
Schokolade halbbitter	150 mg

Eisengehalt pro 100 g Lebensmittel

Milch, Milchprodukte u. Eier		
	Milch	0,1 mg
	Alle Käsesorten unter	1 mg
	1 Hühnerei 60 g	1,4 mg
Fische u. Meerestiere		
	Forelle	0,7 mg
	Lachs	1,0 mg
	Zander	1,4 mg
	Austern	5,8 mg
	Languste	1,3 mg
	Miesmischeln	5,8 mg
	Sardinen	2,5 mg
Gemüse – Kräuter		
	Mangold	2,7 mg
	Möhren	2,1 mg
	Broccoli	1,3 mg
	Fenchel	2,7 mg
	Kartoffel	0,4 mg
	Zucchini	1,5 mg
Fleisch u. Geflügel		
	Kalbfleisch ohne Fett	2,1 mg
	Rindfleisch ohne Fett	1,9 mg
	Schweinefleisch ohne Fett	1,0 mg
	Ente	2,1 mg
	Huhn	1,8 mg
	Gans	1,9 mg
Obst		
	Banane	0,7 mg
	Birne	0,3 mg
	Erdbeere	1,0 mg
	Himbeere	1,0 mg
	Honigmelonen	0,2 mg

Eisengehalt pro 100 g Lebensmittel

Getreide, Getreideprodukte	
Buchweizen	3,2 mg
Dinkel	4,2 mg
Haferflocken	4,0 mg
Hirse	9,0 mg
Weizentoastbrot	2,2 mg
Knäckebrot	5,0 mg

Puringehalt – Harnsäurewerte pro 100 g Lebensmittel

Milchprodukte u. Käse	0 mg
Gemüse, Hülsenfrüchte u. Salate	
Blumenkohl	51 mg
Bohnen grün	37 mg
Bohnen weiß getr.	128 mg
Champignon	58 mg
Erbsen	84 mg
Fenchel	14 mg
Grünkohl	48 mg
Gurke	8 mg
Kartoffel	5 mg
Karotten	16 mg
Kohl	20 mg
Kohlrabi	25 mg
Linsen	127 mg
Mais	52 mg
Mung-Bohnen getr.	222 mg
Porree	74 mg
Rosenkohl	69 mg
Rote Bete	19 mg
Sellerie	30 mg
Spargel	23 mg
Spinat	57 mg
Sojabohnen getr.	190 mg
Sonnenblumenkerne	143 mg
Schwarzwurzeln	71 mg
Tomaten	11 mg
Wirsing	37 mg
Zwiebel	13 mg
Endivien	20 mg
Feldsalat	38 mg
Kopfsalat	13 mg

Puringehalt – Harnsäurewerte pro 100 g Lebensmittel

Fleisch u. Fisch		
	Fleischextrakt	3500 mg
	Forelle	297 mg
	Huhn, Brust mit Haut	175 mg
	Lammfleisch ohne Fett	182 mg
	Scholle	93 mg
	Schweins-Niere	334 mg
	Schinken gekocht	131 mg
	Thunfisch	257 mg
Obst		
	Banane	57 mg
	Weintraube getr.	107 mg
Hülsenfrüchte u. Getreideprodukte		
	Erdnuss	79 mg
	Gärste u. Hafer entpelzt	94 mg
	Mohn	170 mg
	Nudeln	40 mg
	Tofu	68 mg
	Weißbrot	14 mg
	Weizenmehl	51 mg
	Zwieback	29 mg

Natriumwerte pro 100 g Lebensmittel

Milch, Milchprodukte u. Eier		
	Saure Sahne	58 mg
	Schlagsahne	34 mg
	Creme fraiche 40% Fett	35 mg
	Speisequark 20% Fett	39 mg
	Feta in Lake 45% Fett	1300 mg
	Schmelzkäse 43% Fett	1260 mg
	Gorgonzola 50% Fett	1450 mg
	Harzer	800 mg
	Limburger 40% Fett	800 mg
	1 Hühnerei 60 g	127 mg
	Hühnervollei getr.	455 mg
Fische u. Meerestiere		
	Ketfisch, Steinbeißer, geräuchert	701 mg
	Sardine frisch	100 mg
	Seezunge	100 mg
	Hummer	270 mg
	Miesmuschel	290 mg
	Aal	65 mg
	Hering mariniert	1030 mg
	Kaviar echt	1940 mg
	Krabben in Dosen	1000 mg
	Lachs, geräuchert in Öl	4070 mg
	Salzhering	5930 mg
	Lachersatz in Öl	2900 mg
Gemüse, eingelegte Gemüse		
	Bleichsellerie	132 mg
	Bohnen grün in Dosen	249 mg
	Champignon in Dosen	360 mg
	Erbsen in Dosen	236 mg
	Mais in Dosen	209 mg
	Spargel in Dosen	355 mg
	Oliven grün in Lake	2250 mg
	Oliven schwarz	3288 mg

Kaliumwerte pro 100 g Lebensmittel

Gemüse – Pilze – Gartenkräuter		
	Avocados	503 mg
	Bohnen weiß	1300 mg
	Erbsen	340 mg
	Fenchel	494 mg
	Gartenkresse	550 mg
	Lima Bohne	1700 mg
	Petersiliengrün	1000 mg
	Pfifferlinge	367 mg
	Schnittlauch	434 mg
	Spinat	633 mg
	Steinpilze	486 mg
	Sojabohne	1750 mg
	Trüffel	526 mg
Fisch u. Fleisch		
	Forelle	465 mg
	Gans	420 mg
	Heilbutt	446 mg
	Languste	500 mg
	Miesmuscheln	277 mg
	Ölsardine	388 mg
Getreide-Produkte – Hülsenfrüchte		
	Amaranth	484 mg
	Gerste (Korn)	444 mg
	Roggen (Korn)	510 mg
	Knäckebrot	436 mg
	Pumpernickel	338 mg
	Früchtemüsli o. Z.	580 mg
	Schokomüsli	350 mg
	Sojasprossenkeime	250 mg
	Sojamehl vollfett	1870 mg
	Speisekleie	1400 mg
	Erdnußpaste	820 mg
	Haselnuß	630 mg
	Mandeln	835 mg

Kaliumwerte pro 100 g Lebensmittel

	Kastanie	707 mg
	Kokosraspel	750 mg
	Pistazienkerne	1020 mg
Trockenprodukte		
	Bierhefeflocken	1410 mg
	Hühnereiklar getr.	1077 mg
	Hühnervollei getr.	516 mg
	Kondensmilch 4% Fett	448 mg
	Molkenpulver	1873 mg
	Trockenmilchpulver: VM = Vollmilch	1212 mg
	MM = Magermilch	1642 mg
	Kakaopulver	1500 mg
	Feigen getr.	850 mg
	Korinthen	710 mg
	Schokolade halbbitter	450 mg

Cholesteringehalt pro 100 g Lebensmittel

Cholesterinreiche Lebensmittel	
Butter	240 mg
Butterschmalz	340 mg
Hühnerei	604 mg
Hühnereigelb	1650 mg
Hirn	2000 mg
Leber v. Kalb	360 mg
Lebertran	500 mg
Lunge v. Kalb	370 mg
Niere v. Kalb	380 mg
Austern	260 mg
Kaviar	300 mg
Cholesterinarme Lebensmittel	
Milch, Milchprodukte	
Milch 3,5% Fett	11 mg
Schlag Obers	109 mg
Saurer Rahm	33 mg
Frischkäse Doppelrahmstufe	84 mg
Emmentaler 45% Fett i. T.	70 mg
Parmesan 32% Fett i. T.	53 mg
Fleisch – Geflügel	
Kalbfleisch Filet, Haxe, Keule	90 mg
Rindfleisch Filet	70 mg
Schweinefleisch ohne Fett	70 mg
Hase	65 mg
Hirsch	110 mg
Hammelfleisch	70 mg
Brathuhn	99 mg
Ente	70 mg
Gans	75 mg
Truthahn	74 mg
Truthahnbrust	60 mg

Cholesteringehalt pro 100 g Lebensmittel

Fische		
	Heilbutt	41 mg
	Hering	77 mg
	Makrele	70 mg
	Schellfisch	60 mg
	Scholle	63 mg
	Seelachs	33 mg
	Lachs geräuchert	42 mg
	Ölsardinen	140 mg
	Gemüse u. Gemüseprodukte	0 mg
	Hülsenfrüchte u. Getreide	0 mg
	Obst	0 mg
	Pilze	0 mg
Öle und Fette		
	Schweineschmalz	86 mg
	Magarine	7 mg
	Leinöl	7 mg
	Halbfettmargarine	4 mg
	Sonnenblumenöl	5 mg
	Mayonnaise 80% Fett	142 mg
	Mayonnaise 50% Fett	52 mg

Literatur

Anemüller, H.: Ärztezeitschrift für Naturheilverfahren. 6/92, 33 Jhrg.
Anemüller, H.: Das Grunddiät-System. Hippokrates Verlag, Stuttgart 1993.
Anemüller, H.: Vollwerternährung – aber richtig. Trias Verlag, Stuttgart 1991.
Böhmig, U./Mayr, P.: Kneipp und die Heilpflanzen, Karl F. Haug Verlag, Heidelberg 1993.
Grün, A./Dufner, F.: Gesundheit als geistliche Aufgabe. Vier Türme Verlag, Münsterschwarzach 1996.
Kasper, H.: Ernährungsmedizin und Diätetik. Urban und Schwarzenberg Verlag, München 1996.
Mayr, P.: Das biologische Kochbuch. Orac-Verlag, Wien 1982.
Mayr, P.: Gaumenfreuden aus der Vollwertküche für jeden Tag. Karl F. Haug Verlag, Heidelberg 1990.
Mayr, P.: Kneipp und die gesunde Ernährung. Karl F. Haug Verlag, Heidelberg 1993.
Mayr, P.: Leicht bekömmliche biologische Küche. Karl F. Haug Verlag, Heidelberg 1991.
Rauch, E./Mayr, P.: Milde Ableitungs-Diät. Karl F. Haug Verlag, Heidelberg 1994.
Rauch, E.: Die Darmreinigung nach Dr. med. F. X. Mayr. Karl F. Haug Verlag, Heidelberg 1994.
Rauch, E.: Die F. X. Mayr-Kur ... und danach gesünder leben. Karl F. Haug Verlag, Heidelberg 1991.
Schroedel Schulbuchverlag GmbH Hannover: Ernährungslehre zeitgemäß praxisnah. Wien 1990.
WIFI:* Ausbildungsmanuskript für den diätetisch geschulten Koch. Klagenfurt-Wien 1992.

* Im WIFI (Wirtschaftsförderungsinstitut der Handelskammer Klagenfurt) werden seit über 20 Jahren diätetisch geschulte Köche ausgebildet. Diese Ausbildung findet in Lehrgängen unter der Leitung von Dipl.-Diät Küchenmeister Peter Mayr, Dipl.-Diät Ass. Veronika Hütter, Univ. Prof. Prim. Dr. D. Geißler (zuvor Univ. Prof. Prim. Dr. P. Schmidt †), OA Dr. H. Türk, Prim. Dr. H. Wröhlich, Prim. Dr. E. Puck, Dr. M. Erath, Dipl. Ing. W. Dietrich, Dr. C. Wieser, Mag. R. Witzany und Dr. H. Stossier statt.

Rezeptregister

Die leichte Vollkost bei Diabetes mellitus

Apfelcreme 82, 117
Apfelkuchen 175
Apfelkuchen, mürb 180
Apfelscheiben mit Erdbeersauce 172
Apfelstrudel 179
Apfeltorte mit Sahne 101
Aprikosenkuchen mit Streusel 181

Bachkressesauce 141
Bandnudeln „Carbonara“ 184
Basenbrühe 53
Basensauce 122, 128
Basilikum-Oreganosauce 159
Basilikumsauce 96, 174
Basilikumsuppe 77, 137
Basilikumtomaten 141
Birnencreme 147
Birnenkuchen mit Blätterteig 62
Blattsalat 92, 134
Blattsalat mit Joghurtdressing 170
Blattspinat 168
Blumenkohlsuppe 57, 151
Brennesselsuppe 146
Brokkoli mit Kartoffeln 172
Brokkoli-Basensuppe 131
Brokkolirahmsuppe 99
Brokkolisuppe 173
Brombeerjoghurt 145
Buchweizen-Laibchen 171

Champignon-Basensuppe 167
Champignonpüreesuppe 95
Cornflakes mit Milch 187
Cremespinat 119

Dampfkartoffeln 169
Dampfkartoffeln mit Gemüsegulasch 186
Dampfkartoffeln, tourniert 101
Dillsauce 93
Dinkel-Zwetschgenkuchen 176
Dinkelgrießsuppe 115

Eichblatt- und Feldsalat 124
Eissalat 121
Endiviensalat 143
Endiviensalat mit Kartoffeln 164
Erdbeercreme 142
Esterhaszy-Rinderschnitzel
auf Gemüsestreifen 138

Felchenfilet 96
Feldsalat mit Distelöl 109
Fenchelgratin mit Ofenkartoffeln 190
Filetgulasch Stroganoff 132
Forellenfilet auf Karotten-Fenchelstreifen 93
Frischkräutersuppe 118
Fruchtaufstrich 41
Fruchtsalat 73

Gelbe-Rüben-Suppe 121
Gemischte Platte 192
Gemüse mit Ofenkartoffeln 113
Gemüse mit Polenta 187
Gemüse-Lasagne mit Tofu 140
Gemüse-Ratatouille 153
Gemüsebouillon 53
Gemüsebouillon mit Dinkelgrieß-Nockerln 148
Gemüsebouillon mit Gemüsestreifen 66
Gemüsebrühe, klar 103
Gemüsegulasch im Polentaring 58
Gemüseplatte mit Kerbelkartoffeln und
Kräutersauce 192
Gemüseplätzchen, frisch gerieben 129
Gemüseragout im Reisring mit Sauerrahm-
Sojasauce 73
Gemüsereis 159
Gemüsesuppe mit Blattspinat 109
Gemüsesuppe, bäuerlich 170
Gemüsesuppe, klar, mit Hirse-Nockerln 92
Gemüsesuppe, klar, mit Quarknockerln 161
Gemüseteller, kalt 188
Grapefruitcreme 133
Grießflammeri mit Sauerkirschen 139
Grießknödel mit Erdbeeren und
Butterbrösel 162
Grüner Salat 131

Hechtfilet auf Fenchelgemüse
mit Safranreis 104
Himbeertörtchen 77

Hirse-Nockerln mit Basilikumsauce und Gemüsegarnitur 190
Hirse-Roulade 129
Hirseauflauf mit Tomatenragout und Kräutersauce 165
Hirsecreme 72, 119
Hirseklößchen in Gemüsebrühe 143
Hirsering mit Gemüseragout 63
Hirseroulade 107
Hirseschnitzel 152
Hirsesuppe mit Gemüseeinlage 134
Hühnerbrüstchen im Kräutermantel mit Kartoffeln und Gemüse 61
Hühnerfrikassee mit Gemüseperlen 125

Joghurt mit frischen Erdbeeren 71
Joghurt-Mangocreme 87
Joghurtpudding 153

Kalbfleisch, geschnetzelt 122
Kalbsfilet im Gemüsemantel 110
Kalbsmedaillons 115
Kalbsschnitzel, gefüllt 128
Kalbssteak mit Kerbelsauce, Grilltomate mit Spinat, Kartoffeln und Gemüsestiften 71
Kalte Platte 186
Karotten-Zucchinigemüse 100
Karottenkuchen 136
Karottensuppe 127, 164
Kartoffel-Champignonlaibchen 122
Kartoffel-Gemüseauflauf 148
Kartoffel-Laibchen mit Kräutersauce 188
Kartoffel-Spinatauflauf mit Sauerrahm 68
Kartoffelkrapferl mit Gemüseragout 195
Kartoffelpüree 125, 138
Kartoffelstrudel mit Kräuterfüllung 76
Käsespätzle mit Tomatensauce 191
Kerbel-Basensuppe 86
Kerbelsauce 57, 100
Kerbelsuppe 76
Kopfsalat 127, 158, 161
Kopfsalat mit Ruccola 95
Kräuter-Basensuppe 71
Kräutersauce 110, 135, 166
Kümmelsuppe 88

Lachsforellenfilet auf Fenchelgemüse mit Safranrisotto 107
Lammfilet und Minzesauce 113

Maisauflauf mit Kräutersauce und Gemüse 193
Maisgrießnockerln mit Kräutersauce und Gemüse 78
Maisgrießnockerln, Kerbelsauce, Junges Gemüse 189
Maispizza mit Ratatouille 66
Maisroulade 104
Maissuppe mit Gemüsewürfel und Bärlauch 140
Majoransauce 116, 152
Mangocreme 62
Melonen-Erdbeersalat 160
Mohn-Quark-Schnitten 177

Naturreis-Risotto mit Parmesan, überbackene Tomate 162
Nudelauflauf 156, 185

Ofenkartoffeln, gefüllt, mit Sauerrahm, Brokkoli und Tomaten 88
Omelette mit Champignons und Blattspinat 184
Orangencreme 58, 126
Oreganosauce 149

Petersilienwurzelsuppe 124
Pfirsichkompott 67
Pfirsichkuchen 178
Pflaumenkuchen 178
Polenta-Nockerln mit Kräutersauce 83
Polenta-Schnitten mit Sauerrahmsauce und Gemüse 146
Portulak-Salat 151
Putenschnitzel, überbacken, mit Champignonreis 135

Quark-Fruchtknödel mit Erdbeermark 94
Quark-Nockerln 97
Quarkcreme mit frischen Früchten 166
Quarkschmarren 123, 150
Quarkcreme mit Heidelbeeren 156

Reis mit Erdbeermark 169
Rindfleischsalat 183

Salatteller, bunt 106, 155
Salatteller, gemischt, mit Champignons 103
Seezungenfilet, gebraten, mit Kerbelsauce 99
Seezungenröllchen mit Gemüsefüllung 57

Sellerie-Basensuppe 81
Selleriesuppe 112
Spargel-Tomaten und Champignons 149
Stürzkartoffeln 119
Suppe, klar, mit Gemüse-Julienne 155
Suppe, klar, mit Gemüsestreifen 106
Suppentopf 194

Tafelspitz, gekocht 118
Thymian-Basensuppe 62
Thymiansauce 168
Tiramisu 114
Tofu-Kartoffellaibchen mit Gemüse und Spinat 87
Tomaten, gefüllt 167
Tomaten-Basilikum-Sauce 145
Tomaten-Zucchini-Ragout mit Dampfkartoffeln 57
Tomatenragout 165

Vollwertbrot mit Kräuterquarkaufstrich 193
Vollwertnudeln 132
Vollwertteigrolle, gefüllt 144

Zanderfilet mit Basilikumsauce 82
Zanderfilet mit Basilikumsauce und Blattspinat, Karotten und Kartoffeln 173
Zucchinistreifen und Dampfkartoffeln 97
Zucchinisuppe 158
Zupfsalat 112
Zwetschgenknödel 185
Zwiebelsauce 171

Die leichte Vollkost bei Erkrankungen des Verdauungstraktes

Apfelcreme 284
Apfelmus 233
Aprikosenkompott 239

Bachkressesuppe 229
Bananencreme 246
Basilikum-Tomaten 268
Basilikumsauce 251
Bayerische Creme 294
Biogardebecher 223, 262
Blattsalat 260, 311
Blattsalat mit Distelöl und Balsamico 239
Bodenseefelchen, Basilikumsauce, Kerbelkartoffeln 287
Brokkoli, gratiniert 270
Brokkoli-Flan 300
Brokkoli-Kartoffelauflauf 242
Brokkolisuppe 273
Bulgur-Laibchen, Sauerrahmsauce mit Majoran, Spinat, Karotten und Spargel 285

Champignons auf Blattspinat 273
Couscous-Gemüseroulade 275

Dillrahmsuppe 293

Erdbeer-Hirsetörtchen 228
Erdbeeren, frisch, mit Mandelschaum 241

Feigen in Weinschaum 274
Fenchel-Basensuppe 255, 267
Fenchelsuppe 222, 299, 311
Forellenröllchen mit Basilikumsauce und Petersilienkartoffeln 297

Geflügelbrust, pochiert, mit Wurzelstreifen 261
Geflügelbrust, pochiert, mit Wurzelstreifen und gedämpften Kartoffeln 222
Gemüsebrühe, klar, mit Gemüsestreifen 250
Gemüsegarnitur 276
Gemüserisotto 246
Gemüsetasche mit Kerbelsauce 240
Gofiocreme 301
Grünkern-Käsenockerln, Kräutersauce, Buntes Gartengemüse 289

Heidelbeer-Quarknockerln 282
Himbeertörtchen 245
Hirse-Erdbeerroulade 277
Hirseomelett mit Walderdbeeren 269
Hirsesuppe 283
Hirsesuppe mit Gemüse 302
Hühnerbrüstchen, gefüllt 305

Joghurt mit frischen Erdbeeren 252
Joghurt-Erdbeercreme 256
Joghurt-Sanddorncreme 309

Kalbsfrikassee mit Gemüsegarnitur 234
Karottensuppe 291
Kartoffel-Gemüse-Puffer 312
Kartoffel-Laibchen 303
Kartoffel-Spinatauflauf 235
Kartoffelkrapfen 268
Kartoffeln, tourniert, Gemüsegarnitur 309
Kartoffelsuppe mit Kräutern 233
Kerbel-Basensuppe 245
Kerbelsauce 241, 271, 303, 309
Koriandersuppe 285
Kräuter-Basensauce 240, 276
Kräutersauce 235, 242, 300, 306
Kümmelsuppe 275
Kümmelsuppe, legiert 227, 244, 281

Löwenzahnsuppe mit Bachkresse 278

Maisgrießschnitte, gefüllt, mit Spinatfüllung 230
Maiskolben, jung, auf Blattspinat 278
Maisomelett mit Früchten 272
Maistortillas mit Gemüseratatouille und Kräutersauce 291
Majoran-Basensuppe 223, 262
Majoransuppe 297
Mangocreme 234
Mangold-Roulade mit Tofu-Gemüsefüllung 267
Mangopudding 279

Ofenkartoffeln 271, 301

Petersilienwurzelsuppe 235, 295
Polenta mit Sauerrahm und Gemüseragout 252
Polentaring mit Gemüseragout 224, 263
Putenbrust in Folie gebraten 302

Quarkmus mit Fruchtschaum 290

Reis Trautmannsdorff 298, 303
Rote Grütze 292
Ruccola-Basensauce 279

Saiblingfilet mit Basilikumtomaten 244
Sanddorn-Joghurtcreme 307
Schollenfilet mit frischen Champignons 255
Seezunge und Lachsforelle, gegrillt, Dillsauce, Safrankartoffeln 295
Seezungenfilet, gefüllt, mit Basilikumsauce, Blattspinat und Kartoffeln 251
Sellerieschnitzel 308
Spinatsuppe 289, 308
Stangenselleriesuppe 270, 305
Stürzkartoffeln 306

Tiramisu 286
Trauben-Sülzchen 312

Vanillecreme mit Erdbeeren 296

Waldbeerenschnitte 288

Zanderfilet, gegrillt, Sauerampfersauce, Petersilienkartoffeln 293
Zanderfilet, pochiert, auf Basilikumtomaten, Dampfkartoffeln, junges Gemüse 228
Zucchini, gefüllt, mit Mangold-Spinat, Karotten und Kirschtomaten 281
Zucchini, gelbe und grüne, mit Tofufüllung, Tomatenwürfel, Neue Kartoffeln 283
Zucchinigemüse, gratiniert, mit Kressesauce und Ofenkartoffeln 256
Zucchinisuppe 261, 287

Die leichte Vollkost bei Herz- und Kreislauferkrankungen

Amaranthring mit Gemüseragout 341
Apfelcreme 363

Basensuppe 372
Birnencreme mit Hirse 369
Bratapfelcreme 340

Dinkel-Quarkkrapferl, Zucchini-Nudeln 352
Dinkelgrießsuppe 358

Erdbeercreme 334

Fenchel-Gemüseauflauf mit Kräutersauce, Geschwenkte Tomaten-Champignons 364
Fenchelsuppe 333
Frischkräutersuppe 362
Früchtereis 367
Frühlingssuppe mit Löwenzahn und Bachkresse 368

Gemüseroulade mit Thymiansauce, Buntes Wurzelgemüse 366
Grießflammeri 375

Hirse-Gemüseschnitzel, Kräutersauce, Buntes Gemüse 354
Hirsecreme 357
Hirseroulade mit Erdbeeren 371
Hirsesuppe mit Gemüse 364
Hirsetörtchen 361
Hühnerbrüstchen, gefüllt, mit Rosmarinsauce, Kartoffel-Laibchen, buntes Gemüse 346

Joghurt-Mandarinentörtchen 336

Kartoffelpizza mit Tomaten, Champignons und Mozzarella 350
Kartoffelroulade, Blattspinat, Champignons 360
Kartoffelsuppe 356
Kartoffelsuppe mit Minzeblättchen 366
Koriandersuppe 360

Lachsschnitte, Sauce hollandaise mit Basensauce, Dampfkartoffeln 372
Liebstöckel-Basensuppe 374

Maiskuchen mit Banane 359
Mango-Joghurtpudding 347
Mangold-Basensuppe 350
Müsli 339

Nußcreme 351

Putenröllchen, pochiert, mit Gemüsefüllung und Kräutersauce, Zucchini und Dampfkartoffeln 340

Quarkschmarren 365
Quarksoufflé 373
Quinoa mit Sauerrahm und Tomatensauce 335

Rahm-Kümmelkartoffeln mit jungen Karotten, Spargel und Blattspinat 356
Reis mit Gemüseragout 347

Saiblingfilet, gedämpft, im Zucchinimantel 333
Sauerrahm-Kümmelsuppe 370
Schneenockerln 353
Schollenfilet, gefüllt, mit Kerbelsauce, Junge Karotten und Petersilienkartoffeln 368
Seeteufelmedaillons, gegrillt, Basilikumsauce, Kartoffeln 374
Sellerie-Basensuppe 345
Selleriesuppe 354
Spinatcremesuppe 339
Stangenselleriesuppe 352

Tiramisu-Creme 355
Tofu-Gemüselasagne, Blattspinat, Kräutersauce 358

Zandersoufflé, Dillkartoffeln, Basilikumsauce mit Tomaten 370
Zucchini-Nudeln, Basilikumsauce, Ofenkartoffeln 362